2 Schriften des Instituts für Fränkische Landesgeschichte

Schriften des Instituts für Fränkische Landesgeschichte

hg. von Martin Ott

Band 2

University
of Bamberg
Press
2025

Sinti und Roma in Geschichte und Erinnerung

Europäische und regionale Perspektiven

Hg. von Thomas Höhne, Nicole Janka und Marcus Mühlnikel

University of Bamberg Press
2025

Bibliografische Information der Deutschen Nationalbibliothek
Die Deutsche Nationalbibliothek verzeichnet diese Publikation in der Deutschen Nationalbibliografie; detaillierte bibliografische Daten sind im Internet über http://dnb.dnb.de abrufbar.

Die Veröffentlichung stellt keine Meinungsäußerung des BMFSFJ oder des BAFzA dar. Für inhaltliche Aussagen tragen die Autorinnen und Autoren die Verantwortung.

Gefördert vom Bundesministerium für Familie, Senioren, Frauen und Jugend im Rahmen des Bundesprogramms Demokratie leben!

Herstellung und Druck: docupoint, Magdeburg
Umschlaggestaltung: University of Bamberg Press
Umschlagbild: Tagungsplakat, gestaltet von Hannah Feldmeier

University of Bamberg Press, Bamberg 2025
ROR https://ror.org/004fa0x02

ORCID:
Marcus Mühlnikel https://orcid.org/0009-0006-9070-6999

ISSN: 2942-0059 (Print)
eISSN: 3053-5786 (Online)
ISBN: 978-3-98989-046-6 (Print)
eISBN: 978-3-98989-047-3 (Online)

URN: urn:nbn:de:bvb:473-irb-110325x
DOI: https://doi.org/10.20378/irb-110325

Inhaltsverzeichnis

Geleitwort von Erich Schneeberger

„Sinti und Roma in Geschichte und Erinnerung". Die thematische Ausrichtung der Tagung und des vorliegenden Sammelbandes ist für die deutschen Sinti und Roma, die bereits seit Jahrzehnten als nationale Minderheit anerkannt sind, von hoher Bedeutung. Sinti und Roma leben seit Jahrhunderten in Europa und sind Teil einer gemeinsamen Kultur und Geschichte. Politisch wird dieser Tatsache bereits seit längerer Zeit Rechnung getragen. So werden im Staatsvertrag zwischen dem bayerischen Landesverband und dem Freistaat Bayern ausdrücklich die Geschichte der deutschen Sinti und Roma in Bayern sowie deren Leistungen gewürdigt. Diese Würdigung und damit einhergehend auch Anerkennung und Wertschätzung, die uns auf politischer Ebene entgegengebracht werden, sind auf der gesellschaftlichen Ebene noch nicht vorhanden. Tradierte Stereotype und Vorurteile sind im alltäglichen Leben präsent. Auch wenn in den letzten Jahren vielfältige Bemühungen stattgefunden haben, daran etwas zu verbessern, so dominieren gesellschaftlich doch weiterhin Einstellungen, die sich zwischen „Gleichgültigkeit und Ablehnung" einordnen lassen, wie es die Antidiskriminierungsstelle des Bundes im Rahmen einer Studie bereits vor zehn Jahren festgestellt hat.

Im Feld der Geschichtswissenschaft gibt es ebenfalls viele Leerstellen, zum Teil werden immer noch problematische Versatzstücke aus früherer Zeit herangezogen, um diese Leerstellen zu füllen. Dabei sollte gerade die historische Wissenschaft diejenige Instanz sein, die eine angemessene Darstellung der Geschichte der Sinti und Roma zu leisten imstande ist. Aus diesem Zusammenhang heraus entsprang auch die Idee zur Tagung, aus der dieser Sammelband hervorging. Für den bayerischen Landesverband Deutscher Sinti und Roma waren vor allem große Defizite in der regionalen Geschichtsschreibung der Ausgangspunkt, um zusammen mit weiteren Partnern in der Region Oberfranken den vorhandenen Antiziganismus zu thematisieren.

Den bisherigen problematischen Umgang mit der Verfolgungsgeschichte der Sinti und Roma in der Region möchte ich kurz skizzieren. Hier fanden über lange Zeit tradierte Stereotype über Sinti und Roma Verwendung, ohne sie kritisch zu hinterfragen, etwa in den Beschreibungen historischer Hintergründe von Ortsnamen wie der „Zigeunermühle" oder bezüglich der Hinrichtungen von Berneck im Jahr 1724. Sichtbar wurden diese Defizite unter anderem in Publikationen, durch öffentliche Informationstafeln und in Selbstdarstellungen von Kommunen und Landkreisen. In der Frühen Neuzeit dienten die antiziganistischen Stereotype meist der Legitimation der staatlichen Verfolgungspraxis, indem zum Beispiel behauptet wurde, dass die verfolgten Menschen Angehörige „krimineller Banden" seien und man sich ihrer hätte erwehren müssen. Das Fortleben dieser Geschichtsverzerrung erklärt sich insbesondere darüber, dass bis in die Gegenwart immer wieder aus den bestehenden, stark von rassistischen Vorbehalten durchzogenen Quellen abgeschrieben wurde.

Die von uns kritisierten Defizite in der Geschichtsschreibung betreffen aber nicht allein die Frühe Neuzeit, sondern auch die Nachkriegsgeschichte. So war auch die Zeit nach 1945 geprägt von einer beispiellosen Kontinuität von Diskriminierung und Rechtlosigkeit staatlicher Instanzen gegenüber Sinti und Roma, eine Zeit der Fortführung der Sondererfassung durch Polizei und Justiz, der Verweigerung von Entschädigungsleistungen und der personellen Kontinuität von NS-Tätern, die in der Bundesrepublik ungehindert ihre Karrieren fortsetzen konnten. Deshalb bezeichnen die Verbände der Selbstorganisationen diese historische Phase als „zweite Verfolgung".

Insgesamt lässt sich feststellen, dass Wissenschaft und Forschung selbst in erheblichem Maß zu einer antiziganistischen Wissensproduktion beigetragen haben. Der im Jahr 2021 veröffentlichte Bericht der Unabhängigen Kommission Antiziganismus verweist auf große Defizite in der Gegenwart. Die Kommission kommt in diesem Bericht zu dem Ergebnis, dass Antiziganismus auch in Wissenschaft und Forschung oft verfestigt und tradiert werde. Damit gehe das Problem einher, dass das gesellschaftlich vorhandene Wissen über Sinti und Roma weiterhin auf rassistischen Grundlagen fuße und sich in der Folge auch Strukturen des Ausschlusses legitimieren könnten. Die Kommission empfiehlt deshalb einen Perspektivwechsel in Wissenschaft und Forschung und benennt auch klare Vorgaben hinsichtlich der einzuhaltenden Forschungsstandards. Gefragt ist nun die Umsetzung der Empfehlungen der Kommission auf allen politischen Ebenen und in allen Regionen und Kommunen. Ein Perspektivwechsel ist tatsächlich dringend notwendig, und ich bin mir sicher, dass dieser Sammelband dazu einen Beitrag leisten wird. Politik und Wissenschaft stehen in Verantwortung, ihr Handeln anhand eines bewussten Umgangs mit der Geschichte und zum Schutz von Minderheiten auszurichten. Viele der Autorinnen und Autoren sind mir persönlich bekannt und zum Teil langjährige Wegbegleiter unserer Verbände, und ich kann mir sicher sein, dass sie diesen Anforderungen mehr als gerecht werden.

Erich Schneeberger
Vorsitzender des Verbands Deutscher Sinti und Roma –
Landesverband Bayern

Geleitwort von Dr. Ludwig Spaenle

Sinti und Roma leben seit etwa 1.000 Jahren in Europa und sind seither integraler Bestandteil der europäischen Gesellschaften, ihrer Geschichte und Kultur. Nach Deutschland kamen Roma im 19. Jahrhundert, Sinti sind hier seit Jahrhunderten beheimatet. Ihre über 600-jährige Geschichte ist eine Geschichte der gegenseitigen Bereicherung von Mehrheit und Minderheit, aber sie ist auch eine Geschichte der Ausgrenzung und Verfolgung, schließlich des Völkermords. Mit dem Ende der nationalsozialistischen Terrorherrschaft endete der Völkermord, aber die Diskriminierung, die Benachteiligung, die Zuschreibung negativer Stereotype dauerte an. Zu diesen negativen Stereotypen gehört auch der Vorwurf der Vaterlandslosigkeit, der Heimatlosigkeit; Romani Rose, der Vorsitzende des Zentralrats der deutschen Sinti und Roma, bezeichnete diese Diffamierung als eines der schlimmsten Vorurteile: „Das kennen wir aus der deutschen und europäischen Geschichte: Die Heimatlosigkeit, die man uns immer wieder zuschreibt. Auf die man auch in Medien abhebt, indem die Minderheit ausgegrenzt wird, gesagt wird, sie gehöre nicht dazu. Das möchte ich jetzt in ihr Bewusstsein rufen: Wir haben eine sechs-, siebenhundertjährige deutsche Geschichte. Das ist, und das sage ich heute sehr selbstbewusst, auch unser Land.“[1]

Die Emanzipationsbewegung der Sinti und Roma brachte in den achtziger Jahren die staatliche Anerkennung des nationalsozialistischen Unrechts als Völkermord und die staatliche Anerkennung von Sinti und Roma als einer anerkannten Minderheit in der Bundesrepublik Deutschland: Das Denkmal für die im Nationalsozialismus ermordeten Sinti und Roma Europas in Berlin, die Rede des Sinto Zoni Weisz am 27. Januar 2011 vor dem Deutschen Bundestag, der Staatsvertrag zwischen dem Freistaat Bayern und dem Landesverband Bayern der Deutschen Sinti und Roma sind Meilensteine dieser Entwicklung. Der im Jahre 2018 geschlossene und 2023 erneuerte Staatsvertrag betont in seinem Artikel 2, „Geschichtsbewusst-

1 Karola Fings/Sybille Steinbacher (Hg.), Sinti und Roma, der nationalsozialistische Völkermord in historischer und gesellschaftspolitischer Perspektive, Göttingen 2021, S. 256.

sein und Förderung der Erinnerung", die Selbstverpflichtung Bayerns: „Er [der Freistaat] trägt dafür Sorge, dass die Geschichte der Sinti und Roma vermittelt wird, um so auch möglichen Vorurteilen entgegenzutreten."

Dem Geiste des Staatsvertrags hinkt das Bewusstsein der Gesellschaft noch hinterher, beeinflusst von Unwissen und tradierten Vorurteilen. Es bleibt deshalb die Aufgabe vieler Institutionen und vieler Einzelner, hier tätig zu werden, die Aufgabe insbesondere von Universitäten und Schulen, zu forschen, zu lehren, zu bilden und erziehen.

Die Geschichte der Sinti und Roma in Bayern, in Deutschland, in Europa ist eingeschrieben in unsere Geografie und in unsere Historie, sie sichtbarer zu machen und sie zu sehen lehren, ist der Universität Bayreuth mit ihrer Tagung „Sinti und Roma in Geschichte und Erinnerung. Europäische und regionale Perspektiven" und mit dem hier vorliegenden Tagungsband eindrucksvoll gelungen.

September 2024
Dr. Ludwig Spaenle
Staatsminister a.D.
Beauftragter der Bayerischen Staatsregierung
für jüdisches Leben und gegen Antisemitismus,
für Erinnerungsarbeit und geschichtliches Erbe

Geleitwort
von Dr. Dorothea Greiner

Sehr geehrte Leser und Leserinnen,

die Tagung **„Sinti und Roma in Geschichte und Erinnerung. Europäische und regionale Perspektiven"** war schon allein durch die Trägerschaft außergewöhnlich: Es handelte sich um ein Kooperationsprojekt zwischen Dreien, denen ich für dieses weiterführende „Teamwork" danke:

Erstens dem Landesverband Bayern des Verbandes Deutscher Sinti und Roma und insbesondere dem Vorsitzenden Erich Schneeberger,

zweitens dem Institut für Fränkische Landesgeschichte, namentlich Professor Dr. Martin Ott zusammen mit Dr. Marcus Mühlnikel,

und drittens den Vertretern der Evangelisch-Lutherischen Kirche in Bayern, die sich besonders für das Werden dieser Tagung einsetzten: Martin Becher, Initiator der Evangelischen Arbeitsstelle Antiziganismus in Bayern und Nicole Janka, die diese Stelle nun innehat.

Mein Dank gilt darüber hinaus allen, die sich als Referenten für dieses Thema gewinnen ließen, sodass ein Symposium entstand, das Wissen und Perspektiven zum Thema Antiziganismus so konkret, treffend und betroffen machend zusammentrug, wie ich es selten wahrgenommen habe. In der dichten Atmosphäre in allen Teilen der Veranstaltung war Vortragenden wie Zuhörenden die innere Beteiligung abzuspüren.

Zu erinnerungskultureller Arbeit bereit zu sein, ist eine Grundhaltung. Jüdischer wie christlicher Glaube – sofern er mit seinen biblischen Quellschriften übereinstimmt – geht gar nicht ohne Erinnerung. Beide Religionen haben die Eigenart, sich - vordringlich und so oft wie möglich - des Heilshandelns Gottes zu erinnern.

Dazu gehört aber immer, sich der menschlichen Schuld zu erinnern, weil Gottes Heil und Heilung ja gerade auch wegen und in dieser Schuld notwendig wird. Heil und Heilung Gottes beinhalten, dass er sogar die Erinnerung heilt, indem er zur Wahrhaftigkeit hilft.

Das Feld aufarbeitender Erinnerung hinsichtlich des Lebens der Sinti und Roma in unserer Gesellschaft lag freilich erschreckend lange brach. Auch die Verankerung im Geschichtsunterricht an bayerischen Schulen bedarf der Entwicklung; dazu wurden Anstöße für die praktische Weiterarbeit gegeben. Daher sage ich den Initiatoren und Mitwirkenden dieses Symposiums umso mehr ein herzliches Danke.

Die Tagung fand in Bayreuth statt. Hier bestehen auf dem evangelischen Stadtfriedhof viele Gräber von Sinti, darunter eines, in dem die in Dachau ermordeten Gebrüder Max und Wilhelm Rose begraben liegen. Um gelebter Erinnerungskultur willen haben wir den Platz direkt bei der Aussegnungshalle mit vier Tafeln gestaltet.

In solcher Praxis der Erinnerung und in der notwendigen inhaltlichen Arbeit muss unser Ziel sein, dass der bestehende gegenwärtige Antiziganismus erkannt und zur Gänze beendet wird; damit keine Person - sei sie Angehörige der Sinti oder der Roma - mehr fürchten muss, bei Offenlegung der Identität berufliche Nachteile zu erleiden. Das Thema der Tagung und des Publikationsbandes „Sinti und Roma in Geschichte und Erinnerung. Europäische und regionale Perspektiven“ hat also existenzielle Bedeutung. Darum danke ich auch Ihnen als Leser und Leserinnen für Ihr Interesse daran.

Dr. Dorothea Greiner
Regionalbischöfin
des Kirchenkreises Bayreuth

Einleitung

Am 28. und 29. September 2023 fand im Iwalewahaus Bayreuth die Tagung „Sinti und Roma in Geschichte und Erinnerung. Europäische und regionale Perspektiven" statt. Sie war der vorläufige Höhepunkt einer mehrjährigen Kooperation zwischen dem Institut für Fränkische Landesgeschichte der Universitäten Bamberg und Bayreuth, dem Verband Deutscher Sinti und Roma (Landesverband Bayern e. V.) und der Evangelischen Arbeitsstelle Antiziganismus in Bayern. Bis dahin hatten die Projektbeteiligten in erster Linie an Formen des Erinnerns an das an Sinti und Roma in Oberfranken begangene Unrecht gearbeitet. In diesem Zusammenhang entstanden Texte für Informationstafeln für den öffentlichen Raum sowie öffentliche Vorträge, die die Bevölkerung über die regionalen Verhältnisse und Geschehnisse aufklären sollen. Im Rahmen dieser Kooperation kam schließlich der Wunsch auf, die für Oberfranken erarbeiteten Ergebnisse in einen größeren Rahmen zu stellen und damit in aktuelle wissenschaftliche Diskurse einzubinden. Wie ließe sich dieses Vorhaben besser realisieren als durch eine Tagung, auf der Spezialistinnen und Spezialisten für die Geschichte der Sinti und Roma ihre Themen vorstellen und diskutieren würden?

Über die vielfältigen Kontakte der beteiligten Institutionen konnten Expertinnen und Experten zu verschiedenen Aspekten der Geschichte der Sinti und Roma für dieses Vorhaben gewonnen werden. Besonders erfreulich war es, dass sich der Kontakt zur Forschungsstelle Antiziganismus an der Universität Heidelberg herstellen ließ, von wo aus sich mehrere Forschende an der Tagung beteiligten. Das inhaltliche Spektrum war bewusst breit angelegt. Es berücksichtigte sowohl historische Themen zur Geschichte der Minderheit als auch verschiedene Fragen zur Erinnerungskultur. Ziel war es, aktuelle Forschungsströmungen aufzugreifen und vor diesem Hintergrund die Ergebnisse der im fränkischen Raum angesiedelten empirischen Arbeiten zu kontextualisieren. Einige der Referierenden beschäftigen sich bereits seit vielen Jahren mit der Geschichte der Sinti und Roma, andere stellten erste Ergebnisse ihrer im Entstehen begriffenen Qualifikationsarbeiten vor. Die Tagung brachte damit auch verschiedene Forschergenerationen zusammen und ermöglichte die anregende Diskussion neuer Trends vor dem Hintergrund einer breiten Forschungsexpertise. Die für eine wissenschaftliche Tagung hohen Besucherzahlen waren sicher dieser Themenvielfalt – und wohl auch dem Veranstaltungsort im Zentrum der Stadt Bayreuth – geschuldet. Dieses starke Interesse an den auf der Tagung behandelten Themen führte schließlich zur Entscheidung, die gehaltenen Vorträge in der vorliegenden Form zu veröffentlichen.

Die ersten drei Beiträge widmen sich der Vormoderne. Ulrich F. Opfermann stellt zunächst die bisherigen Forschungen zur Geschichte der mitteleuropäischen Sinti in der Frühen Neuzeit vor. Er geht dabei auf unterschiedliche Quellengruppen ein, von denen v. a. die vielen bislang noch nicht ausgewerteten handschriftlichen Texte weitere Erkenntnisse über das Verhältnis zwischen Minderheit und Mehrheitsbevölkerung liefern dürften. Die bisherigen Forschungsergebnisse legen nahe, dass die in den normativen Texten zu findenden herrschaftlichen Abgrenzungsgebote einer friedlichen Koexistenz zwischen den Bevölkerungsgruppen im Alltagsdiskurs gegenüberstehen.

Wie diese herrschaftlichen Abgrenzungsgebote und Strafszenarien in der Praxis im Hochstift Bamberg umgesetzt wurden, untersucht Günter Dippold in seinem Aufsatz über die Verfolgung von „Zigeunern“ im frühneuzeitlichen Franken. Er wertet hierfür vier Jahrgänge der Bamberger Malefizprotokolle der ersten Hälfte des 18. Jahrhunderts aus. Daraus geht hervor, dass die ganze Palette der in den normativen Texten angedrohten Maßnahmen – von Körperstrafen bis hin zur Exekution – angewendet wurde, wenngleich die Bamberger Hofräte die in den Mandaten vorgeschriebene Härte nicht immer voll ausschöpften. Der Autor weist darauf hin, dass diese Ergebnisse durch weitere Quellenstudien überprüft werden müssten.

Auch Erik Salomon betont, dass eine intensive wissenschaftliche Beschäftigung mit dem frühneuzeitlichen Antiziganismus noch ausstehe. In seinem Artikel beschäftigt er sich speziell mit interterritorialer Interaktion und Kommunikation als Faktor der antiziganistischen Verfolgung im frühneuzeitlichen Franken. Er weist dabei nach, dass auf allen Ebenen staatlichen Handelns Maßnahmen der Kooperation ergriffen wurden, um die sich in den ersten beiden Jahrzehnten des 18. Jahrhunderts steigernde Verfolgungsintensität durchzusetzen. Um grenzübergreifende Verfolgungsmaßnahmen durchzuführen, waren Kooperation zwischen lokalen Ämtern verschiedener Staaten, bilaterale Absprachen zwischen den Reichsständen des Fränkischen Reichskreises sowie generelle Vereinbarungen auf Reichskreisebene nötig. Diese Kooperationen kamen trotz der „eifersüchtig gehüteten Vorrechte der Stände“ in Hinblick auf „ihre Souveränität, Gerichtsbarkeit und Grundherrschaft“ zustande, was zeigt, wie ernst es den Akteuren mit den Verfolgungsmaßnahmen war.

Die folgenden vier Beiträge beschäftigen sich mit der Situation der Sinti und Roma im 20. Jahrhundert. Zunächst spannt Gerhard Baumgartner einen weiten Bogen von den integrationistischen Maßnahmen im frühneuzeitlichen Österreich bis in die Situation in Europa nach 1989. Für die Ausbildung von „Zigeunerstereotypen“ war maßgeblich die Fotografie des 19. Jahrhunderts verantwortlich, die auf eine romantisierende Klischeebildung abzielte und die realen Lebensverhältnisse der Sinti und Roma in keiner Weise widerspiegelte. Katastrophal wirkten sich die pseudowissenschaftlichen „Erkenntnisse“ der eugenischen Forschung aus, die den „Zigeunern“ negative Eigenschaften qua Geburt zugeschrieb. Nur vor diesem Hintergrund war eine „Ethnisierung der Armut“ und schließlich die Ermordung vieler Sinti und Roma während der NS-Zeit möglich geworden.

Mit der Situation der Roma in der Slowakei zwischen 1939 und 1945 beschäftigt sich Matej Beránek. Die Gründung des slowakischen Staates führte zur Verabschiedung rassistischer Gesetze, die neben der jüdischen Bevölkerung auch die Minderheit der Roma trafen. In den folgenden Jahren spitze sich die Situation immer weiter zu, Roma wurden vom Wehrdienst ausgeschlossen, zunehmenden Verfolgungen ausgesetzt und schließlich in Lager überführt. Den negativen Höhepunkt der Verfolgung bildet die Zeit des Slowakischen Nationalaufstandes zwischen August 1944 und März 1945, als Angehörige der Roma im Rahmen von Massenerschießungen ermordet wurden.

Ulrich Schlee spürt den Schicksalen der in Oberfranken lebenden Sinti und Roma während der Zeit des Nationalsozialismus nach und untersucht im Speziellen die Deportationen der Sinti und Roma aus Oberfranken. Der Blick auf lokale und regionale Verhältnisse biete sich bei diesem Thema insbesondere deshalb an, weil „die zentrale Quellenüberlieferung der für die Verfolgung maßgeblich zuständigen Kriminalpolizeileitstelle München ausfällt“, Gegenüberlieferungen und Quellen „auf Ebene der Bezirksämter [...] und der Ortspolizeibehörden“ jedoch vorliegen. Aus den quellenmäßig belegten Vorgängen in Oberfranken lassen sich damit wichtige Erkenntnisse über das Gesamtverfolgungsgeschehen herausarbeiten.

Dass mit dem Jahr 1945 kein grundlegender Bruch in der Betrachtung der Sinti und Roma durch staatliche Stellen einherging, belegt eindrucksvoll der Beitrag von Hans Woller. Neubeginn bedeutete für Sinti und Roma die „Befreiung aus Lagern und KZs und Erlösung vom Damoklesschwert der Vernichtung [...]. Ansonsten blieb für sie alles so, wie es seit Menschengedenken gewesen war“. Antiziganismus bestimmte auch weiterhin die Einstellung der Beamten, der Parteien und der Bevölkerung gegenüber den Sinti und Roma, was z. T. in eine völlige Verkehrung der Täter- und Opferzuschreibungen mündete, wie der Autor anhand der Vorgänge im oberbayerischen Niederthann im Jahr 1972 darlegt.

Die verbleibenden vier Beiträge widmen sich der Aufarbeitung der NS-Verbrechen nach 1945 sowie der Erinnerungskultur. Frank Reuter beleuchtet den Umgang der Gerichte mit den Opfern nationalsozialistischen Verfolgungen. Unter dem Vorsitz von Mitgliedern der „Täter“-Gesellschaft, die in den Gerichtssälen saßen und u. a. über den Wert der Aussagen entschieden, galten die Beiträge von

Sinti und Roma per se als unglaubwürdig. Lange Zeit wollte auch außerhalb der Gerichtssäle niemand die Geschichten von Verfolgung und Vernichtung hören. Erst im Laufe der Zeit entstanden „Resonanzräume“, in denen das spärlich Ausgesprochene – sowie die Zeugen überhaupt – ernst genommen wurden. Erst damit erhielten die Aussagen eine „gebührende Wertschätzung“, wurden die Opfer mit Rücksicht und Respekt behandelt. Seit den 1980er Jahren entstanden dann viele Publikationen, die das Leid aus erster Hand erzählen und die Opfer zu Wort kommen lassen.

In seinem Beitrag über die Entschädigungszahlungen an die Opfer des NS-Regimes in der Bundesrepublik Deutschland legt Joey Rauschenberg überzeugend dar, wie sich in der Forschung das Narrativ von der verweigerten Entschädigung der Sinti und Roma etablieren konnte. Viele der zu diesem Thema erschienen Publikationen kämen ohne empirische Basis aus und seien stattdessen aktivistisch motiviert. Das Fortschreiben des Erzählmusters von der verweigerten Anerkennung geschah in der Folge, weil die Autorinnen und Autoren in den seltensten Fällen die Quellen bemühten und stattdessen auf die bereits publizierten Ergebnisse verwiesen. Die wenigen empirisch arbeitenden Studien zeigten allerdings in eine Richtung, die eine Ungleichbehandlung der Sinti und Roma im Kontext der Entschädigungszahlungen als wenig wahrscheinlich erscheinen lassen.

Leonard Stöcklein stellt die Erinnerungsarbeit in Bayern vor und spürt den Umständen nach, die zur Errichtung der nach 1945 in Bayern entstandenen Erinnerungsorte führten. In der Regel wurden die – meist von Angehörigen der Minderheit – angestoßenen Projekte mit Skepsis betrachtet und verschiedene Gründe für die Nichtaufstellung bzw. Nivellierung der Denkmäler ins Feld geführt, bevor die politischen Entscheidungsträger schließlich doch den Weg zur Errichtung öffneten.

Monika Müller schließlich skizziert die Veränderungen der bayerischen Lehrpläne und -standards seit Ende des Zweiten Weltkrieges. Die sich abzeichnende Tendenz ist eine immer dezidiertere Auseinandersetzung mit den Verbrechen des Nationalsozialismus, die – seit dem Schuljahr 2024/25 explizit – die Verfolgung und Ermordung europäischer Sinti und Roma beinhaltet. Eine weitere Tendenz ist die zunehmende Personalisierung und damit „Entpluralisierung“ der Opferperspektiven. Hinweise auf im Unterricht einsetzbare Materialien sowie eine didaktische Auseinandersetzung mit dem Tagungsplakat runden den Beitrag ab.

Die Herausgeber mussten bei der Publikation des vorliegenden Sammelbandes verschiedene Entscheidungen treffen. Als Verlag wurde die *University of Bamberg Press* gewählt, da das Angebot einer hybriden Veröffentlichung (analog und digital) in der durch den Verlag garantierten soliden und sehr ansprechenden Form überzeugte. Besonders durch die digitale Publikation wird die Verbreitung der Inhalte für eine große Leserschaft ermöglicht. Das Buch erscheint als Band 2 der vom Institut für Fränkische Landesgeschichte herausgegebenen Reihe „Schriften des Instituts für Fränkische Landesgeschichte". Eine weitere Entscheidung betrifft die Begrifflichkeit und hier in erster Linie die Bezeichnung für die Angehörigen der Minderheit. Die Autorinnen und Autoren verwenden die gängige Selbstbezeichnung: Sinti und/oder Roma. Der Begriff „Zigeuner" taucht als Quellenbegriff in den Beiträgen auf. Die Kennzeichnung durch Anführungs- und Schlusszeichen markiert dies. Das Herausgeberteam sowie die Autorinnen und Autoren distanzieren sich von jedweden mit dem Begriff verbundenen pejorativen Zuschreibungen.

Die Tagung wurde von der Evangelischen Arbeitsstelle Antiziganismus Bayern am Evangelischen Bildungs- und Tagungszentrum Bad Alexandersbad, dem Institut für Fränkische Landesgeschichte der Universitäten Bamberg und Bayreuth sowie dem Verband Deutscher Sinti und Roma – Landesverband Bayern veranstaltet. Die Veröffentlichung des Bandes ermöglichten Förderungen durch das Kompetenznetzwerk Antiziganismus im Bundesprogramm „Demokratie leben!", das Netzwerk „Sinti Roma und Kirchen" sowie die Freunde und Förderer der Fränkischen Landesgeschichte e. V. Allen Unterstützern und Förderern sei an dieser Stelle herzlich gedankt.

Last but not least bedankt sich das Herausgeberteam bei den studentischen Hilfskräften Neele Boderius B.A., Wolfgang Ficht B.A. und Tom Zimmermann B.A., die sowohl für einen reibungslosen Tagungsablauf sorgten als auch wichtige Arbeiten für die Veröffentlichung des Buches übernahmen.

Mit dieser Publikation wird die Reihe „Schriften des Instituts für Fränkische Landesgeschichte" fortgesetzt, derer erster „Band Umbruch und Wandel. Oberfranken nach dem Ersten Weltkrieg 2022" im Eigenverlag erschienen ist.

Thomas Höhne, Nicole Janka, Marcus Mühlnikel

Forschung und Forschungsergebnisse zur Geschichte der mitteleuropäischen Sinti in der Frühen Neuzeit

Ulrich F. Opfermann

Gegenstand des folgenden Beitrags ist ein Überblick über die Forschung zur Geschichte der territorial im Westen und in der Mitte des kontinentalen Europa beheimateten Sinti-Minderheit in einem Zeitfenster vom ausgehenden Mittelalter bis ans Ende der Frühen Neuzeit, also seit deren erstem Auftreten dort am Beginn des 15. bis zum 18. Jahrhundert. Die Quellenlage wird dargestellt, Forschungsergebnisse werden mitgeteilt und Arbeitsansätze und -perspektiven beschrieben.

Quellen

Gedrucktes

Das heutige Forschungsinteresses richtet sich vor allem auf gedruckte Quellen, wie sie seit der Erfindung des Buchdrucks im 15. Jahrhundert vorliegen. Zu unterscheiden ist dabei zwischen staatlichen Verlautbarungen an die Untertanenschaft – verpflichtende Verhaltensregeln für Unterbehörden und Untertanen – und dem, was eine kleine Gruppe von individuellen Skribenten einem interessierten Publikum anbot. Die an die breite Bevölkerung adressierten staatlichen Mitteilungen erreichten ihre Adressaten durch lesekompetente Vermittler wie den Dorf- oder Stadtpfarrer, der sie von der Kanzel verkündete.

Die publizistische Reichweite der Autoren von Druckwerken war gering. Um 1600 waren etwa 4 Prozent der Bevölkerung regelmäßige Leser, und die Quote der „Literaturleser" lag unter einem Prozent. Gegen Ende des 18. Jahrhunderts lag deren Zahl etwas höher, aber nach wie vor waren diese Leser ausgesprochen minderheitlich, erst recht auf dem Land,[1] dem Lebens- und Erfahrungsraum des Großteils der damaligen Bevölkerung wie auch der Sinti. Die Verbreitung von „Zigeunerbildern" war daher eng begrenzt und beschränkt auf eine hauptsächlich städtische Leserschaft von bessergestellten Untertanen.

Die Autoren waren zumeist „Stubengelehrte", fachlich vor allem Theologen, Juristen, Historiografen in weltlichen und geistlichen Erziehungs-, Ausbildungs- und

1 Jost Schneider, Sozialgeschichte des Lesens. Zur historischen Entwicklung und sozialen Differenzierung der literarischen Kommunikation in Deutschland, Berlin / New York 2004, S. 62.

Forschungsfunktionen. Deren Lebensbedingungen separierten sie innerhalb der herrschenden Verhältnisse von der großen Mehrheit der Umgebungsbevölkerung. Die Unterschiede waren offensichtlich: Gelehrte waren der körperlichen Arbeit enthoben, nicht immer, aber doch häufig befreit von materiellen Alltagssorgen. Sie bewegten sich in einem eigenen sozialen und mentalen Raum, deutlich abgegrenzt von der Mehrheit der in der Landwirtschaft und im Handwerk arbeitender Analphabeten. Mancher Bewohner dieses Raums sah sich in einer respublica lit(t)eraria, einer selbstbestimmten „Gelehrtenrepublik" außerhalb der gegebenen Machtstrukturen.[2] Kritik reagierte darauf mit der Diagnose einer „wunderlichen Chimäre und eingebildeten Phantasie".[3]

Ihre Existenzmittel erhielten die Verfasser der gelehrten Abhandlungen über „Zigeuner" durchweg von der geistlichen und weltlichen Obrigkeit.[4] Soweit sie sich zur Minderheit der angeblichen „Heiden" „aus Kleinägypten" äußerten, waren sie doch in aller Regel ohne Kontakte zu den von ihnen Beschriebenen. Über ein eigenes oder von Dritten zuverlässig erworbenes Erfahrungswissen zum Thema verfügte kaum einer. Der Betätigungsspielraum war begrenzt, denn jede Publikation war an die landesherrliche Druckerlaubnis, die Imprimatur, gebunden. Das heißt, die Gruppe war insgesamt mit dem, was sie sagte und schrieb, in die weltlichen und kirchlichen Herrschaftsstrukturen eingebunden, für deren weiteren Ausbau wie für deren äußere Anerkennung sie zunehmend wichtig wurde. Entwickelten „Gelehrte" Distanz oder gar Widerspruch dazu, gefährdeten sie ihre soziale Existenz. Sie, ihre Verleger und deren Drucker mussten mit Druckverboten, Beschlagnahmungen und auch mit Betriebsschließungen rechnen.[5]

Es handelt sich, schaut man zeitlich nach vorn, bei den Autoren von Literatur zu „Zigeunern" und dem Großteil ihrer Rezipienten um die frühen Vorgänger des späteren Bildungsbürgertums.

---

2 Siehe etwa: Caspar Hirschi, Piraten der Gelehrtenrepublik. Die Norm des sachlichen Streits und ihre polemische Funktion, in: Kai Bremer / Carlos Spoerhase (Hg.), Gelehrte Polemik. Typen und Techniken wissenschaftlicher Konfliktführung in der respublica litteraria des 17. und 18. Jahrhunderts, Frankfurt am Main 2015, S. 101–138 (= Hirschi, Piraten der Gelehrtenpolitik).

3 So der Juraprofessor Christian Gottfried Hoffmann (1692–1735), nach: Hirschi, Piraten der Gelehrtenpolitik, S. 109.

4 Mit Beiträgen zu „Zigeunern" etwa: Johannes Aventinus, herzoglicher Historiograf (1477–1534), Sebastian Münster, Hochschullehrer, Astronom (1488–1552), Christian Wurtisen, Mathematiker, Theologe (1544–1588).

5 Wenn die Verbreitung von Kritik nicht einfach „ganz verboten werden konnte, dann sollte wenigstens die eigene Herrschaftsmeinung ins Informationssystem eingespeist werden, notfalls unter Anwendung manipulativer Methoden." Johannes Arndt, Die historisch-politischen Zeitschriften innerhalb der zirkulären Struktur des Mediensystems der politischen Publizistik, in: Johannes Arndt / Esther-Beate Körber (Hg.), Das Mediensystem im Alten Reich der Frühen Neuzeit (1600–1750), Göttingen 2010, S. 139–172, hier S. 157.

Abb. 1 Hieronymus Hopfer, Flucht nach Ägypten, 1. Drittel 16. Jahrhundert, nach Iacopo da Barbari (gest. 1516 in Mecheln). Die Jüdin Maria wird mit einem christlichen Strahlenkranz und mit dem Kleidungsstück einer Sintizza (flacher Turban) dargestellt, was keine negativen Assoziationen auslöste.

Unter den so gegebenen Bedingungen bildete sich in der Frühen Neuzeit im Abschreibverfahren eine affirmative obrigkeitlich ausgerichtete „Tradition einer fortwährenden Reproduktion desselben Quellenmaterials und derselben Sätze"[6] aus. Sich auf die Exegese dieser Quellen zu beschränken, ergibt eine Geschichte der

6 Wim Willems, Außenbilder von Sinti und Roma in der frühen Zigeunerforschung, in: Jacqueline Giere (Hg.), Die gesellschaftliche Konstruktion des Zigeuners. Zur Genese eines Vorurteils, Frankfurt am Main / New York 1996, S. 87–108, hier S. 102.

Ideen in den arrivierten Kreisen, die weit entfernt ist von der Realgeschichte der Sinti innerhalb der frühneuzeitlichen Gesamtgesellschaft.

Mit dem nächsten Epochenwechsel, dem Eintritt in die Moderne mit ihrer Publizistik als Mittel nicht nur des Geschäfts, sondern auch der politischen Ausrichtung, konnte dieser ältere Kanon von Beschreibungsmustern neuen Erfordernissen angepasst, ausgebaut und massenmedial verbreitet werden.

Handschriften

Neben diesen gedruckten Texten stehen die handschriftlichen Primärquellen, wie sie mit wachsendem Gewicht auf dem Weg zum absolutistischen Staat im obrigkeitlichen Verwaltungsapparat umfangreich auf allen Ebenen entstanden. Von besonderer Bedeutung sind dabei die regionalen und lokalen Schriften der unteren Behörden, denn sie gehen zurück auf Arbeit an konkreten behördlichen Aufgaben und Problemlagen. Sie entstanden in großer Nähe zur Alltagswirklichkeit einer Mehrheit der Menschen, die sie immer wieder zur Sprache bringen. Neben Zeugnissen der Behördenperspektive und -praxis finden sich dort zugleich Selbstzeugnisse von Angehörigen der Minderheit wie auch der ländlichen und städtischen Bevölkerung in ihrem Verhältnis zueinander.

Hinzuzufügen wären als ebenfalls handschriftliche Primärquellen die Kirchenbücher der lokalen Kirchengemeinden. Nahezu lückenlos enthalten sie über längere Fristen demografische und soziografische Informationen über lokal und regional dauerhaft oder vorübergehend auftretende Nicht-Untertanen und damit auch über die Sinti-Minderheit. Sie nennen insgesamt sachbezogen und, ohne Personen und Handlungen zu bewerten, konkrete Details zu den sozialen Bezügen zwischen den Bevölkerungsgruppen.[7]

Handschriften fallen nach Schreibanlass und Schreiber sehr unterschiedlich aus, und Schönschrift war auch in der Frühen Neuzeit der seltenere Fall. Für heutige Leser ergibt sich damit wie auch aus der inzwischen untergegangenen Kurrentschrift das Problem der Lesbarkeit. Die Auswertung dieser Quellen ist oft zeitauf-

7 So das Ergebnis des Verfassers nach der Auswertung von zahlreichen westdeutschen Kirchenbüchern. Zur Arbeit mit seriellen sozialgeschichtlichen und demografischen Quellen wie Kirchenbüchern am konkreten Fall siehe: Bettina Joergens / Jan Lucassen (Hg.), Saisonale Arbeitsmigration in der Geschichte. Die lippischen Ziegler und ihre Herkunftsgesellschaft (Veröffentlichungen des Landesarchivs Nordrhein-Westfalen 68), Essen 2017. Jan Lucassen ist wie Wim Willemsen (siehe Anm. 6) und Leo Lucassen (siehe Anm. 31) ein Vertreter einer in den 1990er Jahren aufkommenden erneuernden niederländischen Richtung der Migrationsforschung, für die diese Quellen von hoher Bedeutung sind.

wändig. Sie wird eher gemieden als angenommen, wiewohl sie unvermeidlich ist, um zu validen Aussagen kommen zu können.

Visuelle Quellen

Ein dritter wichtiger Quellentyp sind visuelle Quellen. Immer wieder haben in einer großen Vielfalt bildende Künstler Angehörige der Minderheit dargestellt, sowohl in Tafelbildern als auch in kleineren reproduzierbaren Formaten, also etwa in Kupferstichen. In diesem Zusammenhang ergibt sich die Frage, ob sich die Bildinhalte nach Adressaten und Verwendungsformen unterscheiden. Ob es einen Unterschied machte, ob ein Maler für einen reichen bürgerlichen oder kirchlichen Auftraggeber Einzelstücke erarbeitete oder mit Holzschnitten und Kupferstichen in höherer Auflage, die ein Verleger in Auftrag gab und verbreitete, ein großes Publikum anzusprechen versuchte, und welche „Zigeunerbilder" jeweils in welcher Weise verwendet und ausgestaltet wurden.[8]

Forschungsergebnisse

Ein Interesse an der systematischen Erarbeitung der älteren Geschichte der west- und mitteleuropäischen Sinti-Minderheit auf einer breiten Quellenbasis gibt es erst seit der zweiten Hälfte des 20. Jahrhunderts.

In Frankreich erschienen seit den 1950er Jahren erste Beiträge zur frühneuzeitlichen Geschichte. Sie stützten sich schon früh sowohl auf gedruckte als auch auf handschriftliche Quellen. Sie gingen auf die sozioökonomischen Grundbedingungen des Lebens der Menschen ein und beleuchteten die Kontakte zwischen der Minderheit und der sie umgebenden Bevölkerung.[9]

In Deutschland hatte es zwar bereits seit den 1930er Jahren eine rege Suche nach Angehörigen der Minderheit in den Kirchenbüchern auch der Frühen Neuzeit gegeben, aber die hatte der Umsetzung einer ethno- und sozialrassistischen Blickweise in die NS-Praxis der Erfassung, Verfolgung und Vernichtung gedient. Dieser bevölkerungshygienische völkische Ansatz blieb in Westdeutschland über 1945 hinaus noch lange bestimmend, denn dort verblieb ein erheblicher Überhang von Strukturen, Institutionen, Personal und Vorstellungswelten aus den NS-Jahren

8 Dazu umfassend: Ernst Rebel, Druckgrafik – Geschichte, Fachbegriffe, Stuttgart 2003.

9 Siehe etwa: François de Vaux de Foletier, La Déclaration de 1682 contre les Bohémiens. Son application en Languedoc, in: Etudes Tsiganes 3 (1957), S. 2–10; ders., La vie quotidienne d'un groupe Bohémien en Forez au début du XVIIIe siècle, in: Etudes Tsiganes 6/1 (1960), S. 22–26; ders., Les Tsiganes dans l'ancienne France, Paris 1961; Paul-E. Glath, Les Bohémiens au Baerenthal, in: Bulletin de la Société niederbronnoise d'histoire et d'archéologie 6 (1957), S. 40–63; Henri Dubled, Les incursions des Tsiganes en Alsace du XVe au XVIIIe siècle, in: Etudes Tsiganes 7/3–4 (1961), S. 1–11.

gerade auch, was die nazistische Verfolgung von Minderheiten angeht. Der Zugang zum Themenfeld war zum einen über Jahrzehnte hinweg durch einen hoch anerkannten und mit westdeutschen staatlichen und gesellschaftlichen Instanzen eng vernetzten Erbhygieniker und Bevölkerungsbiologen, dem Medizinalrat Hermann Arnold, als „Zigeunerexperten" blockiert, und zum anderen musste die spät einsetzende Aufarbeitung der Menschheitsverbrechen an der Roma-Minderheit den historiografischen Vorrang haben.[10]

Arbeiten zur Frühen Neuzeit, die die völkische Perspektive zurückwiesen und kritisch angingen, wurden erst seit den 1980er Jahren vorgelegt. Sie kamen zunächst nicht von Historikern.[11] Das westdeutsche Interesse am Thema folgte in Anlehnung an die „sozialen Bewegungen" dieser Jahre dem damals aufgekommenen minderheitspolitischen und sozialarbeiterischen Interesse an „Randgruppen". Eine systematische fachlich-historische Forschung zur älteren Geschichte auf der Basis handschriftlicher Primärquellen kam erst seit den 1990er Jahren auf, blieb aber bis heute im Hintergrund.[12] Im Vordergrund standen die ältere Geschichte des Antiziganismus als Ideen- und Diskursgeschichte und damit die oben angesprochenen frühneuzeitlichen Druckschriften.

Das Jahrhundert der Geleitbriefe

Übereinstimmend sieht die quellenbasierten Forschung das 15. Jahrhundert als die erste Phase des Aufenthalts der Minderheit im mittel- und westeuropäischen Raum und als Zeit einer Duldung, der Annahme und des Entgegenkommens der fürstlichen wie auch der städtischen Obrigkeit. Dafür sprechen hochrangige

10 Ulrich Friedrich Opfermann, „Seye kein Ziegeuner, sondern kayserlicher Cornet". Sinti im 17. und 18. Jahrhundert. Eine Untersuchung anhand archivalischer Quellen (Dokumente – Texte – Materialien. Veröffentlicht vom Zentrum für Antisemitismusforschung der Technischen Universität Berlin 65), Berlin 2007 (= Opfermann, „Seye kein Ziegeuner, sondern kayserlicher Cornet"), S. 11–23.

11 Rüdiger Vossen, Zigeuner. Roma, Sinti, Gitanos, Gypsies zwischen Verfolgung und Romantisierung. Katalog zur Ausstellung „Zigeuner zwischen Romantisierung und Verfolgung – Roma, Sinti, Manusch, Calé in Europa", Frankfurt am Main u. a. 1983; R[eimer] Gronemeyer, Christian Creutz, geweßener Zigeuner zu Burgsolms. Ein Besserungsversuch von der Hand aufgeklärter Kleinfürsten, in: Gießener Hefte für Tsiganologie 3/4 (1984), S. 63–74; ders., Zigeuner im Spiegel früher Chroniken und Abhandlungen. Quellen vom 15. bis zum 18. Jahrhundert, Gießen 1987 (= Gronemeyer, Zigeuner im Spiegel früher Chroniken und Abhandlungen); Erich Renner, Zur Geschichte und Beheimatung der Pfälzer Zigeuner, in: Pfälzer Heimat 40/3 (1988), S. 113–123; Karin Bott-Bodenhausen (Hg.), Sinti in der Grafschaft Lippe. Studien zur Geschichte der „Zigeuner" im 18. Jahrhundert, München 1988.

12 Thomas Fricke, Zigeuner im Zeitalter des Absolutismus. Bilanz einer einseitigen Überlieferung. Eine sozialgeschichtliche Untersuchung anhand südwestdeutscher Quellen, Pfaffenweiler 1996 (= Fricke, Zigeuner im Zeitalter des Absolutismus); Opfermann, „Seye kein Ziegeuner, sondern kayserlicher Cornet".

Geleitbriefe[13] und Chronik-Angaben aus größeren und kleineren Städten, die von Unterstützungsleistungen und Aufenthaltsrechten berichten, wenngleich gelegentlich daneben auch abwertende Urteile auftreten und sich in einer Regensburger Chronik in den 1420er Jahren vereinzelt der Verdacht findet, die aus dem Osten kommenden „Cigäwnär“ seien „geheime Kundschafter im Land“, die es für nicht näher benannte fremde Mächte ausspionierten.[14]

Beschrieben werden in den Quellen des 15. Jahrhunderts reisende hierarchisch und familial strukturierte nach außen sich abgrenzende Gruppen. Als Teilmenge der migrierenden Armut sahen die obrigkeitlichen Instanzen sie nicht. Die ihnen gegebenen Namen – „Ägypter“, „Sarazenen“, „Tataren“, „Zigeuner“ – sprachen eine Herkunft aus dem Osten an und erklärten sie zu einer separaten Bevölkerungsgruppe mit einer nach heutigen Begriffen andersartigen „Ethnizität“.[15]

Die Frühe Neuzeit

Um die Wende zum 16. Jahrhundert veränderte sich die Haltung der feudalen Obrigkeit gegenüber der Minderheit prinzipiell. Dazu wird in der Literatur als ein erster gewichtiger Beleg aus der politischen Spitze ein Reichstagsabschied von 1496/97 angeführt, der den alten Regensburger Verdacht des Verrats zugunsten einer fremden Macht neu aufgriff, nun auf die „Türkengefahr“, und den Verweis auf einen äußeren Gegner mit einem auf einen inneren kombinierte. Die „zyginer“, hieß es, seien als „verkundtschafter der christen lande“ „vom *soldan* der Thürken außgeschickt“ worden. Im Jahr darauf erweiterte der Reichstag diesen Verdacht um eine Sanktion: „Wann [...] yemandts mit der Tat gegen inen Hanndel furnemen wurde, der sol daran nit gefrevelt noch Unrecht gethan haben“. Die staatlichen Organe innerhalb des gesamten Heiligen Römischen Reichs sollten sie „nit ziehen, handeln noch wandeln lassen“.[16] Das war die Verhängung der Vogelfreiheit, großformatig begründet mit einer Gefahr für den Bestand der Staaten des Reichsverbands durch die Expansion des Osmanischen Reichs nach Westen. So wurde es 1500, 1530, 1534 und 1544 vom Reichstag wiederholt. Das ist zu verstehen als Ausdruck von Herrschaftsinteressen, von staatlicher Ordnungs- und

---

13 Siehe etwa hier Landesarchiv NRW, Abt. Rheinland, Jülich–Berg I, 1.363, Geleitbriefe für „Zigeuner“, 1442–1454 (darin: Seefeld, 15.4.1442 / König Friedrich II.; Bensberg, 11.6.1443 / Herzog Gerhard II.; Burg, 15.11.1444 / Herzog Gerhard II.; Düsseldorf, 9.2.1454 / Herzog Gerhard II.).

14 Andreas von Regensburg, Diarium sexennale, Eintragung August 1424, aus dem Lateinischen übersetzt, zit. nach: Gronemeyer, Zigeuner im Spiegel früher Chroniken und Abhandlungen, S. 20.

15 Dazu siehe auch: Reimer Gronemeyer, Zur Geschichte der Zigeuner, in: ders. / Georgia A. Rakelmann, Die Zigeuner. Reisende in Europa, Köln 1988, S. 23–41.

16 Alle Zitierungen nach: Wilhelm Solms, Zigeunerbilder. Ein dunkles Kapitel der deutschen Literaturgeschichte. Von der frühen Neuzeit bis zur Romantik, Würzburg 2008 (= Solms, Zigeunerbilder. Ein dunkles Kapitel der deutschen Literaturgeschichte), S. 25 f.

Sicherungspolitik. Der Reichstag war keine Volksvertretung, und die einzelstaatlichen feudalen Führungsgruppen folgten mit ihren politischen Entscheidungen keinem Volkswillen. Es lässt sich daraus nicht der Schluss ziehen, die Antriebskraft bei der nun einsetzenden Verfolgung von „Zigeunern" seien tief in den damaligen Untertanenschaften verankerte Ressentiments gewesen.

In etwa zeitgleich mit den Exklusions- und Vertreibungsbeschlüssen des Reichstags bildete sich unter den frühbürgerlichen Autoren eine Neubestimmung von „Zigeunern" aus. An die Stelle geschlossener Gruppen ethnischer „Ägypter" setzten sie nun – so etwa der Chronist Albert Kranz 1520 – ein „wunderlich Volk durcheinander", „so auß allerley Landen sich zusammenschlegt".[17] Die ethnische Ausgangsidee des 15. Jahrhunderts wurde durch ein weit gefasstes überethnisches primär soziografisches Konstrukt verdrängt. Martin Luther entethnisierte 1543 Juden wie „Zigeuner" zu Teilen einer Gemengelage im breiten unteren Raum der sozialen Hierarchie: „[...] die jtzige Jüden/müsten sein/etwa ein grundsuppe/aller losen/bösen Buben/aus allerwelt zusamen geflossen/die sich gerottet/vnd jnn die Lender hin und her zerstrewet hetten/wie die Tattern oder zigeuner/vnd dergleichen/".

So urteilt über mehrere Zwischenstationen mehr als hundert Jahre später auch der Jurist und Kirchenlieddichter Ahasverus Fritsch über „Ziegeuner" als „eine recht zusammengelauffene Grundsuppe allerley müßiges und betrügerisches Gesindleins, welches sich aus vielerley nicht weit entlegenen Völckern versamlet", als eine „Grundsuppe aller dieser Müßiggänger und Landbetrieger".[18]

Weitere hundert Jahre nach ihm schloss Johann Heinrich Zedler, Verfasser der führenden deutschsprachigen Enzyklopädie, sich umfassend der Beschreibungstradition aus 250 Jahren an. Es sei „heutzutage [...] mehr als zu bekannt", dass es sich bei „Ziegeunern" um „ein zusammengelauffenes böses Gesindel" handle, „so nicht Lust zu arbeiten hat" und „sich für Zigeuner ausgeben" würde. Er nannte „abgedanckte und desertirte Soldaten, liederliche Bedienten und Handwerckspursche, die ihren Herren und Meister nicht wollen gut thun, ungerathene Söhne, die ihren Eltern entlauffen, solche Weibsvetteln, die den Staupenschlag erhalten".[19]

17 Albert Kranz, Sachsenchronik, Leipzig 1563, 11. Buch CCXXXIXr–CCXLV (lateinische Erstausgabe: Köln 1520), zit. nach: Martin Ruch, Zur Wissenschaftsgeschichte der deutschsprachigen Zigeunerforschung von den Anfängen bis 1900, Freiburg 1986, S. 364 f.

18 [Ahasver Fritsch,] Historische und politische Beschreibung der so genanten Ziegeuner nebst wahrer Anzeigung ihres Uhrsprungs, Lebenswandels und Sitten, o. O. 1662 (lateinische Erstausgabe 1659), S. 9, zit. nach: Fricke, Zigeuner im Zeitalter des Absolutismus, S. 197.

19 Johann Heinrich Zedler, Universal-Lexicon, 63 Bände, Halle / Leipzig 1732–1750 (ND Graz 1961), Bd. 62, 1751, Sp. 525 f.

Bettler, entlassene Soldaten, geflüchtete Leibeigene, Wiedertäufer, „Aufwiegler", „heimliche Gesellschaften", ungeschützte „Pack- und Betteljuden", Kriegsvertriebene, Spielleute, „herumstreichendes Gesindel", diese „Grundsuppe" charakterisierten ausschließlich negative Merkmale. Es dominierten der „Müßiggang" und Eigentumsübergriffe jeder Art.[20] Jacob Fugger genannt „der Reiche" (1459–1525) wird eine dazu passende Verallgemeinerung zugeschrieben: Es wolle „der gemeine Pöbel gerne reich werden und niemand arbeiten."[21] Im weiteren Verlauf wurde der zweite Teil dieser Aussage zur Hauptunterstellung gegen die Teilgruppe der „Zigeuner" zugespitzt und bildete einen Einstieg in deren Kennzeichnung als „asozial".[22]

Allein das den Angehörigen der Minderheit von einigen Schreibern angeheftete Attribut einer körperlichen „Schwärtze" würde ein fassbares bio-ethnisches Unterscheidungsmerkmal benannt haben, wenn es nicht als eine Vortäuschung als solches ausdrücklich entwertet worden wäre: Die Schwärze gehe auf einen Betrug, auf ein Einfärben des Körpers zurück.[23]

Das Aufkommen von „Zigeuner"-Bildern im Sinne eines bedrohlich sich zusammenfindenden Gesindels gemischter territorialer Herkunft lässt sich zwar zeitlich neben die „Türkengefahr" setzen, passt aber sehr viel besser zu einem ganz anderen Vorgang. Das Feudalsystem befand sich beim Eintritt in die Frühe Neuzeit in einer schweren inneren Krise. Die ländlichen Bundschuhaufstände, der städtische Arme Konrad, die regionalen Bauernkriege stellten der Obrigkeit die Machtfrage, und in Teilen gingen auch die Konzepte der Reformation über eine Erneuerung allein der kirchlichen Verhältnisse weit hinaus. Luthers Mitreformator, der 1525 geköpfte Thomas Müntzer, klagte zwar ebenfalls über eine gefährliche „Grundsuppe", sah sie jedoch nicht in den Unterschichten, vielmehr in der Gestalt von „unser herrn und fürsten, nehmen alle creaturen zum aygentumb". Sie seien verantwortlich „des wuchers, der dieberey und rauberey",[24] während Luther 1526 erklärte, die Obrigkeit müsse den „Pöbel, [...] treiben, schlagen, wür-

20 Ein Überblick über die hauptsächlichen Zuschreibungen und ihre Verteilung in den gelehrten Schriften findet sich bei: Solms, Zigeunerbilder. Ein dunkles Kapitel der deutschen Literaturgeschichte, S. 24.

21 Bruno Preisendörfer, Als unser Deutsch erfunden wurde. Reise in die Lutherzeit, Köln 2016, S. 108.

22 Hinzuweisen wäre an dieser Stelle auf die Belletristik, weil es dort freundliche frühneuzeitliche Gegenstimmen gab (Luzerner Spiel vom klugen Knecht, die Autoren Johannes Pauli oder Hans Sachs): Solms, Zigeunerbilder. Ein dunkles Kapitel der deutschen Literaturgeschichte, S. 51–60.

23 Jacob Thomasius, Curiöser Tractat von Ziegeunern. Aus dem Lateinischen ins Teutsche übersetzt [...], Dresden / Leipzig 1702, S. 42.

24 Thomas Münzer, Hochverursachte Schutzrede und Antwort wider das geistlose, sanftlebende Fleisch zu Wittenberg, Allstedt 1524, zit. nach: Ulrich Bubenheimer, Thomas Müntzer. Herkunft und Bildung, Leiden 1989, S. 143.

gen, henken, brennen, köpfen und radbrechen, [...] das Volk also in einem Zaum gehalten werde[n]".[25] „Volk" meinte nichts im Sinne von *ethnos* oder *natio*, es meinte abseits dieser später sich durchsetzenden Überhöhungen die *plebs*, den „gemeinen Pöbel".

Die Feudalstaaten steckten in einem Grundkonflikt zwischen oben und unten. Der Anteil des „Volks" am wirtschaftlichen Mehrprodukt, den die weltlichen und kirchlichen Herren im Zuge der frühneuzeitlichen Staatenbildung sich mit wachsenden Abgaben und Frondiensten aus den Händen vor allem der ländlichen Produzenten aneigneten, war mit dem Staatsausbau, den Kriegen und dem ausufernden Lebensstil der Machthaber erheblich gewachsen.[26] Was in den Händen der Mehrheit der Menschen verblieb, reichte dort immer weniger. Der Widerspruch vieler Untertanen richtete sich gegen die Spitze der Hierarchie. Da es zu strukturellen Veränderungen nicht kam, verblieb die Konfliktlage auch nach der Niederschlagung der Aufstände.

Zu den obrigkeitlichen Gegenstrategien gehörte in einer Beschützerpose die Umlenkung von Empörung und Wut in der Untertanenschaft auf innere Feinde in den Unterschichten.[27] In ihren Edikten machte die Obrigkeit das „herrenlos rottierende Gesindel" und „Zigeuner" als dessen auffällige Exponenten zu Sündenböcken der realen „Überlast" der Untertanen. Unterstützern drohten Strafen, dem „Gesindel" Zutrittsverbote und Abschiebegebote, das Ausprügeln, die Brandmarkung, Schießbefehle oder der Verkauf auf die Galeeren. „Zigeuner", hieß es, seien „auszurotten" und „auszutilgen". Als Botschaften eines starken Staats an Untertanen und „Herrenlose" gleichermaßen kam es ganz im zeitgenössischen Sinn der Strafzwecke Abschreckung und Vergeltung zu weithin bemerkten staatlichen Verfolgungsakten an der Sinti-Minderheit, die bis heute erinnerungswirksam geblieben sind, wie etwa zur Hinrichtung von 15 Frauen 1724 im oberfränkischen

---

25 Zit. nach: August Bebel, Der deutsche Bauernkrieg mit Berücksichtigung der hauptsächlichsten sozialen Bewegungen des Mittelalters, Braunschweig 1876, S. 101.

26 Opfermann, „Seye kein Ziegeuner, sondern kayserlicher Cornet", S. 34.

27 Ebd., S. 308–318.

Berneck[28] oder zur Hinrichtung von 28 Männern und Frauen 1726 im hessischen Gießen.[29]

Die Behauptung einer durch „Kundschafter" im Dienst eines Sultans hervorgerufenen Staatsgefährdung verebbte bereits im 16. Jahrhundert,[30] während die Zuordnung der Minderheit zu einem staatsgefährdenden „Pöbel" und die damit verknüpften Sanktionen Jahrhunderte überdauerten.

Dass Sinti tatsächlich zugunsten eines osmanischen Regenten oder einer rebellierenden Volksbewegung in irgendeiner Weise aktiv geworden wären, dafür liegen bislang keinerlei Belege vor.

Ein Blick in die handschriftlichen Quellen
Staatlich-administratives Schrifttum

Was man in der Frühen Neuzeit in der breiten Bevölkerung über „Zigeuner" dachte und wie man sich dort gegenüber „Zigeunern" positionierte, wie und unter welchen Bedingungen die Minderheit ihr Leben neben und in der mehrheitlichen Bevölkerung gestaltete, dazu lässt sich durch die Rezeption der feudalstaatlichen Abwehrvorschriften, der gelehrten Chroniken und Traktate oder der Actenmäßigen Verzeichnisse und der Beschreibungen in „Diebslisten" nur sehr begrenzt etwas erfahren. Wenn es um mehr als um die Nachzeichnung eines Herrschaftsdiskurses und um mehr als um einen Beitrag zur Geschichte von Ideen und Diskursen in den gebildeten Ständen gehen soll, ist es erforderlich, die Inhalte der handschriftlichen Primärquellen kennenzulernen. In einem Umfang, der weit über den der gedruckten Schriften hinausgeht, liegen Lageberichte, Vernehmungsprotokolle, Verlaufsprotokolle von sogenannten „Heidenjagden", Beschreibungen von Lebensverhältnissen, Bittschriften und Selbstbeschreibungen

28 Siehe etwa in einer durchweg von dem Kontrastbild „Bauern ‚jagen' brandstiftende, sie belästigende und bestehlende Zigeuner" bestimmten Darstellung: Helmut Hennig, Zigeuner im Fichtelgebirge. Sage und Wirklichkeit, Marktleuthen 2007, S. 39–45; Gunter Becker, Das Massaker von Berneck. Markgraf lässt 15 „Zigeunerfrauen" erhängen, in: Nordbayerischer Kurier, 11.8.2021.

29 Siehe etwa: W. H., Drei Männer wurden gerädert, sechs gehängt und drei Weibspersonen enthauptet, in: Heimat im Bild 39 (1995), unpag.; Paul Görlich, Die gesamte Gabrielsbande wurde in Gießen verurteilt und hingerichtet..., Heimat im Bild 17 (1995), unpag.; Der Justiz-Skandal am Peinlichen Gericht zu Giessen. „Ausführliche Relation von der famosen Ziegeuner-, Diebs-, Mord- und Rauber-Bande" (1727) von Dr. jur. Johann Benjamin Weissenbruch in einer kommentierten Überrabeitung, Nordstrand 2011 (= komplet überarbeitete, z. T. gekürzte und kommentierte Neuauflage der Weissbruch Schrift von 1727). Aus einer antiziganismuskritischen Sicht siehe den Vortrag (16.10.2024) „Antiziganismus in der Frühaufklärung. Ein Gießener Gerichtsprozess im Jahr 1726" von Laura Soréna Tittel: https://www.ohg-giessen.de/aktuelles/20241016_vortrag/ (16.10.2024).

30 Solms, Zigeunerbilder. Ein dunkles Kapitel der deutschen Literaturgeschichte, S. 25 f.; Fricke, Zigeuner im Zeitalter des Absolutismus, S. 149.

aus der Sinti-Minderheit wie aus dem Kontaktmilieu der ländlichen oder kleinstädtischen Umgebungsgesellschaft vor, die innerhalb der regionalen und lokalen Behörden und auch zwischen diesen und Angehörigen der Minderheit kommuniziert wurden.

Hier findet sich an der Stelle der herabsetzenden soziografischen Fremdbeschreibungen wiederholt mit „unser Volk“ und „unsere Sprache“ auch ein ethnisch interpretierbarer minderheitlicher Selbstbezug. Aber die Grenzen waren fließend. So wurden Sinti von Sinti nach ihrem roten Haar *Lollo* und *Lolli* gerufen oder *Raklo* und *Rakli*, die beiden Worte mit denen sie bis heute die männlichen und weiblichen Wechsler aus der Mehrheit in die Minderheit bezeichnen,[31] die es auch in der Gegenrichtung gab.

Ein Schlaglicht auf die Wichtigkeit der handschriftlichen unterbehördlichen Quellen werfen die in Berichten für vorgesetzte Stellen festgehaltenen Ergebnisse der periodischen oder anlassbedingten „Heidenjagden“, Vertreibungs- und Festnahmeaktionen auf der unteren oder mittleren behördlichen Ebene. Dort treten drei Parteien ins Bild: Regierungen mit ihren Unterbehörden, Angehörige der von ihnen zu diesem Zweck aufgestellten Ausschüsse von Untertanen und Angehörige der Minderheit.

Es handelte sich bei diesen „Streifungen“ um staatliche Akte gegen „Zigeuner“, mit denen die Obrigkeit gegenüber der Untertanenschaft Präsenz unter Beweis zu stellen bemüht war. Das konnte vernichtend für die zu Verfolgenden enden, wenn „Feuer auf sie geben“ wurde, „so daß bald hier, bald dort einer übern Haufen gefallen“ und der Truppführer „die Hütten völlig ruinieren lassen“.[32] Um Pogrome aber handelte es sich dabei schon deshalb nicht, weil es keine spontan eskalierenden Hassattacken aus der Umgebungsbevölkerung waren. Die Kooperation zwischen den anordnenden und den Einsatz leitenden Behördenvertretern und dem Fußvolk von aus der Tagesarbeit herausgenommenen Ortsansässigen funktionierte vielfach schlecht oder gar nicht. Die geheimen Streifungstermine wurden sehr oft den zu Verfolgenden von Dorfbewohnern verraten. So belegen es zahlreiche Verwaltungsberichte.
Dazu einige Beispiele aus dem hessischen und benachbarten rheinland-pfälzischen Raum: Eine Unterbehörde klagte, dass sie „gegen das raubische und im Reich nicht geduldete Ziegeuner gesindel, am nechst verwichenen Samstag nicht assistiret,

31 Opfermann, „Seye kein Ziegeuner, sondern kayserlicher Cornet“, S. 65; vgl. auch mit „Rackla“, die „eine Teutsche (seye)“, in: Leo Lucassen, Zigeuner. Die Geschichte eines polizeilichen Ordnungsbegriffes in Deutschland 1700–1745, Köln u. a. 1996, S. 71.

32 Johann Benjamin Weissenbruch, Ausführliche Relation von der famosen Ziegeuner-, Diebs-, Mord- und Rauber-Bande, welche den 14. und 15. November Ao. 1726 zu Giessen [...] justificirt, worden [...], Frankfurt am Main / Leipzig 1727, S. 100.

sondern vielmehr solchen gefährlichen bößen leuthen unterschleiff geben lassen" (1717).[33] Ein Amtmann beschwerte sich, noch vor dem Beginn der Verfolgung sei klar gewesen, „daß dieser Aufzug, ohnerachtet solcher sehr geheim gehalten, albereits verrathen, folglich von diesem herrnlosen und diebischen Gesindel die Retirade [...] genommen" (1725).[34] Eine Regierung ging davon aus, dass jede „concertirte allgemeine Landstreiffung" erfolglos bleiben werde, da „denen Ziegeunern das Vorhaben der vorzunehmenden Perquisition gemeiniglich bekannt gemacht" werde (1741).[35] Ein mit der Organisation von Streifungen Beauftragter erklärte, dergleichen würde so oder so scheitern, weil „die Schelmen und Diebsrotten [von „Zigeunern"] doch zum wenigsten einen Bauern in jedem Dorff haben, der mit ihnen unter der Decke lieget und ihnen die nöthigen Nachrichten mitteilt" (1748).[36]

Abb. 2 Martin Engelbrecht (1684–1756), aus dem Zyklus Der Tanz, ca. 1725; Zeitabschnitt der aggressivsten Verfolgung; die Bildunterschrift droht den sorglos feiernden „Zigeunern" „Strick und Schlingen" an.

33 Hessisches Hauptstaatsarchiv Wiesbaden, Abt. 171, Nr. Z 1.649, Bl. 14, Regierung Dillenburg an Unterbehörde in Driedorf, 22.6.1717.

34 Ebd., Amtmann in Beilstein an Regierung, 7.4.1725.

35 Hessisches Hauptstaatsarchiv Wiesbaden, Abt. 131, Nr. XIV a, 31, Regierung Nassau-Usingen, Resolution, 21.7.1741.

36 Hessisches Hauptstaatsarchiv Wiesbaden, Abt. 150, Nr. 4394, Nassau-Weilburg, Major von Trittlitz an Regierung, 25. 9. 1748.

Üblich war es, beim Anmarsch des Ausschusses durch das Abschießen der Flinten und großes Geschrei die zu Verfolgenden zu warnen. In der volkstümlichen Überlieferung einiger Dörfer im Taunus gab es bis ins 19. Jahrhundert mit dem „Heidenzug" einen in diesem Sinn jährlich praktizierten Umzug. Mit dem Amtmann an der Spitze zog eine „Mannschaft" aus mehreren Dörfern mit Spießen und Trommeln durch Wald und Feld und machte dabei „ein lang anhaltendes, lautes und wüstes Geschrei, wobei die Trommeln fortissimo gerührt wurden, kurz, ein Lärm gemacht wurde, der Menschen rasend machen konnte".[37]

Angesichts der Unzuverlässigkeit der Untertanen, wenn nicht ihrer Parteilichkeit zugunsten der „Zigeuner", sahen manche Staaten sich gezwungen, zu solchen Zwecken teure „Freikompanien" aufzustellen, Vorläufer von Polizeieinheiten. Die Streifungsberichte belegen zahlreich einvernehmliche Beziehungen zwischen der Minderheit und Angehörigen der regionalen Mehrheitsbevölkerung. Sie lesen sich immer wieder als Nachweis nicht einer Aktivität zugunsten der obrigkeitlichen Ordnung, sondern häufig als Unterstützung der Minderheit. Sie bestätigen eine Annahme, die bereits 1996 nach einer Auswertung der staatlichen Abwehrvorschriften zu dem Schluss führte, dass es „in breiten Bevölkerungsschichten" einen „verbreiteten Unwillen" gab, „sich an der hoheitlich angeordneten Zigeunerverfolgung zu beteiligen".[38]

Die handschriftlichen Quellen zeigen an, dass Beihilfe im konkreten Not- oder Verfolgungsfall keine seltene Besonderheit war, sondern sich als Teil eines Gesamtbilds jenseits der staatlichen Verfolgungsimperative verallgemeinern lässt. Der Leser stößt in den Handschriften auf eine Vielfalt von Haltungen und Praxen zwischen Angehörigen der Minderheit und Untertanen, die weit ab jeder Verfolgung liegen und eine Gemeinsamkeit der Interessen und Sichtweisen zwischen den Beteiligten zum Inhalt haben. Dazu aus einer Fülle der Beispiele zwei Fälle:

Dem ersten Fall liegt eine umfangreiche Gerichtsakte zugrunde, die 1696 in der Residenzstadt Hachenburg der Westerwälder Grafschaft Sayn-Hachenburg entstand. Sie enthält abseits des Stoffs, der strafrechtlich zu bearbeiten war, zahlreiche Angaben zu den Alltagsbeziehungen zwischen den Beteiligten.[39] Es zeigt sich ein Gegenbild zu dem oben angesprochenen Strafverfahren in Gießen.

---

37 Carl Trog, Der letzte Heidenzug im Amte Cleeberg im Taunus im Jahre 1809, in: Alt Nassau. Blätter für nassauische Geschichte und Kulturgeschichte 1915/2, S. 8, siehe dazu: Opfermann, „Seye kein Ziegeuner, sondern kayserlicher Cornet", S. 153 f.

38 2014 neu aufgelegt: Maria Meuser, Vagabunden und Arbeitsscheue. Der Zigeunerbegriff der Polizei als soziale Kategorie (1996), in: Wulf D. Hund (Hg.), Fremd, faul und frei. Dimensionen des Zigeunerstereotyps, Duisburg 2014, S. 105–123, hier S. 109.

39 Ausführlich in: Opfermann, „Seye kein Ziegeuner, sondern kayserlicher Cornet", S. 83, 100, 205–210.

Die Anklage beschuldigte eine aus dem benachbarten westeuropäischen Raum kommende Sinti-Gruppe verschiedener Vieh- und Pferdediebstähle. Die Festnahme von sechs Männern ging zurück auf die Anzeige eines Untertans über die Anwesenheit von etwa 20 „Heiden" im Wirtshaus eines bekannten Wallfahrtsorts. Frauen und Kinder blieben auf freiem Fuß. Sie wurden nicht vernommen und nicht – wie oft üblich, um Wiederholungstäter festzustellen – auf Narben von Körperstrafen untersucht. Es gab keine Landesverweisung, kein Ausstreichen mit Ruten, keine Beschlagnahme der Habschaft. Die Gruppe war bewaffnet gewesen, setzte aber weder bei ihrer Festnahme noch bei ihren Straftaten ihre Waffen ein. Es zeigte sich, dass die Diebstähle im Auftrag von zahlungskräftigen Eingesessenen geschehen waren. Es hatte geheißen, „sie sollten Pferd bringen, sie mögten sie auch bekommen, wo sie wollten", „sie sollten einige Kühe bringen, sie mögten sie bekommen, allwo sie wollten". Auftraggeber waren der Wirt, der sie beherbergte, ein militärischer Quartiermeister, ein Richter und der Landhauptmann, das heißt, der für die Sicherheitspolicey in Sayn-Hachenburg Verantwortliche. Der Erlös aus einem der gestohlenen Pferde ging an den Abt des lokalen Klosters als Gegenleistung für die Bestattung einer verstorbenen Führungsfrau aus der Gruppe an einer hervorgehobenen Stelle: in der Wallfahrtskirche vor dem Marien-Altar. Laut Kirchenbuch Maria Columbier, „vagabunda vel Aegyptiaca [...], parisiensis".

Jeder Angeklagte hatte einen Rechtsbeistand. Die juristische Fakultät der hessen-darmstädtischen Universität Gießen überprüfte die Urteile.

Auf welche Rechtsvorschriften sich das Urteil stützte, ist nicht ersichtlich. Es lautete in zwei Fällen wegen Diebstahls auf Pranger, verschärfte Prügelstrafe („mit Ruthen scharff zu hauen"), Urfehde (Schwur des Verzichts auf Rachehandlungen) und Landesverweisung, gegen zwei weitere wegen Diebstahls auf Pranger, leichtere Prügelstrafe („mit Ruthen zu hauen"), Urfehde und Landesverweisung und gegen die restlichen zwei wegen Mitwisserschaft an den Diebstählen und Absicht der Hehlerei auf 14 Tage Gefängnis, Pranger, Urfehde und Landesverweisung. Der Strafvollzug fiel milder aus. Zwei der insgesamt nicht angeketteten Häftlinge hatten fliehen können, zumindest einer der beiden unter Bedingungen, die an Fluchthilfe durch die Bewacher denken lassen, nämlich unter deren Augen. Zwei wurden unter Verzicht auf die Prügelstrafe an den Pranger gestellt, während die anderen beiden geschlagen wurden, aber ohne Pranger blieben.

Die in den Mandaten üblichen Abwertungen „Rotte" oder „Bande" zur Qualifizierung einer Gruppe als eine kriminelle Vereinigung treten in der Akte nicht auf. Die Ermittler fragten, ob und inwieweit Straftaten begangen worden waren und wer welchen individuellen Tatbeitrag zu verantworten hatte. An keiner Stelle wurden verbotene Verhaltensweisen aus der ethnischen Herkunft oder aus der

Zugehörigkeit zu einer sozialen „Grundsuppe" abgeleitet, nirgendwo ist von einer besonderen kollektiven Prädisposition von „Zigeunern" zu Straftaten die Rede. Die Bestrafung erfolgte, weil gegen grundlegende Rechtsvorschriften verstoßen wurde, nicht aufgrund der Zugehörigkeit zu einer infamierten Gruppe.[40] Sie fiel angesichts der nicht wenigen und durchaus gewichtigen Diebstähle milde aus.

Soweit die strafrechtliche Seite des Falls, bei dem die gemeinsam arbeitsteilig praktizierte Delinquenz eine Schnittmenge zwischen Angehörigen der Minderheit und gehobenen Vertretern der Untertanenschaft darstellte. Die Minderheitler übernahmen die schmutzige Arbeit und trugen das Risiko. Der Stärkere in dieser Beziehung war der Untertan, erst recht, wenn er in der ländlichen Hierarchie eine besondere Geltung hatte. Das zog hier nach sich, dass die Auftraggeber ihren Teil der Vereinbarung nicht voll erfüllten.

Die Gerichtsakte belegt, dass es neben dem Pferde- und Viehhandel seit Jahren zwischen Untertanen und Sinti einen regen Waffenhandel gab, beide in der Verkäufer- und Käuferrolle. Daneben aber finden sich auch Alltagsbeziehungen, Netzwerkbeziehungen abseits jeder Delinquenz. Pate eines der jungen Männer aus der Gruppe war ein Eingesessener, der Vater und Sohn regelmäßig auch beherbergt hatte. Damit war er in der engeren Region keine Ausnahme. Bei einem Dorfbewohner hatte ein anderer zwei Winter lang „in Dienst" gestanden. Zu den Beziehungen der Sinti zur Obrigkeit gehörte der Militärdienst von wenigstens drei der Männer „unter den Wolffenbüttelischen" und unter den „jungen Hollsteinischen".

Der zweite Fall ist schnell erzählt: 1745 beschwerte sich ein hessen-kasselscher Schultheiß beim Amtmann in Karlshafen über die Missachtung eines von ihm verhängten Aufnahmeverbots für „Zigeuner" durch die Bewohner des Dorfs Langenthal. Er verdächtigte sie des Ankaufs gestohlener Kleidungsstücke und nannte als zweiten Beweggrund seiner Klage eine von Untertanen und „Zigeunern" geteilte Distanz zur Obrigkeit: Es vergehe keine Woche, ohne dass „auf der Grenze zwanzig und mehr Personen des Tags über liegen und allerley böse und liederliche Streiche führen, woran dann der dumme Bauer sein Wohlgefallen hat."[41]

---

40 In einer rechtshistorischen Studie zu zwei Prozessen gegen württembergische „Zigeuner" zu einem etwas späteren Zeitpunkt (1714 und 1719) kommt der Verfasser zu einem ganz ähnlichen Ergebnis: Wilhelm Rütten, „Lustig ist das Zigeunerleben", in: Zeitschrift der Savigny-Stiftung für Rechtsgeschichte 114 (1997), S. 233–260.

41 Hessisches Staatsarchiv Marburg, Best. 5 (Hessischer Geheimer Rat), Nr. 1.924, Bericht Schultheiß von Helmarhausen, 23.12.1745.

Kirchenbücher

Obwohl die Sinti-Minderheit eine kleine demografische Größe war, gibt es überall in den mitteleuropäischen und vor allem in den katholischen Kirchenbüchern Belege ihrer Anwesenheit in erster Linie durch die Anzeige von Geburten. Damit verbunden war oftmals die Übernahme einer Patenschaft von Ortsansässigen gegenüber einer Sinti-Familie. Es gab bis tief in das 18. Jahrhundert hinein ein festes Patenschaftsmuster, das sich für andere „Herrenlose" nicht vorfindet. Sinti-Eltern baten bei anstehenden Geburten möglichst mehrere Personen mit einem möglichst gehobenen sozialen Rang um eine Patenschaft. Sie waren bestrebt, sich schützende Referenzbeziehungen zur Umgebungsgesellschaft zu organisieren. Das gelang bis hin zu Vertretern der Feudalschicht und bis hin zu halben Dörfern.[42]

„Patenschaft" war eine stets freiwillige Übernahme einer Fürsorgepflicht für den Notfall. Zusagen setzten die Anerkennung der Aspiranten als gleichwertige Christen und Menschen voraus. Patenschaften stehen für soziale Akzeptanz und für die Bedeutung der gemeinsamen Christlichkeit. Sie widersprechen der Annahme, „Zigeuner" seien in der Umgebungsgesellschaft allgemein als Gauner, Betrüger und Feind gesehen worden.

In besonderer Weise fallen Kirchenbücher an militärischen Stationierungsorten ins Auge. Hier finden sich mitunter die klassischen Familiennamen von Sinti in gehäufter Weise, und zwar oft ohne die Etiketten „Zigeuner" oder „Heide".

Sinti waren überall und auf allen hierarchischen Stufen in den Heeren und mitunter in der sich innerhalb der Militärorganisation herausbildenden Policey anzutreffen und dort jeweils nicht „herrenlos". Die staatlichen Führungen schätzten offenkundig die Nützlichkeit dieser Menschen und ihrer Kompetenzen in den ständigen inneren und äußeren Konflikten. Das Militär war multiethnisch, seine Angehörigen miteinander verbunden durch eine gemeinsame, sozioökonomisch zu bestimmende Existenzweise. Die war berufsbedingt migrantisch. Bis zu den Militärreformen des 17./18. Jahrhundert war das Leben der Soldaten in vielen Fällen eine Abfolge von Reisen mit der Familie – deren Angehörige als Hilfskräfte im Tross untergebracht. In der Tätigkeit im Militär lag wie im Handel und in der

42 Opfermann, „Seye kein Ziegeuner, sondern kayserlicher Cornet", Tabelle S. 99; zu den oberfränkischen Taufbüchern von Wunsiedel, Markredwitz, Hohenberg siehe: Hennig, Zigeuner im Fichtelgebirge. Allerdings irrt der Verfasser mit seiner Annahme, ein Patenschaftswunsch von Eltern habe, da fast als „Sünde" geltend, nicht abgelehnt werden können. Dagegen missachteten mit häufig mehr als zwei Paten alle Beteiligten nachdrücklich die kirchlichen Regularien.

Saisonarbeit ein Haupterwerb von Sinti, weitaus gewichtiger als ein spektakuläres Musikmachen oder ein Seiltanzen.[43]

Ein schöner Beleg für den wechselseitigen verträglichen Sozialkontakt innerhalb Europas über „ethnische" Differenzen hinweg findet sich auf der Internetseite der Frantz-Wagner-Gesellschaft, einem Zusammenschluss von Angehörigen der schwedischen Minderheit. Im schwedischen Sinti-Romanes grüßt man bis heute zum Weihnachtsfest mit „menn vunschrar [gesprochen: wünschrar] fröjdano vinatta": „Wir wünschen Frohe Weihnachten". Schwedisch: „Vi önskar en fröjdeful jul". Der Weihnachtsgruß hat offenkundig eine Herkunft nicht nur aus dem Romanes und dem Schwedischen, sondern auch aus dem Deutschen. Er erinnert an die zahlreichen romanes- und zugleich deutschsprachigen Sinti in den schwedischen Heeren etwa des Dreißigjährigen Kriegs und an die Niederlassungsoption, die sich daraus für sie in Schweden ergab.[44] Der Satz steht für die wechselseitige Integration unterschiedlicher „kultureller Identitäten".

Fazit

In ihrer sozialen Lage, in der Härte der alltäglichen Existenzbedingungen unterschied eine Mehrheit der Untertanen in der frühneuzeitlichen Armutsgesellschaft sich nicht wesentlich von der Mehrheit der Minderheit. Die jeweiligen Lebenswelten und die Alltagserfahrungen überschnitten sich. Das schloss Migrationserfahrungen mit ein. Unter den gegebenen Bedingungen der Armut und der Rechtlosigkeit verließen Eingesessene allein oder als Familie immer wieder verbotenerweise den Untertanenverband und verschwanden über die Grenze. Sinti und Nicht-Sinti bildeten nebeneinander zwei Teilgruppen einer vielgestaltigen migrantischen Bevölkerung in Mitteleuropa, die wiederum in einem beständigen Kontakt mit den ortsfest lebenden unteren Schichten verflochten war. Identitäre Abgrenzungen nach Ethnizität waren dem Selbstverständnis dieser Menschen eher fremd. Man arbeitete zusammen, feierte zusammen, heiratete mitunter, hatte dann gemeinsame Kinder. Man stritt sich, trug untereinander Konflikte aus und verstieß zusammen gegen die staatlich gesetzte Rechts- und Eigentumsordnung. Angriffe, Überfälle gab es in beide Richtungen, jeweils zeittypisch vorwiegend als Eigentums-, nicht als Hassdelikte, bei Sinti-Opfern in den meisten Fällen um sich Pferde, Textilien, Lebensmittel anzueignen. Das wurde Untertanen erleich-

43 Zu Sinti im Militär- und Policeydienst: Opfermann, „Seye kein Ziegeuner, sondern kayserlicher Cornet", S. 223–267, Übersicht S. 379–385, Übersicht S. 396–405.

44 Ulrich F. Opfermann, Anmärkningar rörande sintier, militär och migration i den tidiga moderna historiens Mellan- och Nordeuropa, in: Drabbrikan 8 (2018), S. 10–18, https://docs.wixstatic.com/ugd/994e00_f07d8674ca2c435c888f9c1edf1a3bf2.pdf (14.7.2024).

tert durch die Möglichkeit, sich mit der staatlich proklamierten Unerwünschtheit der Opfer herauszureden.

Hinweise auf als Pogrome deutbare hassgeleitete körperliche Übergriffe von Gruppen von Untertanen an der Minderheit finden sich in den Quellen bislang nicht. Es erweist sich vielmehr, dass es neben der Realität der obrigkeitlichen Verfolgung eine ständige Realität von Kontakt, Kommunikation und Kooperation der Minderheit mit der ländlichen Mehrheitsbevölkerung, aber auch mit staatlichen Instanzen gab. Die Minderheit stand nicht isoliert in einem gesellschaftlichen Abseits und wurde etwa nur verfolgt. Insoweit exkludierende Beschreibungsmuster existierten, die eine die obrigkeitliche Ordnung gefährdende Parallelgesellschaft der „Zigeuner" und eine kriminogene Kontrastkultur behaupteten, so wurden sie vor allem in einer frühbürgerlichen gebildeten Minderheit produziert, verbreitet, rezipiert und weiterverbreitet. Für eine kollektive, quer durch eine zeitgenössische „Mehrheitsgesellschaft" massenhaft wahrnehmbare herabsetzende und exkludierende Feindseligkeit, wie eine rückprojizierende Perspektive aus dem 21. Jahrhundert vermutet, fehlen die Belege.

Die Realgeschichte der Unwirksamkeit der herrschaftlichen Abgrenzungsgebote und einer friedlichen Koexistenz zwischen den Bevölkerungsgruppen ist im Alltagsdiskurs vollständig untergegangen. Im heutigen fachlichen, im sozial-, kultur- und politikgeschichtlichen Diskurs muss nach der Überformung des gesamten Themenfelds durch Nationalismus und Ethnizismus im 19. und 20. Jahrhundert die ältere Geschichte der Minderheit in Mitteleuropa insbesondere auf der Basis der handschriftlichen Primärquellen weiterhin aus den regionalen und lokalen Kontexten erschlossen und erarbeitet werden.

„wären übler dran als ein Kettenhund“: Zur Verfolgung von „Zigeunern“ im frühneuzeitlichen Franken

Günter Dippold

Drakonische Strafen prägen das Handeln der Obrigkeiten in der frühen Neuzeit gegen sogenannte „Zigeuner“. Ein Fall wie in Berneck im Juli 1724,[1] also eine massenhafte Hinrichtung, bestimmt das Bild der Vergangenheit.

Berneck freilich stellt eine Ausnahme dar; dafür spricht schon der Umstand, dass jene staatliche Gewalttat schon gut ein Jahrzehnt später in einer Reisebeschreibung erscheint: „Bey dem Galgen zu Berneck stehet eine grosse Eiche, daran vor einigen Jahren, als die Ziegeuner auf dem Fichtelberg so mordsmäßig Hauß hielten, funffzehen Ziegeuner-Weiber auf einmahl gehangen worden, denen hernachmahls noch zweye gefolget.“[2]

Die folgende Studie geht den Fragen nach, welche Rechtsnormen galten und wie sie umgesetzt wurden. Dies geschieht mit Blick auf Franken, speziell auf das Hochstift Bamberg. Hier liegt mit den Protokollbänden des Malefizamts, des für die Strafjustiz zuständigen Ausschusses der fürstbischöflichen Regierung, eine serielle Quelle vor, die für das 18. Jahrhundert erst einmal gründlich ausgewertet wurde, nämlich von Claus Kappl in seiner Konstanzer Dissertation von 1984: „Die Not der kleinen Leute“. Ein kurzes Unterkapitel widmet er darin dem Thema der „Zigeuner“ als Objekten der Strafverfolgung.[3]

Eine flüchtige Durchsicht jener Protokolle[4] legt nahe, dass das erste Drittel des 18. Jahrhunderts als Höhe-, richtiger als Tiefpunkt der Verfolgung zu gelten hat, wenngleich es Hinrichtungen viel länger gab. In Kulmbach ist noch 1774 die Exe-

1 Erhard Christian von Hagen, Summarische Gerichts-Verhandlungen über die im Jahre 1724 zu Berneck erfolgte Hinrichtung von 17 aufgegriffenen Zigeunern, in: Archiv für Geschichte und Alterthumskunde von Oberfranken 3/3 (1847), S. 93–108; Helmut Hennig, Zigeuner im Fichtelgebirge. Sage und Wirklichkeit, Marktleuthen 2007 (= Hennig, Zigeuner), S. 39–45.

2 Curieuse Reise-Beschreibung des Herrn Androphili. Darinnen nicht nur viele Städte/ Schlößer/ Flecken und Dörffer aus Francken/ Sachßen und Schlesien deutlich beschrieben, Sondern auch viele Artige/ lächerliche und darbey wahrhafftige Historien vorgetragen werden, Leipzig / Hamburg / Breslau 1735, S. 138.

3 Claus Kappl, Die Not der kleinen Leute. Der Alltag der Armen im 18. Jahrhundert im Spiegel der Bamberger Malefizamtsakten (Historischer Verein Bamberg, Beiheft 17), Bamberg 1984 (= Kappl, Die Not der kleinen Leute), S. 335–342.

4 Für den vorliegenden Aufsatz wurden die Jahre 1723, 1725, 1726 und 1733 des Malefizprotokolls sowie das 1723 angelegte Zentprotokollbuchs des Klosters Banz eingehend ausgewertet, andere Jahresbände des Malefizamtes lediglich kursorisch.

kution dreier Menschen belegt: „Ein alter gehenket“ – hierfür wurde eigens der Galgen repariert –, „eine Frau von 50 und ein Mann von 24 Jahren enthauptet.“[5]

Strafnormen

Sogenannte „Zigeuner“ erscheinen bereits in fürstbischöflichen Mandaten des 16. Jahrhunderts, die sich gegen „starke“, also eigentlich arbeitsfähige Bettler und gegen Vaganten richteten. „Zigeuner“ sind da freilich nur eine Gruppe von mehreren, etwa „gartierenden“ Landsknechten oder Müßiggängern. Ihnen allen, ohne weitere Differenzierung, wurde der Aufenthalt im Hochstift untersagt, wurden Strafen angedroht. Derartige Mandate ergingen 1561, 1569, 1571, 1586, 1601, 1606, 1607, 1611, 1613 etc.,[6] und schon die rasche Abfolge belegt die geringe Wirkkraft.

Gesetzgebung, die die „Zigeuner“ fokussierte, finden wir erst ab der Mitte des 17. Jahrhunderts, wobei nun vornehmlich der Fränkische Reichskreis aktiv wurde. Der Kreistag konstatierte 1654 in gebräuchlichen Formulierungen und altbekannten Stereotypen, es würden „sich die Zigeuner hin und wieder im Land einschleichen, auch in großer Anzahl zusammen rottiren, die Unterthanen bedrohen, pressen und beschweren“.[7] Jegliches herrenlose „Gesind“ solle ausgewiesen, ihm Gewehre abgenommen und es „vermittels Incarcerirung und in andere zulängige Weege [...] voneinander und aus dem Land getrieben“ werden.[8]

Im frühen 18. Jahrhundert verschärfte sich die Gangart erheblich, und Ziel waren jetzt nicht mehr nur Gruppen, sondern jede einzelne Person, die als „Zigeuner“ gesehen wurde. Strafbar war nun nicht eine Tat, nicht einmal das Verhalten, sondern bereits die bloße Zugehörigkeit zu dieser Personengruppe.

Ende 1710 verfügte der Kreiskonvent in Nürnberg, „Zigeuner“ sollten sich innerhalb eines Monats aus den im Reichskreis vereinigten Territorien entfernen. Danach aufgegriffene Personen sollten ohne weiteren Prozess gehängt werden, sofern sie das Mandat kannten oder hätten kennen können. Die übrigen sollten unter Folter verhört und, selbst wenn kein Verdacht auf ein Verbrechen vorlie-

5 Hanswolf Limmer, Aus dem Tagebuch des Buchbindermeisters und Capitäns der Stadtcompagnie Caspar Schenck, geb. 12. Dez. 1724, gest. 8. Dez. 1796 zu Kulmbach, in: Nachrichten des Vereins Freunde der Plassenburg 5 (1933), S. 42–43, hier S. 43.

6 Staatsarchiv Bamberg, B 26c, Nr. 166a.

7 Sammlung der hochfürstlich-wirzburgischen Landesverordnungen, Teil 1, Würzburg 1776, S. 244.

8 Michael Caspar Londorpius (Hg.), Der Römischen Kayserlichen Majestät Und Deß Heiligen Römischen Reichs Geist- und Weltlicher Stände/ Chur- und Fürsten/ Grafen/ Herrn und Städte Acta Publica Und Schrifftliche Handlungen [...]. Siebender oder der Continuation Dritter Theil, Frankfurt am Main 1669, S. 962.

ge, „mit empfindlichen Rutenstreichen ausgehauen, der Galgen ihnen auf den Rücken gebrannt" und sie nachdrücklich ermahnt werden, dass, sofern man sie erneut aufgreife, sie unverzüglich hingerichtet würden.[9]

Was auf Ebene des Reichskreises galt, konnte für das einzelne Territorium nachjustiert werden. Markgraf Georg Wilhelm von Brandenburg-Bayreuth erließ 1718 ein Mandat, dass jedermann gestattete, von den „Zigeunern", die er antraf und die flohen oder Widerstand leisteten, „alle erwachsene Manns- und Weibs-Personen (ausser kleinen unschuldigen Kindern und darbey befindlichen miserablen Personen) [...] nieder zuschiessen". Von denen, die sich festnehmen ließen, sollten die Männer zur Schanzarbeit auf die Plassenburg geschickt werden, die Frauen zur Arbeit im Bayreuther Hofgarten.[10]

Der Reichskreis erließ 1720, dem schwäbischen Vorbild folgend,[11] ein neues Pönalpatent, das die zehn Jahre alten Normen präzisierte, sie aber nicht verschärfte, sondern (auf hohem Gewaltniveau) eher milderte.[12]

Sein Augenmerk richtete das Patent vornehmlich auf das „verruchte Ziegeuner- und Jauners-Volck", das „dem Land-Mann ein unerträglicher Last" sei; Ziel war „dessen völlige Ausrottung". Jemand, den man zum ersten Mal antreffe, sei zu brandmarken, er „seye auf einer Missethat ergriffen worden oder nicht". Der Betroffene empfange ein Brandmal auf den Rücken, nämlich die Buchstaben „F. C." für „Fränkischer Creis". Dies gestattete eine regionale Zuordnung, anders als der zuvor übliche Galgen.[13] Ferner sollte der Aufgegriffene des Landes verwiesen und

9 Ernst Sticht, Das Gauner-, Räuber- und Zigeunerunwesen des 18. Jahrhunderts und seine Bekämpfung, in: Geschichte am Obermain 3 (1964/65), S. 128–136, hier S. 132 f.

10 Philipp Hirschmann, Markgräfliche Gewaltmaßnahmen gegen die Zigeunerplage, in: Der Mainbote von Oberfranken 1932, S. 46 f.; Hennig, Zigeuner, S. 33 f. – Zur Erlaubnis, auf Fliehende zu schießen: Thomas Fricke, Zigeuner im Zeitalter des Absolutismus. Bilanz einer einseitigen Überlieferung. Eine sozialgeschichtliche Untersuchung anhand südwestdeutscher Quellen (Reihe Geschichtswissenschaft 40), Pfaffenweiler 1996 (= Fricke, Zigeuner im Zeitalter des Absolutismus), S, 92 f., speziell zum Markgraftum Brandenburg-Bayreuth S. 102–104.

11 Karl Geyer, Die öffentliche Armenpflege im kaiserlichen Hochstift Bamberg mit besonderer Berücksichtigung der Stadt Bamberg, Bamberg 1909 (= Geyer, Die öffentliche Armenpflege), S. 41.

12 Johann Heinrich von Falckenstein, Antiquitatum Nordgaviensium Codex Diplomaticus oder Probationum [...], Neustadt an der Aisch / Leipzig 1788 (= Falckenstein, Codex Dipomaticus), S. 740–744.

13 Falckenstein, Codex Dipomaticus, S. 741. Über die Brandzeichen und die hierfür verwandten Symbole: Fricke, Zigeuner im Zeitalter des Absolutismus, S. 317.

mit „nachdrucksamsten" Worten ermahnt werden, „daß im wieder Betrettungs-Fall, der Strick ihm ohnfehlbar zu Theil werden würde".[14]

14 Tage hatte er Zeit, den Reichskreis zu verlassen. Werde er danach angetroffen, dann werde er ohne förmliches Gerichtsverfahren, „nur auf vorhergehendes Examen", gehängt.[15] Gleiches drohe den Frauen. Jüngere, die noch nicht 18 Jahre alt waren, sollte der jeweilige Landesherr unterbringen und dafür sorgen, „daß sie [...] in dem Christenthum unterrichtet- und zu seiner Zeit zu einer solchen Profession, worinnen sie ihr Brod auf eine zuläßigere Weiß, als deren Eltern gewinnen könnten, appliciret werden".[16]

Strafen wurden ferner für diejenigen Untertanen festgesetzt, die dem „Rauber-Jauner- und Ziegeunerischen Gesind freywillig" Unterschlupf gewährten, sie auch nur verpflegten oder ihnen Hehlerdienste leisteten.[17] Um sich der Mithilfe von Soldaten, aber eigentlich aller Einheimischen zu versichern, wurde denjenigen, die Schlupfwinkel von „Jaunern" und „Zigeunern" an Behörden verrieten, eine Belohnung versprochen, und sie erhielten, was Festgenommene – gemeint war: an Diebesgut – bei sich hatten, sofern sich nicht der rechtmäßige Eigentümer ermitteln ließ. Auch Bandenmitgliedern, die ihre Gefährten auslieferten, standen Straffreiheit und Belohnung in Aussicht.[18]

Es ist bemerkenswert, dass bei anderen nicht im Reichskreis beheimateten Bettlern zwar auch brutal, aber etwas weniger rigid verfahren wurde. Bei der ersten Festnahme wurden diejenigen, die arbeitsfähig schienen, nach „wohlgemessener Abbrüglung [...] aus dem Land gewiesen". Wenn sie danach wieder gefasst würden, dann sollten sie „empfindlich mit Ruthen ausgestrichen" und auf dem Rücken gebrandmarkt werden. Bei der dritten Festnahme seien die Männer „möglichst auf denen Galee[re]n unterzubringen"; gelinge dies nicht, drohe ihnen die Todesstrafe.[19]

Weitere Kreispoenalpatente erschienen 1732, 1746 und 1770; sie behielten im Großen und Ganzen die Bestimmungen bei.[20] Sie verschärften sie sogar, wenn es sich um eine Bande von vier oder mehr Personen handelte. Falls die Mitglieder

14 Falckenstein, Codex Dipomaticus, S. 741. Der von aus dem Land verwiesenen Personen zu schwörende Eid bei Kappl, Die Not der kleinen Leute, S. 289. Über den geringen Nutzen von Landesverweisen und den Diskurs: Fricke, Zigeuner im Zeitalter des Absolutismus, S. 310 f.

15 Falckenstein, Codex Dipomaticus, S. 741.

16 Ebd., S. 742; Kappl, Die Not der kleinen Leute, S. 336.

17 Falckenstein, Codex Dipomaticus, S. 742.

18 Ebd., S. 744.

19 Ebd., S. 742.

20 Geyer, Die öffentliche Armenpflege, S. 41.

Schusswaffen mitführten, Diebstähle begangen hatten, mit Feuer oder Mord gedroht hatten, sich einer Streife gewaltsam widersetzten oder ein Brandmal trugen, dann sei die Todesstrafe zu verhängen: Männern drohte der Galgen, Frauen und Minderjährigen, „bey denen aber die Boßheit das Alter erfüllet", das Schwert.[21]

Begrenzt wurden die Strafnormen lediglich, indem sie diese auf denjenigen „Zigeuner" beschränkten, „welcher nicht seines Wohlverhaltens wegen, und weilen er im Crayß gebohren, im Schutz stehet".[22] Eine solche Möglichkeit kannten die Vorschriften von 1710 und 1720 noch nicht.

Damit die Betroffenen wussten, was ihnen drohte, wurden an den Landesgrenzen sogenannte „Zigeunertafeln" aufgestellt.[23] 1715 wird ein „täfelein wegen der zigeuner" bei Burgebrach, nahe der bambergisch-würzburgischen Grenze, erwähnt,[24] und eine vom Herzogtum Sachsen-Coburg im Itzgrund aufgestellte Tafel wird 1731 aufgrund rechtlicher Kontroversen beschrieben: „ein taffel von blech, und auf solcher zwey ziegeuner gemahlt, deren einer ausgepeitschet würde, mit der inscription: Leib und lebens straff vor die ziegeuner und jauner, die sich hier in unseren cob[urgischen] landen befinden etc."[25] Eine solche Tafel, 27,8 × 20,8 cm groß, hat sich in den Kunstsammlungen der Veste Coburg erhalten: Ein Mann wird mit einem Stäupbesen gezüchtigt, ein anderer auf der Flucht erschossen, zwei sind auf ein Rad geflochten, ein Mann und eine Frau hängen am Galgen.[26]

21 Des Löbl. Fränckischen Creyses verneuert- und geschärfftes Poenal-Patent, wider Das Diebs- Rauberisch- Zigeuner- Jaunerisch- Herren-loses und anderes Bettel-Gesindt, o. O. 1732, S. 6.

22 Ebd., S. 4.

23 Zu solchen Tafeln allgemein Laura Soréna Tittel, Von der „Zigeunerwarntafel" zum Verbrecherbild. Eine historisierende Perspektive auf die Kriminalisierung von Sinti_ze und Rom_nja im deutschsprachigen Raum, in: Sigrid Ruby / Anja Krause (Hg.), Sicherheit und Differenz in historischer Perspektive/Security and Difference in Historical Perspective (Politiken der Sicherheit/Politics of Security 10), Baden-Baden 2022, S. 155–190, hier S. 156–164. Eine Tafel aus der Grafschaft Oettingen-Wallerstein abgebildet bei Karola Fings, Sinti und Roma. Geschichte einer Minderheit, 2. Aufl., München 2019, S. 44.

24 Zit. nach Kappl, Die Not der kleinen Leute, S. 338.

25 Staatsarchiv Bamberg, B 93, Nr. 51, fol. 281r.

26 Kunstsammlungen der Veste Coburg, Inv.-Nr. a. S.01067.

Strafpraxis[27]

Meist wurden „Zigeuner“ dann gefasst, wenn die Obrigkeit Streifen anordnete,[28] was wiederum meist auf Klagen der Untertanen hin geschah. So zeigte 1725 ein Dorfmeister im Kloster Banz an, „waßmassen sich in denen Eichelbergen ziegeuner auffhielten, wovon eine weibs-persohn sich hette in dorff sehen lassen und gebettelt“. Der Abt ordnete daraufhin eine Streife durch die Bewohner benachbarter Dörfer an,[29] wie sie anderthalb Jahre zuvor schon einmal durchgeführt worden war.[30] Im Sommer 1723 befahl Fürstbischof Lothar Franz von Schönborn einmal eine landesweite „universal streiff“, die nach der Ernte durchzuführen sei[31] – ein Hinweis darauf, dass auch hier die Untertanen eingesetzt waren.

Nicht immer wagten die Dorfbewohner gegen „Zigeuner“ vorzugehen. 1725 hielt sich im Amt Nordhalben, „und zwar fürnemlich zu Tschirn, eine rott ziegeuner [...]von 60 mann [auf], so meinstens mit gewehr versehen, zu ungemeinen schröcken und schaden deren unterthanen“. Daher wies das Malefizamt den Kommandanten der Festung Kronach an, „das er mit genugsammer mannschafft dieses ziegeuners gesindl zerstreuen und fortjagen“ solle.[32]

Dass die Sorge vor Gegenwehr gerechtfertigt schien, zeigt ein Vorfall aus dem ritterschaftlichen Dorf Theisenort bei Kronach 1725. Ein Soldat lockte eine Gruppe von „Zigeunern“ in ein abseits stehendes Wirtshaus: Sie könnten dort „gut getränckh haben“. Als sie im Haus waren, wurden Männer aus nahegelegenen Dörfern herbeigeholt, um sie zu greifen. Es kam zu einem Schusswechsel, bei dem der Soldat getroffen wurde;[33] am übernächsten Tag erlag er der Verletzung.[34]

Auch Drohungen von „Zigeunern“ verfehlten wohl nicht ihre Wirkung. Einer, nach einem Handgemenge in Hesselbach von einem Soldaten festgenommen, warnte die Dorfbewohner, seine große Verwandtschaft werde ihn rächen, falls sie

27 Zur Strafpraxis allgemein: Fricke, Zigeuner im Zeitalter des Absolutismus, S. 305–356; Ulrich Friedrich Opfermann, „Seye kein Ziegeuner, sondern kayserlicher Cornet“. Sinti im 17. und 18. Jahrhundert. Eine Untersuchung anhand archivalischer Quellen (Dokumente – Texte – Materialien. Veröffentlicht vom Zentrum für Antisemitismusforschung der Technischen Universität Berlin 65), Berlin 2007 (= Opfermann, „Seye kein Ziegeuner, sondern kayserlicher Cornet“), S. 179–204.

28 Streifen waren durch Untertanen unentgeltlich durchzuführen, jedoch setzte die Obrigkeit zusätzlich auf Militär. Kappl, Die Not der kleinen Leute, S. 281–286.

29 Staatsarchiv Bamberg, B 93, Nr. 76, fol. 102r.

30 Ebd., fol. 1r.

31 Staatsarchiv Bamberg, Hochstift Bamberg, Zent- und Fraischgericht, Nr. 88, fol. 168v.

32 Staatsarchiv Bamberg, Hochstift Bamberg, Zent- und Fraischgericht, Nr. 90, fol. 206v.

33 Staatsarchiv Bamberg, Hochstift Bamberg, Zent- und Fraischgericht, Nr. 186, Schreiben vom 25.10.1725.

34 Ebd., Schreiben vom 27.10.1725.

gegen ihn aussagten. Den Beamten zufolge fürchteten die Hesselbacher namentlich Brandstiftung.[35]

Der Ruf, „Zigeuner" verfügten über magische Kräfte, mag das seine dazugetan haben.[36] Im Theisenorter Wirtshaus soll ein alter Mann geprahlt haben, „er fürchtete sich nichts, indeme es ein schlechter zügeuner sein müste, so nicht 3 kugel vertragen könnte", sprich: er sei schussfest.[37] Diese Annahme schimmert selbst im Bericht des adligen Dorfherrn über den dortigen Vorfall durch: Es sei „bey keinem ziegeuner, wann sie schon getroffen worden, ein schuss eingegangen, biß man mit gläsern kugel nach sie geschossen, da dann solcher zwey verwundet worden".[38] Glaskugeln überwanden, so wird man diese Bemerkung zu deuten haben, den magischen Schutz.

Grundsätzlich scheuten sich die Streifenden nicht, auf die Zigeuner zu schießen, sofern diese nicht auf Zuruf stehenblieben. Bei einer Streife nahe Kloster Banz, von Soldaten durchgeführt, wurden 1733 zwei Frauen angeschossen; eine dritte, etwa 15-jährig, fand ein Jäger später im Wald. Ihr war „hinten beym creutz an und zum bauch vorne wieder hinausgeschossen".[39] Sie starb, vom Bader behandelt, zwölf Tage später.[40] (Übrigens ist ihre vom Kloster angeordnete Beisetzung nicht in der Sterbematrikel der zuständigen Pfarrei vermerkt.) Es gab noch weit schlimmere Vorfälle: 1721 soll die Streife von fünf Städten beim Großen Kornberg im Fichtelgebirge 29 Männern das Leben gekostet haben.[41]

Bei Festnahmen war überdies handgreifliche Gewalt an der Tagesordnung. Ein Mann sagte 1723 aus, er sei „von denen bauern [...] sehr zerschlagen worden, nachdeme sie zuvor bey 10mahl auff ihn geschossen, aber, Gott lob, nie getroffen".[42] Im selben Jahr wurde eine Frau in Gössersdorf bei Kronach derart verprügelt, dass sie nicht mehr gehen konnte; man musste sie auf einem Wagen in die Amtsstadt Stadtsteinach schaffen.[43]

---

35 Staatsarchiv Bamberg, Hochstift Bamberg, Zent- und Fraischgericht, Nr. 90, fol. 228r. Ähnlich auch in anderen Fällen: Kappl, Die Not der kleinen Leute, S. 338 f.

36 Ernst Schubert, Arme Leute, Bettler und Gauner im Franken des 18. Jahrhunderts (Veröffentlichungen der Gesellschaft für fränkische Geschichte IX, 26), 2. Aufl., Neustadt an der Aisch 1990 (= Schubert, Arme Leute), S. 253.

37 Staatsarchiv Bamberg, Hochstift Bamberg, Zent- und Fraischgericht, Nr. 186, Protokoll vom 26.2.1726.

38 Ebd., Schreiben vom 25.10.1725.

39 Staatsarchiv Bamberg, B 93, Nr. 76, fol. 515r.

40 Ebd., fol. 517r.

41 Ernst Dietlein, Chronik der Stadt Hof, Bd. 2: Allgemeine Stadtgeschichte von 1603–1763, Hof 1939, S. 341; Hennig, Zigeuner, S. 34 f.

42 Staatsarchiv Bamberg, B 93, Nr. 76, fol. 5r.

43 Staatsarchiv Bamberg, Hochstift Bamberg, Zent- und Fraischgericht, Nr. 88, fol. 174r.

Weit häufiger als Männer wurden Frauen und Kinder verhaftet.[44] Claus Kappl vermutet, Frauen hätten sich, um ihren Männern die Flucht zu ermöglichen, oftmals geradezu geopfert, zumal sie – die Kinder ohnehin – mit milderer Strafe rechnen konnten als die Männer; eine Gewähr gab es dafür allerdings nicht. Bezeichnend ist in diesem Zusammenhang, dass sich Männer bisweilen als Frauen verkleideten.[45]

Es folgte das Verhör durch örtliche Beamte. Diese fragten nach Namen, Alter, Herkunft, Familienstand, wie der oder die Inhaftierte sich nähre, wo er oder sie schon festgenommen worden sei, ob er oder sie denn nichts vom Verbot des Aufenthalts gewusst habe, warum er oder sie vor der Streife geflüchtet sei.[46] Wiederholt begegnen gerade auf die letztgenannten Fragen resignative Antworten. Warum er die Flucht ergriffen habe? „Es wüste klein und gros wohl, das die ziegeuner, wann sie auch nichts peccirt, nirgendts gedultet würden und übler daran wären als ein hundt", antwortete 1723 ein Mann in Banz.[47] Eine Frau sagte 1725 beim Verhör: „Die ziegeuner, wo sie hin kommeten, würden sie nicht geduldet, könnten doch nicht von oder in der lufft leben oder in die erden kriechen, müsten auff der welt seyn, wären alßo übler dran als ein kettenhund, der doch seyn bleibens hette, wüsten und könnten nicht anders."[48] Eine andere wurde gefragt: „Ob sie nicht wüsten, das den ziegeunern fränck[ischer] boden zu betretten verbotten." Antwort: „Wüstens freylich, müsten aber doch auff der welt seyn, könten nicht von der lufft leben."[49]

Die Gerichtsbeamten untersuchten den Rücken nach Brandmalen. Dann und wann stellte man gewiss auch Verletzungen fest, die auf Folter oder erlittene Prügel- oder Fustigationsstrafen oder Schussverletzungen zurückgingen.

Brandmalen kam, schon aufgrund der Bestimmungen der Poenalpatente, eine gehörige Bedeutung zu. Man fand sie häufig, sowohl aus fränkischen Fürstentümern als auch aus entfernten Gebieten, ob aus der Oberpfalz, aus Niederbayern oder sogar aus der Schweiz.[50] Bei einem Mann und drei Frauen, die man 1723 bei Lichtenfels aufgriff, lautete der Befund: Der Mann war „einmahl zu Seßlach, die zweyte zigeunerin zu Trimberg einmahl, die dritte [...] zu Bayreuth und Würzburg

44 Schubert, Arme Leute, S. 248; Fricke, Zigeuner im Zeitalter des Absolutismus, S. 167, 306.
45 Kappl, Die Not der kleinen Leute, S. 341.
46 Ein solches Verhör beispielsweise in: Staatsarchiv Bamberg, B 93, Nr. 76, fol. 4v–9v.
47 Ebd., fol. 9r.
48 Ebd., fol. 107r.
49 Ebd., fol. 103r.
50 Ebd., fol. 105r; Staatsarchiv Bamberg, Hochstift Bamberg, Zent- und Fraischgericht, Nr. 90, fol. 383r, 385v.

zweymahl, die vierte zu Ebern und Eltmann in erst ermelten Würzburg[ischen] hochstifft zweymahl mit den fränck. creyß poenal stigmate gezeichnet worden".[51]

Die Außenämter waren ohne eigene Kompetenz, was das weitere Verfahren betraf. Waren Verhör und weitere Ermittlungen abgeschlossen, berichteten sie die Erkenntnisse nach Bamberg. Oft wurden Gefangene auch für das weitere Verfahren dorthin gebracht.

Ein Brandmal, zumal aus dem Fränkischen Kreis, hätte nach den Poenalpatenten von 1710 und 1720 genügt, die Person an den Galgen zu bringen. Christoph Brand aus Ellwangen, den 1723 der Banzer Klostersyndikus verhörte, sagte aus: „Zu Bamberg seye ihm der buckhel gebrandt worden, nebst der landtverweisung [...], zu Würtzburg seye er 2mahl gewesen, das erstemahl gebrügelt und das andermahl gebranntzeichnet und des landts verwiesen".[52] Beides hatte sich im Abstand von ein, zwei Jahren ereignet. Nun aber, bei der erneuten Festnahme, half ihm auch seine Behauptung nichts, er habe sich nach Vierzehnheiligen begeben wollen, um Messen lesen zu lassen.[53] Das Malefizamt entschied, ihn, „seines gleichens [...] zum beyspiel und abscheu", hängen zu lassen.[54] Die abschreckende Wirkung sollte den Tod überdauern: Der Gehängte blieb am Galgen, bis der Leichnam herunterfiel. In Lichtenfels vergingen bis dahin einmal sechs Jahre.[55]

1725 wurde Christian Sigmund aus der Gegend von Teplitz in Böhmen, der bereits drei Jahre zuvor im Bambergischen in Haft gekommen war, dem Henker übergeben. Bei ihm hatte man eine geladene Pistole gefunden, und er gestand, dass er „auf den land den armen bauersmann mit hinwegfangung der hüner und dergleichen einigen schaden zugefügt habe". Dies brachte ihn an den Galgen.[56]

Beide Hinrichtungen stehen im jeweiligen Jahr im Hochstift Bamberg allein da, wie eine Durchsicht der Malefizprotokolle zeigt. Nur einmal scheint sich im Bambergischen die Gangart verschärft zu haben. Ein Bamberger vermerkt in seinem Tagebuch, das er von 1729 bis 1749 führte, lediglich für ein Jahr Hinrichtungen: Zwischen Juli und November 1733 endeten ihm zufolge ein Mann und vier Frauen in Bamberg am Galgen.[57]

51 Staatsarchiv Bamberg, Hochstift Bamberg, Zent- und Fraischgericht, Nr. 88, fol. 28r.
52 Staatsarchiv Bamberg, B 93, Nr. 76, fol. 5v.
53 Ebd., fol. 5r.
54 Staatsarchiv Bamberg, Hochstift Bamberg, Zent- und Fraischgericht, Nr. 88, fol. 241v.
55 Kappl, Die Not der kleinen Leute, S. 336.
56 Staatsarchiv Bamberg, Hochstift Bamberg, Zent- und Fraischgericht, Nr. 90, fol. 400r.
57 Staatsbibliothek Bamberg, HV.Msc.113, pag. 71 f.

Eine Alternative zur Hinrichtung war es, einen Verurteilten an die Republik Venedig gleichsam zu verkaufen, damit er in einer Galeere als Ruderer eingesetzt werde – für den Staat weit attraktiver, weil es Geld einbrachte.[58] Im Februar 1723 entschied das Malefizamt, einen Mann „zur ruderbanck“ zu schicken.[59] 1726 wurde ein „Zigeuner“, der im Vorjahr bei Theisenort verhaftet worden war, sich dabei widersetzt und sogar auf einen Soldaten geschossen hatte – er erlag seiner Verletzung –, „auf 3 jahr lang zur ruderbanck verdammet“.[60] Für einen Transport nach Venedig fasste man Verurteilte aus mehreren Fürstentümern zusammen; so sind Kontakte mit den Regierungen in Bayreuth, Amberg und Eisenach nachzuweisen.[61] Allerdings erlosch das Interesse der Serenissima an Rudersklaven in den folgenden Jahrzehnten; reine Segelschiffe lösten die Galeeren ab.[62]

1732 rief Fürstbischof Friedrich Karl von Schönborn auf das neue Kreispoenalpatent ein Zucht- und Arbeitshaus ins Leben, das seinen Platz zunächst im St.-Martha-Seelhaus in der Siechengasse (heute Untere Königstraße 19 und 21) fand.[63] Von Beginn an wurden auch „Zigeuner“ eingewiesen. Noch im Gründungsjahr wurde die Klage laut, „wie die iungsthin in das zuchthaus gebrachte 3 Zigeüner [sich] zu keiner arbeith anschickheten“.[64]

Gemäß den Poenalpatenten hätte der Fund eines Brandmals aus dem Fränkischen Kreis – oder sogar mehrerer davon – am Körper eines Menschen das Todesurteil nach sich ziehen müssen. Doch die Malefizprotokolle zeigen eine andere Tendenz.

58 Schubert, Arme Leute, S. 292 f.; Kappl, Die Not der kleinen Leute, S. 295 f.; Opfermann, „Seye kein Ziegeuner, sondern kayserlicher Cornet“, S. 193 f.

59 Staatsarchiv Bamberg, Hochstift Bamberg, Zent- und Fraischgericht, Nr. 88, fol. 28v.

60 Staatsarchiv Bamberg, Hochstift Bamberg, Zent- und Fraischgericht, Nr. 186, Conclusum vom 9.9.1726.

61 Staatsarchiv Bamberg, Hochstift Bamberg, Zent- und Fraischgericht, Nr. 90, fol. 430v; Nr. 91, fol. 119v, 171r, 192v; Nr. 98, Teil 1, fol. 90r.

62 Opfermann, „Seye kein Ziegeuner, sondern kayserlicher Cornet“, S. 194.

63 Johann Looshorn, Geschichte des Bisthums Bamberg, Bd. 7, 1, Bamberg 1907, S. 32–34; Geyer, Die öffentliche Armenpflege, S. 66 f.; Kappl, Die Not der kleinen Leute, S. 299–315 (mit falscher Ortsangabe S. 299); Peter Ruderich, Das ehemalige St.-Martha-Seelhaus, auch Pilgrimhaus genannt. Eine fast vergessene Stiftung des 14. Jahrhunderts und ihre Geschichte bis zur Auflösung nach der Säkularisation, in: Bericht des Historischen Vereins Bamberg 153 (2017), S. 169–186, hier S. 177. – Als Eröffnung nennt ein Zeitgenosse, abweichend von der Literatur, den 17. Juni 1731. Staatsbibliothek Bamberg, HV.Msc.113, pag. 44.

64 Zit. nach Kappl, Die Not der kleinen Leute, S. 300. Zu einer Flucht aus dem Bamberger Zuchthaus im selben Jahr: Fricke, Zigeuner im Zeitalter des Absolutismus, S. 330.

Es kam vor, dass schwere Leibesstrafen verhängt wurden; so wurde zwei Männern 1710 ein Ohr abgeschnitten.[65] Eine 1725 verhaftete Frau war an der Nase verstümmelt, wobei nicht völlig klar war, ob dies von einer früheren Strafe herrührte.[66]

Die Todesstrafe zu verfügen, vermieden die Hofräte meist, und auch körperliche Verstümmelungen kamen eher selten vor. Sieben Frauen, die 1723 bei Kronach durch eine Streife gefasst wurden und die Brandmale trugen, sei, so die Malefizkommission, „abermahlen ein stigma zu geben"; ferner sollten sie „empfindlich ausgestrichen werden". Eine weitere Frau, die offenbar noch kein Brandmal trug, war zu befragen, ob sie das Kreismandat, das „Zigeunern" den Aufenthalt in Franken verbiete, kenne; dann – zu ergänzen: aber nur dann – solle sie „ebenfallß gebrandmahlet werden".[67]

Dieses Vorgehen war die Regel: Gerade Frauen, selbst wenn sie schon ein Brandmal oder deren mehrere trugen, wurden ausgestäupt[68] und des Landes und gesamten Reichskreises verwiesen.

Umgekehrt gingen Strafen vereinzelt über das Poenalpatent hinaus: Minderjährige sollten eigentlich nicht bestraft oder gezeichnet, sondern in die Obhut des Landesherrn genommen und erzogen werden. Dies lässt sich bloß einmal belegen, wenn nämlich 1730 ein Stadtsteinacher Bürger eine Zahlung forderte „wegen angenohmenen zigeuners kind".[69] Häufiger verstieß das Malefizamt gegen die Vorschrift und verhängte doch Strafen: Eine 14-Jährige wurde 1723 in Bamberg „auf offenen marck gepeitschet",[70] ein 15- oder 16-Jähriger „mit 25 streichen abgeprüglet", beide des Landes verwiesen.[71] Man verzichtete aufgrund der Jugend lediglich auf die Brandmarkung.

Weitergehende Gnadenakte waren selten. Im März 1725 wurden bei einer Streife nahe Banz drei Frauen und drei Kinder, das jungste noch ein Säugling, festge-

---

65 Kappl, Die Not der kleinen Leute, S. 336, auch S. 528 Anm. 111. Zur Androhung des Nasen- und Ohrenabschneidens: Schubert, Arme Leute, S. 248. In Südwestdeutschland kamen solche Strafen kaum vor, eher in den habsburgischen Erblanden. Fricke, Zigeuner im Zeitalter des Absolutismus, S. 318 f.

66 Staatsarchiv Bamberg, Hochstift Bamberg, Zent- und Fraischgericht, Nr. 90, fol. 76r: „an der naasen wiewohlen sie vorgibt, das sie solche von natura uberkommen, gestumpelt". – Ein ähnlicher Fall bei Fricke, Zigeuner im Zeitalter des Absolutismus, S. 154.

67 Staatsarchiv Bamberg, Hochstift Bamberg, Zent- und Fraischgericht, Nr. 88, fol. 86v.

68 Zum Unterschied zwischen Prügelstrafe und Ausstäupen: Fricke, Zigeuner im Zeitalter des Absolutismus, S. 314–316.

69 Zit. nach Kappl, Die Not der kleinen Leute, S. 341.

70 Staatsarchiv Bamberg, Hochstift Bamberg, Zent- und Fraischgericht, Nr. 88, fol. 95r. Bemerkenswert scheint, dass die Entscheidung des Gremiums nicht einmütig war, sondern mit Stimmenmehrheit fiel.

71 Staatsarchiv Bamberg, Hochstift Bamberg, Zent- und Fraischgericht, Nr. 88, fol. 185r.

nommen. Nachdem sie verhört waren und der Klostersyndikus sie an die zuständigen bambergischen Behörden ausliefern wollte, entschied der Abt, zur Feier seines Namenstags und wegen des bevorstehenden Osterfestes, die Frauen und Kinder laufen zu lassen.[72] Der Syndikus, zugleich Neffe des Prälaten, warnte heftig vor dem Ärger, den sich das Kloster und er mit diesem Vorgehen in Bamberg zuziehen werde. Doch der Abt beharrte auf seiner Entscheidung.[73] Die Verhafteten wurden ermahnt und des Hochstifts Bamberg verwiesen, kamen aber ohne Züchtigung oder nochmaliges Brandmal davon. Spürbar missmutig vermerkte der Syndikus, sie hätten „für die [...] gnade mit großem zetter- oder jubelgeschrey auff denen knien gedancket".[74]

Elf Beispiele aus dem Jahr 1733

Wie unterschiedlich das Bamberger Malefizamt vorging, zeigt ein Beispiel aus dem Jahr 1733, in dem, wie erwähnt, ungewöhnlich viele Hinrichtungen von „Zigeunern" verfügt wurden. Im Juli des Jahres fasste ein zwölf- bis fünfzehnköpfiges[75] Kürassierkommando im Klosteramt Banz eine Gruppe. Drei Männer und sieben Frauen wurden nach Bamberg geschafft und verhört.[76] Eine Jugendliche war durch einen Schuss so schwer verletzt, dass sie in ein nahes Dorf gebracht werden musste und dort nach wenigen Tagen starb.[77] Über die zehn in Bamberg in Haft Sitzenden fielen nach Monaten die Urteile, die der Fürstbischof bzw. sein Bamberger Statthalter durchweg ratifizierte.

Eine weitere „Zigeunerin" war schon im April durch den Weismainer Vogt in die Hauptstadt überführt worden:[78] Agnes Grünewald, eine mehrmals bestrafte Frau von 21 Jahren, wurde „als eine incorrigible diebin, gefährliche streunerin und 2fache urphedbrecherin" zum Strang verurteilt und am 7. Juli 1733 hingerichtet.[79]

Ihr Schicksal teilten zwischen September und November vier der zehn im Klosteramt Banz gefassten Menschen. Die Witwe Anna Maria Grünewald, die gestanden hatte, sie habe „hüner, gäns, ruben und etwas krauth [...] zu nicht geringen

72 Staatsarchiv Bamberg, B 93, Nr. 76, fol. 108r.
73 Ebd., fol. 108v–109r.
74 Ebd., fol. 110r.
75 Staatsarchiv Bamberg, B 93, Nr. 76, fol. 515r.
76 Staatsarchiv Bamberg, Hochstift Bamberg, Zent- und Fraischgericht, Nr. 98, Teil 1, fol. 125v, 129v–130r.
77 Staatsarchiv Bamberg, B 93, Nr. 76, fol. 515r–v, 517r.
78 Staatsarchiv Bamberg, Hochstift Bamberg, Zent- und Fraischgericht, Nr. 98, Teil 1, fol. 63v.
79 Staatsarchiv Bamberg, Hochstift Bamberg, Zent- und Fraischgericht, Nr. 98, Teil 2, fol. 94r–v. Zu Hinrichtungsdatum und Alter der Delinquentin: Staatsbibliothek Bamberg, HV.Msc.113, pag. 71.

schaden des landtmanns" gestohlen, wurde zum Tod am Galgen verurteilt.[80] Am selben Tag wie sie wurde auch Anna Catharina Werner gehängt, eine über 40 Jahre alte, verwitwete Frau, die bereits in Hildburghausen, Gotha und Bamberg gebrandmarkt worden war.[81] Nicht anders erging es der 33-jährigen Charlotta Christina, die erst im Dezember 1732 in Bamberg ein Brandmal empfangen hatte und vor dem erneuten Betreten des Hochstifts ernstlich gewarnt worden war; zuvor war sie schon in Ansbach zweimal gebrandmarkt worden.[82]

Auch Christian Ströbel, der gemeinsam mit seiner hochschwangeren Frau festgenommen worden war, endete am Galgen. Zwar konnten ihm keine Diebstähle nachgewiesen werden, aber er hatte zweimal die geschworene Urfehde gebrochen und war trotz Brandzeichen und eindringlicher Ermahnung wieder ins Hochstift gekommen. Dies genügte aus Sicht der Hofräte für die Todesstrafe, die man allerdings bis zur Niederkunft seiner Frau aufschob.[83]

Sechs der zehn im Juli Verhafteten kamen mit dem Leben davon. Barbara Christina Ströbel, die Frau des Hingerichteten, war bei der Verfolgung angeschossen worden. Die fürstbischöflichen Hofräte befanden, sie habe „dardurch viele schmertzen erlitten, ia in empfangung des schuss soviel als todtsschrecken ausgestanden und mit vieler gemüths-beängstigung in kerker erfahren, das ihr mann und übrige ihre cameradinnen vor ihr aufgehenckt worden".[84] Daher verzichteten sie auf die Todesstrafe. Nachdem sie mit einem Kind niedergekommen war, wurde sie „zur arbeith ins zucht-haus" gesteckt, „iedoch ohne schlägen".[85] Unklar ist, was mit dem Säugling geschah. Im Protokoll heißt es etwas kryptisch: „Übrigens hat das malefiz-ambt für ihr im arrest zur welt gebrachtes kindt besorget zu seyn."[86]

Anna Sophia Rosenberger, geboren in Scheßlitz, die kleinere Diebstähle einräumte, aber noch kein Brandmal trug, sollte zunächst ein solches Zeichen erhalten und aus dem Fränkischen Kreis gewiesen werden.[87] Dann aber entschieden sich

---

80 Staatsarchiv Bamberg, Hochstift Bamberg, Zent- und Fraischgericht, Nr. 98, Teil 2, fol. 150r–151r (Zitat fol. 150v). Sie wurde am 19. September 1733 hingerichtet.

81 Ebd., fol. 151r–v.

82 Ebd., fol. 183v–184r. Sie starb am 10. November 1733 am Galgen.

83 Ebd., fol. 159r–v. Er wurde am 10. Oktober 1733 gehängt.

84 Ebd., fol. 197v.

85 Ebd., fol. 198r. – Eine Prügelstrafe beim Eintritt ins Zuchthaus wie beim Verlassen („Willkomm" und „Abschied") war üblich. Zu Bamberg: Kappl, Die Not der kleinen Leute, S. 291. Allgemein: André Holenstein, Bittgesuche, Gesetze und Verwaltung. Zur Praxis „guter Policey" in Gemeinde und Staat des Ancien Régime am Beispiel der Markgrafschaft Baden(-Durlach), in: Peter Blickle (Hg.), Gemeinde und Staat im Alten Europa (Historische Zeitschrift, Beiheft 25), München 1998, S. 325–357, hier S. 335 Anm. 35.

86 Staatsarchiv Bamberg, Hochstift Bamberg, Zent- und Fraischgericht, Nr. 98, Teil 2, fol. 198r.

87 Ebd., fol. 128v–129r.

die Hofräte um und verfügten, sie auf unbestimmte Zeit ins Zuchthaus zu geben, „weilen sie gesund und starck und annoch eine besserung zu hoffen".[88]

Ähnlich entschied die Malefizkommission über Anna Maria Heffner, der keine Eigentumsdelikte nachgewiesen werden konnten und an der man kein Brandzeichen fand. Sie kam ebenfalls ins Zuchthaus, um ihr „die gelegenheit zu dergleichen leichtferthigen und bösen leben zu benehmen".[89]

Die 25-jährige Anna Maria Sophia Kleebattin war sechs Jahre zuvor „als ein junges mägdlein" in Bamberg gebrandmarkt worden. Sie erhielt ein weiteres Brandmal, wurde mit Ruten „ausgestrichen" und des Hochstifts verwiesen.[90] Zwei kleine Kinder aber, die sie offenbar bei sich hatte, blieben in Bamberg. Die Hofräte wünschten, dass eine milde Stiftung ihre Erziehung übernehmen solle, ansonsten habe das Malefizamt „das behörige zu besorgen".[91]

Catharina Dorr, die Brandmale aus Heidelberg, Hanau und Bamberg trug, hatte nach Einschätzung der Hofräte eigentlich die Todesstrafe verdient. Doch sie war, von den Kürassieren gejagt, in einen Graben gestürzt, hatte sich drei Rippen gebrochen und weitere Verletzungen zugezogen. Sie werde ohnedies nicht mehr lange zu leben haben. Daher sei es unangemessen, mit der Strenge des Gesetzes gegen sie vorzugehen. Sie wurde lediglich aus dem Land geschafft.[92]

Der 15-jährige Andreas Werner schließlich, dem nichts nachzuweisen war, „als das dieser ein gebohrner zigeuner und in gesellschaft iauner- und zigeuners-volck eine geraume zeit lang [...] herumbgezogen", war für eine Prügelstrafe bestimmt. Da er sich aber gewillt zeigte, Soldat zu werden, übergab man ihn kaiserlichen Werbern.[93]

An diesen elf Personen zeigt sich die ganze Bandbreite des juristischen Umgangs mit „Zigeunern" im barocken Bamberg.

Ebenfalls im Sommer 1733 verhaftete der Lichtenfelser Vogt einen Bäcker aus Herreth im Banzgau, den eine der später hingerichteten Frauen als Hehler beschuldigt hatte. Überdies habe er die „Zigeuner" über gute Gelegenheiten zu Diebstählen informiert, sie „darzu verreitzet" und sie mit „pulver, bley, schweffel,

88 Ebd., fol. 139r.
89 Ebd., fol. 196v.
90 Ebd., fol. 133r.
91 Ebd., fol. 133v.
92 Ebd., fol. 184r–v.
93 Ebd., fol. 158r–v. – Zum Militär als Weg in die Mehrheitsgesellschaft: Opfermann, „Seye kein Ziegeuner, sondern kayserlicher Cornet", S. 223–249.

feuer und flindenstein, lichter und anders" versorgt.[94] Der Schäfer desselben Ortes habe ihnen Unterschlupf geboten.

Einen Wirt in Lahm bei Kloster Langheim hatte schon zuvor eine andere Frau belastet, er habe „Zigeuner" beherbergt und ihnen Diebesgut abgekauft. Ihn verurteilten die Hofräte zu Landesverweis sowie zur Übernahme der entstandenen Kosten, den örtlichen Schultheiß, der nichts von den Vorgängen gemeldet habe, zu einer hohen Geldstrafe.[95]

Der erstgenannte Bäcker sollte am Pranger stehen, 40 Schläge empfangen, die Gerichtskosten zahlen und dann das Hochstift auf immer verlassen. Der Schäfer sollte mit einer Fußfessel beim Bau des Priesterseminars zwei Monate lang Erdarbeiten leisten.[96]

Die beiden Männer aus Herreth baten um Gnade. Da die Bamberger Beamten ohnehin Kompetenzstreitigkeiten mit dem Kloster Banz erwarteten, falls man den Landesverweis durchsetzen wolle, beschränkte man sich nun auf eine Geldstrafe. Der Statthalter des Fürstbischofs entschied schließlich, beide sollten eine Woche auf der Baustelle „schanzen", um ein öffentliches Zeichen zu setzen. Dann solle der Bäcker 80, der Schäfer 25 Reichstaler zahlen.[97] Den Hehlern gegenüber zeigte sich Bamberg mithin gnädiger als im Fall der „Zigeuner".

Resümee

Die Rechtswirklichkeit bedeutete für die „Zigeuner" im Franken des frühen 18. Jahrhunderts die ständige Furcht vor Streifen, die sie regelrecht jagten, vor Brandmarkung und Prügelstrafe, vor dem Verkauf auf die Galeere oder dem Galgen. Die noch brutalere Härte der Poenalpatente freilich wurde oftmals nicht Wirklichkeit. Stellt man die Rechtspraxis jener Norm gegenüber, so ist festzustellen: Die Bamberger Hofräte wandten in vielen Fällen nicht die Vorschriften gegen „Zigeuner" an, sondern behandelten diese gemäß den Vorgaben gegen fremde Bettler.

Eine systematische Forschung ist nötig, um Konjunkturen bei der Strafpraxis innerhalb des Hochstifts Bamberg zu ergründen; die systematische Durcharbeit der Malefizprotokolle scheint hierfür vielversprechend.

94 Staatsarchiv Bamberg, Hochstift Bamberg, Zent- und Fraischgericht, Nr. 98, Teil 2, fol. 111v.
95 Ebd., fol. 94v.
96 Ebd., fol. 166v.
97 Ebd., fol. 169v.

Offenbar setzte heftiger Verfolgungseifer im ersten Jahrzehnt des 18. Jahrhunderts ein und steigerte sich 1733 kurzfristig. Danach scheint die Verfolgung der „Zigeuner" allein um ihrer Zugehörigkeit zur so bezeichneten Gruppe willen wieder abgeflaut zu sein.[98] Claus Kappl konstatiert: „Gegen Ende der 30er Jahre des 18. Jahrhunderts normalisierte sich das Verhältnis der Obrigkeit zu den gehaßten Zigeunern. Die grausamen Strafen nahmen ab, die Zigeuner wurden strafrechtlich den übrigen Vaganten gleichgestellt."[99] Scharfe Vorschriften und – zumindest vereinzelt verhängte – drakonische Strafen dauerten freilich noch Jahrzehnte an.

Epilog

Die Bayreuther Zeitung berichtete 1850 über die Massenexekution des Jahres 1724 in Berneck: „Wenn wir hier sehen, wie ein Volk [...] gleich dem Wilde verfolgt wird und wenn wir bedenken, daß diese Verfolgungen bis in die Mitte des vorigen [also 18.] Jahrhunderts gedauert haben, so können wir uns eines freudigen Gefühles darüber nicht entschlagen, daß wir jetzt in einem menschlicheren Jahrhundert leben."[100] Die Zuversicht auf eine bessere Zukunft, die sich in diesem Satz spiegelt, erwies sich jedoch als trügerisch.

---

98 Fricke, Zigeuner im Zeitalter des Absolutismus, S. 337, sieht in Franken und Schwaben die größte Häufigkeit von Hinrichtungen in den 1720er Jahren, gefolgt von den 1730er Jahren. Danach fiel die Zahl stark ab. Opfermann, „Seye kein Ziegeuner, sondern kayserlicher Cornet", S. 198, datiert die höchste Dichte von Todesstrafen in die Jahre 1726 und 1733.

99 Kappl, Die Not der kleinen Leute, S. 341.

100 Bayreuther Zeitung vom 24.7.1850, S. 755.

Interterritoriale Interaktion und Kommunikation als Faktor der antiziganistischen Verfolgung im frühneuzeitlichen Franken

Eric Salomon

Die frühneuzeitliche (Verfolgungs-)Geschichte der mit der Fremdbezeichnung „Zigeuner" belegten Menschen im deutschsprachigen Mitteleuropa steht in vielerlei Hinsicht noch am Anfang. Für weite Teile Deutschlands existiert eine wissenschaftliche Aufarbeitung bis heute noch nicht.

Ein gutes Beispiel ist die Situation auf dem Gebiet des alten Fränkischen Reichskreises. Viele in den bayerischen Staatsarchiven verfügbare Quellen sind bislang noch nicht ausgewertet worden; eine wissenschaftliche Beschäftigung mit dem frühneuzeitlichen Antiziganismus steht bislang also noch aus. Dieser Beitrag soll Licht auf einen Teilaspekt dieser Geschichte werfen: die interterritoriale Interaktion und Kommunikation als Teil der Verfolgungsgeschichte in Franken.

Das frühneuzeitliche Franken stellt geopolitisch in gewisser Weise einen interessanten Sonderfall im komplizierten politisch-institutionellen Gefüge des Heiligen Römischen Reiches dar. Der Fränkische Reichskreis war einer der wenigen Reichskreise, in dem es keine eindeutig vorherrschende Macht gab, sondern ein prekäres Gleichgewicht zwischen den fünf größten Reichsständen des Kreises – den beiden hohenzollernschen Markgraftümern Brandenburg-Ansbach und Brandenburg-Bayreuth, der Reichsstadt Nürnberg und den Hochstiften Bamberg und Würzburg – herrschte. Dieser Umstand führte unter anderem dazu, dass Kommunikation und Interaktion zwischen den Reichsständen permanent stattfanden – und zwar sowohl bilateral als auch auf dem Konvent des Kreises, um gemeinsame Politik zu koordinieren, Streitigkeiten zu vermeiden oder zu schlichten und in einem kontinuierlichen Aushandlungsprozess Grenzverläufe, Zuständigkeiten, Rechte und Privilegien festzulegen.[1]

Auch für die Verfolgungsgeschichte der Sinti und anderer verfolgter Gruppen im Franken des 17. und insbesondere 18. Jahrhunderts ist dieser interterritoriale Aushandlungsprozess von großer Bedeutung. Schon auf der Normsetzungsebene – also bei der Ausformulierung von Edikten, Pönalpatenten und Gesetzen – spielt der interterritoriale Aspekt eine bedeutende Rolle. Insbesondere auf dem Kreiskonvent wurde der gemeinsame normative Rahmen der „Zigeunerpolitik“ der fränkischen Reichsstände verhandelt und in Gesetzesform gegossen.

Auf die Rolle des Reichskreises – sowohl bei der Normsetzung als auch als ausführendes Organ – wird am Ende des Beitrages noch ausführlicher einzugehen sein. Zunächst soll die Bedeutung der direkten interterritorialen Interaktion für die tatsächliche Umsetzung der Verfolgungsmaßnahmen anhand von Beispielen aus den zeitgenössischen Quellen veranschaulicht werden. Diese stammen aus den bayerischen Staatsarchiven Amberg, Nürnberg und Bamberg. Die Quellen, und dies ist bei der Untersuchung der frühneuzeitlichen Verfolgungsgeschichte der „Zigeuner“ ein generelles Problem, entstammen vollständig der obrigkeitlichen Überlieferung und bilden deswegen primär die Perspektive der Verfolger ab. Schriftliche Überlieferungen aus der Feder der Verfolgten sind fast gar nicht vorhanden, sodass wir für die Informationsgewinnung stark abhängig von diesen obrigkeitlichen Zeugnissen sind. Für das Vorhaben dieses Beitrages, in dem vor allem die Verfolgerperspektive beleuchtet wird, spielt diese Diskrepanz allerdings eine weniger große Rolle als bei Untersuchungen aus Verfolgtenperspektive oder einer multiperspektivischen Betrachtung.

Die „tagespolitische“ Interaktion zwischen den Reichsständen beziehungsweise deren Verwaltungen innerhalb des Fränkischen Reichskreises bei der praktischen Umsetzung der Verfolgungsmaßnahmen des 17. und 18. Jahrhunderts fand in der Regel auf drei Ebenen statt: der lokalen, der bilateralen und der Kreisebene.

---

1 Zur Geschichte und den Aufgaben der Reichskreise vgl. Peter Claus Hartmann, Rolle, Funktion und Bedeutung der Reichskreise im Heiligen Römischen Reich deutscher Nation; in: Wolfgang Wüst (Hg.), Reichskreis und Territorium: Die Herrschaft über der Herrschaft? Supranationale Tendenzen in Politik, Kultur, Wirtschaft und Gesellschaft. Ein Vergleich süddeutscher Landkreise. Tagung der Schwäbischen Forschungsgemeinschaft und der Forschungsstelle Augsburg der Kommission für bayerische Landesgeschichte in Kooperation mit dem Institut für Europäische Kulturgeschichte (Universität Augsburg) und dem Stadtarchiv Augsburg in Irsee vom 5. bis 7. März 1998 (Augsburger Beiträge zur Landesgeschichte Bayerisch-Schwabens 7), Stuttgart 2000 (= Wüst (Hg), Reichskreis und Territorium), S. 2–38. Für eine Einführung in den Fränkischen Reichskreis vgl. Alois Schmid, Der Fränkische Reichskreis. Grundzüge seiner Geschichte – Struktur – Aspekte seiner Tätigkeit, in: Wüst (Hg), Reichskreis und Territorium, S. 235–250 (= Schmid, Der Fränkische Reichskreis).

Absprachen auf lokaler Ebene

Am häufigsten fand die grenzüberschreitende Interaktion auf der untersten Ebene statt: zwischen den lokalen Ämtern der fränkischen Reichsstände.[2] Diese nahmen in der früh- und hochabsolutistischen Administration eine bedeutende Rolle ein. Sie übten die niedere (und mancherorts auch die hohe) Gerichtsbarkeit vor Ort aus, waren für die Verkündigung und Umsetzung obrigkeitlicher Anordnung verantwortlich, nahmen Polizei- und Sicherheitsfunktionen wahr und fungierten nicht zuletzt auch als Augen und Ohren der Regierungen vor Ort, an die sie über alle Angelegenheiten Bericht erstatten sollten.

Die Herrscher der fränkischen Reichsstände betonten in ihren Anordnungen zum Umgang mit sogenanntem „herrenlosem Gesindel“[3] häufig die Bedeutung der regelmäßigen Kommunikation und Abstimmung mit den Amtsleuten der benachbarten Territorien. So befahl der Bayreuther Markgraf Georg Wilhelm (reg. 1712–1726) in seiner ersten „Verordnung wider die Plackereyen, die Zigeuner, Vaganten [und] verdächtiges herrenloses und Bettlers-Gesindel“ von 1712 „allen Unsern Haupt- und Amt-Leuten, denen von der Ritterschaft, Kästnern, Verwaltern, Vögten, Richtern, Schultheissen, Burgermeistern und Räthen, Viertel- und Dorfs-Meistern“, dass diese „zuförderst ohne einige Zeit-Verlierung so wohl mit allen Unsers Fürstenthums angrenzenden Beamten, als auch unter sich selbsten, besonders den Ausschus-Officieren hieraus vertraulich communicieren, und auf dergleichen schädliches Gesinde gesamter Hand ein wachsames Auge haben“.[4] Ähnliche Anweisungen zur Kommunikation finden sich in allen Verordnungen

2 Zu Aufgaben, Personalstamm und Effektivität der Ämter am Beispiel der fränkischen Hohenzollern vor allem im 16. Jahrhundert vgl. Bernhard Sicken, Landesherrliche Einnahmen und Territorialstruktur. Die Fürstentümer Ansbach und Kulmbach zu Beginn der Neuzeit, in: Jahrbuch für Fränkische Landesforschung 42 (1984), S. 153–248. Für einen Überblick über die frühneuzeitliche Gliederung der Verwaltung in Franken (hier am Beispiel des Hochstifts Bamberg) vgl. Hermann Caspary, Staat, Finanzen, Wirtschaft und Heerwesen im Hochstift Bamberg (1672–1693) (Berichte des Historischen Vereins Bamberg, Beiheft 7), Bamberg 1976, insbesondere S. 47–82. Für einzelne Ämter, deren Amtsleute und die Herrschafts- bzw. Rechtssituation sind die jeweiligen Bände des Historischen Atlas von Bayern, der von der Kommission für bayerische Landesgeschichte herausgegeben wird, zu empfehlen.

3 „Herrenloses Gesindel“ ist ein zeitgenössischer Sammelbegriff für verschiedene von den staatlichen Obrigkeiten verfolgte und diskriminierte Personengruppen, die vor allem aufgrund von Armut, Obdachlosigkeit, mobiler Lebensweise und Bettelns argwöhnisch betrachtet wurden. Der Begriff bezieht sich auf die Tatsache, dass diese Gruppen nicht an ein Territorium oder Fürsten gebunden waren und keinem Untertanenverband angehörten.

4 Corpus Constitutionum Brandenburgico-Culmbacensium Oder Vollständige Sammlung Der Vornehmsten so wohl allgemeinen als besondern in dem Marggrafthum Brandenburg-Culmbach in Ecclesiasticis und Politicis Theils einzeln gedruckten, Theils noch nicht gedrucken Landes-Ordnungen und Gesetze [...], Zweyten Theils erster Band, Bayreuth 1747 (= Corpus Constitutionum), S. 1096.

Georg Wilhelms, in denen es um die Bekämpfung von „Zigeunern", „Vaganten" und „herrenlosem Gesindel" ging.

Und tatsächlich finden sich in der archivalischen Überlieferung vieler Ämter entsprechende Korrespondenzen der örtlichen Amtsträger mit Kollegen auf der anderen Seite der Grenze. Ein gutes Beispiel dafür entstammt der Überlieferung des Markgraftums Brandenburg-Ansbach. Das wichtigste Instrument, das den Fürsten und Obrigkeiten des Heiligen Römischen Reiches zur Bekämpfung „unerwünschter Personen" wie Bettlern, landfremden Vaganten oder eben „Zigeunern" zur Verfügung stand, war die Streife. Dabei handelte es sich um eine organisierte Menschenjagd durch bewaffnete Dienstmänner der jeweiligen Obrigkeit auf diese unerwünschten Personen mit dem Ziel, diese zu verhaften, zu verjagen oder zu töten. In den meisten Territorien des Fränkischen Kreises wurden diese Streifen durch den sogenannten Landesausschuss durchgeführt – eine aus der Untertanenschaft rekrutierte Miliz, die eine wichtige Rolle in der Landesdefension spielte und für viele Reichsstände mangels der personellen und finanziellen Kapazitäten zum Aufbau stehender Streitkräfte die einzige militärische und sicherheitspolitische Ressource darstellte.

Die Effizienz dieses Vorgehens wurde durch politische und geografische Gegebenheiten jedoch stark begrenzt. Zum einen war die Zusammenstellung einer Streife ein kompliziertes Unterfangen, das sich kaum geheim halten ließ. So gelang es den Verfolgten durch Kontakte zu Untertanen oder Amtsleuten häufig, der Verfolgung durch die Streifenden zu entgehen. Dies war relativ einfach möglich, da man meist nur über die nächste Grenze ausweichen musste. Das war das zweite und für diesen Beitrag entscheidende Problem der Verfolger. Im Alten Reich existierten hunderte von politischen Entitäten und infolgedessen auch viele innere Grenzen, deren Verlauf noch dazu häufig Gegenstand von Streitigkeiten waren. So waren Streifen in vielen Fällen erfolglos, da die Verfolgten häufig einfach über die meist nahegelegene Landesgrenze entkommen konnten und der Ausschuss diese Grenze nicht einfach überschreiten durfte, ohne Konflikte mit dem Nachbarterritorium auszulösen.

Eine gängige Methode, die Erfolgsaussichten einer Streife zu erhöhen, war es, das Unterfangen mit den benachbarten Ämtern jenseits der Grenze zu koordinieren oder zumindest anzukündigen. Dies geschah etwa, als die Regierung in Ansbach Ende Juni 1705 ihren Amtsträgern in Windsbach befahl, am 27. Juni eine Streife auf „Zigeuner, Gartbrüder und anderes herrenloses Gesind" durchzuführen. Das Schreiben an den Stadtvogt und an Bürgermeister und Rat von Windsbach beinhaltete auch die Order, Kontakt mit den benachbarten Amtsleuten anderer Territorien aufzunehmen. Der Vogt wandte sich schriftlich an verschiedene Amtsleute in angrenzenden Gebieten, darunter den Pfleger des Pflegamtes Lichtenau, Oberst von Löffelholz. Lichtenau gehörte zum Territorium der Reichsstadt Nürnberg. Zunächst kündigte er seinem Kollegen die bevorstehende Streife an: „Unsern Hochgeehrten Herrn Nachbarn sollen wir nicht verhalten, was maßen Seine hochfürstl. Gnaden [...] einen gnädigsten Befehl dahin ergehen lassen, dass deshalben ein algemeiner Streiff nochmahls vorgenommen werden solle. Was unß nun zu dieser Sache der künfftige Donnerstag als der 25. hujius dergestalt anberaumet."[5] Oberst von Löffelholz wurde also Absicht und Termin mitgeteilt; weiter heißt es in dem Schreiben, „[...] dass wir vorhero hierauf nicht allein mit denen benachbarten Herrschaften ohnverlängte communication gepfleget, sondern auch auf allen [...] Dörffern und Weylern ein gleiches zu thun intimieren sollen, und solches um soviel desto mehr, weiln angeregter Crayß-Beschluss ohnedem mit sich führet, dass dergl. Streiffen keine Herrschaffts an dero Fraisch- oder Territorial-Rechten prajudicieren seyn".[6] Das Problem der Grenzverletzung bei den Streifen hatte also bereits zu diesem Zeitpunkt die Aufmerksamkeit des Kreiskonventes auf sich gezogen; man hatte sich grundsätzlich darauf geeinigt, dass eine Grenzüberschreitung im Zuge der Verfolgung einer Gruppe durch eine Streife nicht als Angriff auf die „Fraisch -oder Territorial-Rechte" gewertet werden sollte. Wie wirkmächtig diese Einigung in der Praxis gewesen ist, wird später noch zu sehen sein. Der Stadtvogt von Windsbach machte seinem Kollegen in Lichtenau nun folgenden Vorschlag: „Auch haben mit [...] unserm hochgeehrten Herrn Nachbarn, wir deswegen sobalden hierauf gehorsam- und dienstlich communicieren, anbey zu deren belieben stellen wollen, ob dieselben [...] auf dergl. Höchstschädl. Leute mit zu streiffen, auf bestimmten Tag die darzu benöthigte Veranstaltung verfügen [wollen]?"[7] Es wird also angefragt, ob die Lichtenauer sich an der Aktion beteiligen wollten, indem sie am selben Tag parallel zu der Ansbacher Streife eine eigene Patrouille begännen. Eine Antwort des Obersten von Löffelholz ist – zumindest in diesem Bestand – nicht überliefert; dennoch handelt es sich hier um ein hervorragendes Beispiel für die regelmaßige Interaktion auf der Ebene der lokalen Ämter. Man versuchte, Streifen miteinander abzustimmen, indem man bevorstehende Streifungen bei den Nachbarn ankündigte oder sie mit ihnen zu synchronisieren versuchte. Ein besonderes Augenmerk, das geht aus dem Schreiben des Windsbacher Amtsmannes deutlich hervor, lag dabei auf der Frage der potentiellen Verletzung der territorialen oder anderer Rechte der benachbarten Territorien. 1705 galt im Fränkischen Reichskreis bereits eine generelle Absprache darüber, dass die Verfolgung Flüchtiger im Rahmen einer Streife nicht als Verletzung dieser Rechte gewertet werden sollte.

5 Staatsarchiv Nürnberg, Ansbacher Archivalien 1771, fol. 217.
6 Staatsarchiv Nürnberg, Ansbacher Archivalien 1771, fol. 217.
7 Staatsarchiv Nürnberg, Ansbacher Archivalien 1771, fol. 217.

Absprachen auf bilateraler Ebene

Auf der lokalen Ebene, so wird an diesem Beispiel ersichtlich, fanden vor allem der Austausch von Informationen (wie in den obrigkeitlichen Anweisungen an die lokalen Amtsleute auch angeordnet) und die Koordinierung aktiver Verfolgungsmaßnahmen statt. Nicht in jedem Fall reichte es allerdings aus, dass sich die Amtsleute zweier benachbarter Ämter unterschiedlicher Territorien austauschten.

Eine solche Situation lag zwischen der Reichsstadt Nürnberg auf der einen und dem oberpfälzischen Fürstentum Pfalz-Sulzbach auf der anderen Seite vor. Hier galt die genannte Vereinbarung des Fränkischen Kreises nicht, da Pfalz-Sulzbach zum Bayerischen Reichskreis gehörte. Eine Grenzüberschreitung durch eine Nürnberger Streife auf Sulzbacher Territorium würde mit hoher Wahrscheinlichkeit einen Konflikt auslösen. Die Reichsstände waren in vielerlei Hinsicht quasisouveräne politische Entitäten und wachten eifersüchtig über ihre Rechte und Privilegien oder was sie dafür hielten. Grenzüberschreitende Maßnahmen waren auch bei einem vermeintlich so unstrittigen Thema wie der Verfolgung von Vaganten, „Zigeunern" und „herrenlosem Gesindel" immer Aushandlungsprozesse. Hoheitliche Rechte wie Gerichtsbarkeitsrechte verschiedener Art, Steuererhebungsrechte und vieles mehr waren umstritten und wurden meist von mehreren Parteien beansprucht.[8] Dies wirkte sich natürlich auch auf die obrigkeitlichen Verfolgungsmaßnahmen und insbesondere auf die Streifungen aus.

Denn durch die bereits geschilderte Ineffizienz des Streifungswesens durch die multiple Grenzsituation war es aus Sicht der Amtsleute oft notwendig, auch über die Grenze des Kreises hinweg zu streifen.[9] Eine Möglichkeit, Komplikationen von vornherein auszuschließen, war die Vereinbarung gegenseitiger Zugangsrechte mit der Regierung des benachbarten Territoriums. Diese Verhandlungen fanden dann allerdings direkt zwischen den Fürsten oder deren Regierungen statt; hier ging es unmittelbar um die Souveränitätsrechte.

8 Zu der Verteilung hoheitlicher Gerichtsbarkeitrechte auf verschiedene Obrigkeiten im frühneuzeitlichen Franken vgl. Christiane Birr, Wer spricht dem Bauern Recht? Organe der Rechtspflege in fränkischen Dörfern der Frühen Neuzeit, in: Zeitschrift für bayerische Landesgeschichte 64 (2001), S. 724–744. Zur Überlappung der Zuständigkeiten der Ämter verschiedener Territorien bereits seit dem Spätmittelalter und der Entstehung der Außenämter vgl. Rolf Sprandel, Die territorialen Ämter des Fürstentums Würzburg im Spätmittelalter, in: Jahrbuch für Fränkische Landesforschung 37 (1977), S. 45–64.

9 Diese Verfolgung über die Landesgrenze hinweg wurde als „Nacheile" bezeichnet, vgl. Ulrich Friedrich Opfermann, „Seye kein Ziegeuner, sondern kayserlicher Cornet". Sinti im 17. und 18. Jahrhundert. Eine Untersuchung anhand archivalischer Quellen (Dokumente – Texte – Materialien. Veröffentlicht vom Zentrum für Antisemitismusforschung der Technischen Universität Berlin 65), Berlin 2007 (= Opfermann, „Seye kein Ziegeuner, sondern kayserlicher Cornet"), S. 149.

Im Januar 1706 waren durch den Konvent des Fränkischen Kreises erneut Streifen durch alle Kreismitglieder beschlossen worden. Auf dem Landterritorium der Reichsstadt Nürnberg liefen die Streifen aber ins Leere, da sich die Verfolgten häufig über die Grenze ins benachbarte Fürstentum Pfalz-Sulzbach absetzen konnten. Der Pfleger des Nürnberger Pflegamtes Hersbruck hatte mehrfach im Zuge der Streifen „Zigeuner“ bis an die Grenze verfolgt; die Nacheile schien ihm allerdings zu riskant, da diese Komplikationen mit Pfalz-Sulzbach hervorrufen konnte.

Nach einem Bericht aus Hersbruck an den Rat der Reichsstadt Nürnberg wandten sich die Stadtoberen direkt an den Pfalzgrafen Christian August (reg. 1656–1708) in Sulzbach. In dem Schreiben wurde dem Pfalzgrafen die Situation ausführlich geschildert und ein Angebot gemacht: „Alß haben Euer hochfürstl. Durchl. Wir ein solches unterth. Fürtragen, und nicht zweiffeln wollen, es werden diesselbe sich diesen gemeinnuzlichen Vorschlag, zumahln selbiger ohne einiges Prajudict dero hochfürstl. Territorii geschehen soll, sich gnädigst gefallen zu lassen, zumahln wir dass reciprocirlichen unterth. Erbietens sind, bey gleichmäßigen Fällen, und wann Euer hochf. Dchlt. Beamte bey dergleichen Streiffen dem verdächtigen Gesind biß in unßer Gebiet folgen werden, es ebenfalls für ohngefähr zu achten und unbeschadet unsererer Rechte nachzusehen.“[10]

Die Nürnberger baten also um die Genehmigung, bei der Verfolgung „verdächtigen Gesinds“ die Grenze zu Pfalz-Sulzbach überschreiten zu dürfen, ohne dass Christian August dies als Angriff auf seine territorialen Rechte wertete. Im Gegenzug wollte der Nürnberger Rat dem Pfalzgrafen dasselbe zugestehen. Christian August ging auf dieses Angebot in seinem Antwortschreiben ein, weil er „dass bey dem löbl. Fränk. Craißconvent also beliebten conclusum, dem gemeinsamen Nutzen sehr beforderlich achte“.[11] Er unterstützte demnach das Streifungsvorhaben des Fränkischen Kreises, obwohl er kein Mitglied des Kreises war, und gab daher seine Zustimmung. Mit diesem Abkommen konnten Nürnberger Amtsleute und Streifen die Grenze überschreiten.

Derartige Abkommen erscheinen auf den ersten Blick fast banal. Die große Mehrheit der Territorien des Reiches nahm an der Verfolgung von Sinti und anderen als „Zigeuner“ bezeichneten Personen teil, hatte Edikte, Mandate oder andere Bestimmungen erlassen, die diesen Personen den Aufenthalt auf ihrem Gebiet verboten, und ergriff aktive Verfolgungsmaßnahmen. Dennoch war regelmäßige

10 Staatsarchiv Amberg, Fürstentum Pfalz-Sulzbach, Regierung, Sulzbacher Akten 2629 Band III: Schreiben von Bürgermeister u. Rat von Nürnberg an Pfalzgraf Christian August (18.1.1706).

11 Staatsarchiv Amberg, Fürstentum Pfalz-Sulzbach, Regierung, Sulzbacher Akten 2629 Band III: Antwort Christian Augusts (20.1.1706).

Kommunikation auf der Ebene der Ämter wie auch bilateral zwischen den Regierungen der Territorien von entscheidender Bedeutung für die „Zigeuner"-Verfolgung der reichständischen Obrigkeiten, damit die Verfolgungsmaßnahmen wirkungsvoll durchgeführt und damit „herrenloses Gesindel" effektiv vom Betreten des eigenen Gebietes abgeschreckt werden konnte.

Allerdings war es keineswegs immer gegeben, dass Kooperation – sei es auf lokaler oder bilateraler Ebene, wie sie in dem besprochenen Beispiel aus dem Frühjahr 1706 stattfand – auch tatsächlich zustande kam. Wie bereits beschrieben, hüteten die Reichsstände eifersüchtig ihre jeweiligen Rechte und sahen diese nicht selten bedroht oder angegriffen, wenn ihre Nachbarn an der Landesgrenze mit bewaffneter Hand operierten. Auch bereits bestehende Animositäten zwischen Reichsständen konnten durch die „Zigeunerpolitik" der einen oder anderen Seite vertieft werden. Ein Beispiel für so einen Fall fand 1729 im häufig umstrittenen Grenzgebiet zwischen dem hohenzollerschen Markgraftum Brandenburg-Bayreuth und der Reichsstadt Nürnberg statt.

Im Sommer 1729 stieß eine Nürnberger Patrouille am Rand des Ortes Kalchreuth auf einen einzelnen „Zigeuner", der der Aussage des Kommandeurs nach „hinter Kalchreuth einen starcken Flinten-Schuß weit"[12] sein Lager aufgeschlagen hatte. Der Mann versuchte, als er die Soldaten sah, zu entkommen und wollte zur Deckung seiner Flucht einen Schuss aus einer Pistole auf seine Verfolger abgeben. Seine Waffe versagte jedoch und er wurde von der Kugel eines Musketiers tödlich getroffen.

Die rechtliche Zuständigkeit in diesem Raum war sehr unübersichtlich, wie auch der Nürnberger Kommandant zu Protokoll gab: „Weme allda die Fraisch zustünde, Wüßte Er nicht".[13]

Kalchreuth gehörte nämlich nicht eindeutig zu einem Reichsstand, sondern war im Besitz mindestens dreier Parteien. Die oberste Lehens- und Gerichtshoheit übte der Markgraf von Bayreuth durch seinen Vogt und Wildmeister in Kalchreuth aus. Aber auch der Ansbacher Markgraf und die Nürnberger Patrizierfamilie Haller hatten Besitzanteile und Rechte in dem Dorf. Auf die Tötung des Mannes durch die Nürnberger Streife folgte daher ein Streit zwischen den Rechteinhabern in Kalchreuth: Der Bayreuther Wildmeister verlangte die Herausgabe des Toten, da dieser Fall unter die Hochgerichtsbarkeit des Markgrafen fiele. Der Leutnant aus Nürnberg wies diese Forderung zurück: „Dargegen Er dem Wildmeister geantwortet, daß dieses vor keinen Fraisch-Fall anzusehen, sondern die

12 Staatsarchiv Nürnberg, Reichsstadt Nürnberg, Ratskanzlei, C-Laden, Akten 2/1, fol. 1.
13 Staatsarchiv Nürnberg, Reichsstadt Nürnberg, Ratskanzlei, C-Laden, Akten 2/1, fol. 1.

Verfolg- und Festmachung der Zigeuner vermög des Craiß-Patents keinem Stand prajudicirlich seye."[14] Der Tod des „Zigeuners" wurde damit Anlass eines Zuständigkeitsstreites. Die Bayreuther Seite sah ihre Hochgerichtsbarkeit und damit ihre Hoheitsrechte durch die Nürnberger bedroht. Die Nürnberger Seite berief sich hingegen auf die bereits oben angesprochene Vereinbarung auf Kreisebene und die in der Praxis oft praktizierte Duldung bei der Nacheile.[15] Zusätzlich beschwerte sich auch die übergeordnete Bayreuther Behörde, das Oberamt Baiersdorf, direkt bei Bürgermeister und Rath der Reichsstadt Nürnberg, dass die Streife auf ihr Territorium eingedrungen sei, in Kalchreuth den „Zigeuner" erschossen und im Anschluss dem Wildmeister die Herausgabe des Leichnams verweigert hätte.[16] Dem Protest schloss sich zudem der reichsunmittelbare Adelige Heinrich Friedrich Geuder von Heroldsberg, genannt Rabensteiner, an: Die Streife hätte auf dem Rückweg von Kalchreuth sein Territorium unerlaubt betreten und damit auch seine Territorialrechte verletzt. Geuder verlangte von der Nürnberger Obrigkeit, derartige Durchmärsche künftig anzukündigen und um Erlaubnis zu bitten, „damit Ich und meine Agnaten nicht Anlaß nehmen müßen, bey Ihro kayserl. May[estät], unserm allerg[nä]d[i]sten Lehnsherrn, die Sache allerunterthänigst vorzustellen".[17] Der dem Reichsritterstand angehörende Geuder drohte also der mächtigen Reichsstadt Nürnberg, den Fall vor den Kaiser beziehungsweise die Reichsgerichtsbarkeit zu bringen.

Der Rat der Stadt Nürnberg wies sowohl die Proteste Geuders wie auch die der Bayreuther Amtsleute scharf zurück. In seinem Antwortschreiben an die Beamten in Baiersdorf verwies der Rat erneut auf das im Fränkischen Kreis geltende Recht, bei der Verfolgung von „herrenlosem Gesindel" auch ohne vorherige Absprache die Grenze zu ebenfalls im Kreis liegenden benachbarten Territorien zu überschreiten, und legte in beiden Fällen einen Gegenprotest ein.[18]

Dieser Fall zeigt deutlich die Grenzen auf, denen die Reichsstände bei einem koordinierten Vorgehen bei der Verfolgung schnell gesetzt werden konnten: Bayreuth und Nürnberg gehörten beide zu den führenden Mächten im Fränkischen Kreis

14 Vgl. Staatsarchiv Nürnberg, Reichsstadt Nürnberg, Ratskanzlei, C-Laden, Akten 2/1, fol. 1.
15 Vgl. Staatsarchiv Nürnberg, Reichsstadt Nürnberg, Ratskanzlei, C-Laden, Akten 2/1, fol. 1.
16 Vgl. Staatsarchiv Nürnberg, Reichsstadt Nürnberg, Ratskanzlei, C-Laden, Akten 2/1, fol. 7.
17 Vgl. Staatsarchiv Nürnberg, Reichsstadt Nürnberg, Ratskanzlei, C-Laden, Akten 2/1, fol. 12.
18 Vgl. Staatsarchiv Nürnberg, Reichsstadt Nürnberg, Ratskanzlei, C-Laden, Akten 2/1, fol. 12.

und standen sich seit Jahrhunderten als Rivalen gegenüber.[19] Dieses Rivalitätsverhältnis erschwerte die Zusammenarbeit erheblich, da man trotz des Abkommens auf Kreisebene oder des gemeinsamen Ziels der Sicherung des Landes vor der vermeintlichen „Zigeunerplage" nicht gewillt war, unkontrolliert bewaffnete Leute der anderen Seite auf seinem Territorium zu dulden. Der erschossene „Zigeuner" spielte in dem eigentlichen Konflikt eigentlich nur die Rolle des Konfliktauslösers; die drei Parteien waren sich zwar darin einig, dass sie gegen „herrenloses Gesindel" scharf vorgehen wollten. Die eigentlichen Konflikpunkte waren aber eindeutig die eifersüchtig gehüteten Territorialrechte und die Frage, wer nun aufgrund seiner Fraischgerichtsbarkeit zuständig für den Toten war. Konflikte um Grenzverläufe, Grenzüberschreitungen und juristische Zuständigkeiten waren im Alten Reich an der Tagesordnung, sodass sich in der archivalischen Überlieferung der fränkischen Reichsstände derartige Fälle häufig finden lassen.

Ein ähnliches Problem, das die Zusammenarbeit der Reichsstände trotz einer grundsätzlichen Übereinkunft in der „Zigeunerpolitik" beeinträchtigen konnte, betraf ebenfalls die Frage der Territorialrechte. Es ging um die Errichtung sogenannter „Zigeunerstöcke" oder „Zigeunertafeln" an den Grenzen. Der Sinn und Zweck solcher Markierungen war die Abschreckung unerwünschter Personengruppen. Betretungsverbote gab es sowohl auf der Ebene der einzelnen Reichsstände wie auch auf Ebene des Fränkischen Kreises schon seit dem 16. Jahrhundert. Diese Beschlüsse sollten auch an den Grenzen angeschlagen werden.

Zusätzlich zu diesen Maßnahmen an den Außengrenzen des Kreises errichteten einzelne Reichsstände eigne „Zigeunerstöcke". Streitigkeiten um die Rechtmäßigkeit von Warntafeln oder „Zigeunerstöcken" sind aus anderen Teilen des Reiches bekannt; zum Zeitpunkt der Niederschrift dieses Beitrages konnten in den Akten der fränkischen Reichsstände derartige Fälle noch nicht ausgemacht werden.[20]

---

19 Dieser Konflikt ging zurück auf Zuständigkeitsstreitigkeiten zwischen der Stadt Nürnberg und den Hohenzollern, die das Amt des Burggrafen von Nürnberg 1191–1427 ausübten. In den beiden Markgrafenkriegen (1449/50 und 1552–1554) versuchten die fränkischen Hohenzollern vergeblich, gegenüber Nürnberg eine dominante Position zu gewinnen. Vgl. hierfür die Artikel im Historischen Lexikon Bayerns zur Politischen Geschichte Brandenburg-Bayreuths (Richard Winkler, Bayreuth-Kulmbach, Markgraftum: Politische Geschichte, publiziert am 17.12.2014, in: Historisches Lexikon Bayerns, URL: https://www.historisches-lexikon-bayerns.de/Lexikon/Bayreuth-Kulmbach,_Markgraftum:_Politische_Geschichte (16.10.2024)) sowie zum Süddeutschen Städtekrieg (Gabriel Zeilinger, Süddeutscher Städtekrieg, 1449/50, publiziert am 8.6.2015, in: Historisches Lexikon Bayerns, URL: https://www.historisches-lexikon-bayerns.de/Lexikon/Süddeutscher Städtekrieg, 1449/50 (16.10.2024)).

20 Vgl. hierzu Opfermann, „Seye kein Ziegeuner, sondern kayserlicher Cornet", S. 141–146.

Absprachen innerhalb des Fränkischen Reichskreises – Eskalation der Gewalt

Nachdem nun die diplomatische Komponente der Verfolgungspolitik gegen Sinti und anderen als „Zigeuner" bezeichnete Personen auf einer interterritorialen Ebene beispielhaft dargestellt worden ist, soll abschließend die Bedeutung des Fränkischen Reichskreises – sowohl hinsichtlich der Normsetzung wie auch bei Koordinierung und praktischer Umsetzung der Verfolgungsmaßnahmen – herausgehoben werden. Der Reichskreis, der im Zuge der Reichsreformen um 1500 als der erste unter den zehn Kreisen etabliert wurde, spielte eine nicht zu unterschätzende Rolle in der innerfränkischen Politik.[21] Durch die Tatsache, dass es auf seinem Gebiet nicht eine oder zwei hegemoniale Reichsstände gab, sondern sich die fünf dominanten Mächte relativ die Waage hielten, wuchs dem Konvent des Kreises eine höhere politische Bedeutung zu als in den meisten anderen Reichskreisen. Seine wichtigste Rolle war die als Forum für die fränkischen Reichsstände und als Verhandlungsplattform für gemeinsame Projekte und die gesamtfränkische Rechtsgebung.

Der Reichskreis begann um das Jahr 1700 eine aktive Rolle in der Bekämpfung und Verfolgung sogenannten „herrenlosen Gesindels" zu spielen; zunächst vor allem durch die Verabschiedung gemeinsamer Legislation und deren Verkündigung durch Anschlag und Akklamation. Dabei radikalisierte sich die Politik des Kreises zwischen 1700 und 1720 signifikant. War in dem Kreiserlass aus dem Jahr 1700 noch die Rede davon, „Zigeuner" und andere unerwünschte Gruppen einfach am Betreten des Kreisgebietes zu hindern und sie widrigenfalls zu verhaften und abzuschieben, so verschärften sich die Maßnahmen in den ersten beiden Jahrzehnten des 18. Jahrhunderts drastisch. Der wichtigste Meilenstein auf der Kreisebene war der Beschluss des Konvents vom 15. Dezember 1710. In diesem Pönalpatent „wegen der in ihren [der fränkischen Reichsstände, E. S.] Landen sich häufig einschleichenden Zigeuner und andern herum vagirenden losen Gesindleins"[22] wurde eingangs zunächst auf bereits in der Vergangenheit ergriffene Maßnahmen rekurriert: „Was Fürsten und Stände des Löblichen Fränkischen Creises [...] bey allgemeinen Creis-Conventen schon öfters für ernstliche und scharfe Generalia in der Zuversicht, es würden sich hieran solche dem Rauben und Stehlen ergebene schädliche Zigeuner starke Bettler, mit allerhand falschen Abschieden und Pasporten versehene ausgerissene Soldaten, dann andere liederliche Vaganten aller Dings stossen, die Fränkischen Lande quittiren [...] ver-

21 Vgl. zu Funktionsweise, Geschichte und Besonderheiten des Fränkischen Kreises im Vergleich zu anderen Reichskreisen Schmid, Der Fränkische Reichskreis, insbesondere S. 236–240; zur Bedeutung des Kreiskonvents und der Institution Kreis für die gesamtfränkische Politik ebd., S. 241 f.

22 Corpus Constitutionum, S. 1093.

abreden, in Druck ausgehen, und zu Jedermanns Wissenschaft haben publiciren lassen; solches ist genugsam bekant und offenbar".[23] Nach diesem Verweis wurde in dem Text allerdings die Wirklosigkeit der vergangenen Beschlüsse und Maßnahmen moniert: „Nachdem es aber die fast tägliche Erfahrenheit mit sich bringet, daß solche Mandate und darinnen versehene an dergleichen losen Burschen bereits vielfältig exequirte Bestrafungen einen schlechten und fast gar keinen Effect nach sich gezogen, zumahlen deren ungeachtet viele Zigeuner männ- und weiblichen Geschlechts sich da und dort in des Creises Landen eingefunden, ja derley verläumten Vaganten gar viel in verschiedenen Orten in Verhaft gebracht worden, welche gleich Anfangs in ihrer Jugend sich auf den lastervollen Müssiggang, das Betlen, Rauben, Morden und Stehlen gelegt haben, woraus genugsam abzunehmen, daß sie [...] an obgedachten Verordnungen und publicirten Generalien das geringste Abscheuen nicht tragen, mithin die ihnen dadurch angedrohete Strafen weniger dann nichts achten".[24] Die Maßnahmen der Vergangenheit, so die Wahrnehmung der in Nürnberg versammelten Repräsentanten der fränkischen Stände, hätten sich als ungeeignet erwiesen, der wahrgenommenen Gefahr durch sogenanntes „herrenloses Gesindel", die als schwere Bedrohung für Eigentum, Leib und Leben der Untertanen und als schweres Sicherheitsrisiko eingestuft wurde, Herr zu werden. Deswegen sahen die Stände sich nunmehr dazu gezwungen, „zur gänzlichen Ausrottung solcher liederlichen, gefährlichen, unnützen Zigeuner und anderen losen Gesindleins noch weiters zu gehen, und so gar die Extrema zu ergreifen".[25] Galten vorher noch im Wesentlichen die Normen, die seit dem 16. Jahrhundert eingeführt waren – also im Wesentlichen ein allgemeines Betretungsverbot, die sofortige Verhaftung im Lande angetroffener Angehöriger der verfolgten Gruppen, die Konfiskation ihres Eigentums sowie im Falle der „Zigeuner" die Bestätigung der seit 1498 auf Reichsebene gültigen Vogelfreiheit –, so änderte sich im Fränkischen Reichskreis mit diesem Edikt die Haltung zu diesen Gruppen nachdrücklich. Es wurde beschlossen und im gesamten Kreisgebiet verkündet, dass „sothane Leute vor den 14. des nächst eintretenden Monats Januarii 1711. Jahrs sich aus diesem Löblichen Creise begeben, diejenige aber, sonderheitlichen die Zigeuner, und welche denselben anhangen und zugesellet sind, so sich darinnen nach solcher Zeit quovis modo betreten lassen, und von dieser Verordnung einige Wissenschafft gehabt [...] also gleich ohne fernern Proces an den nächsten besten zu solchem Ende auf den öffentlichen Straßen aufgerichteten Schnell- oder anderen Galgen, ihnen selbst zur Strafe, andern aber zum Exempel und nachdrücklicher Warnung, aufgehenket [werden sollen]".[26] Selbst jene, die glaubwürdig versichern könnten, dass sie von dieser Regelung nicht erfahren hatten, sollten zur Abschreckung der Tortur unterzogen werden.

23 Corpus Constitutionum, S. 1093 f.
24 Corpus Constitutionum, S. 1094.
25 Corpus Constitutionum, S. 1094.
26 Corpus Constitutionum, S. 1094.

Personen, die nach dem Stichtag die Grenzen überschritten, sollten beim ersten Mal verprügelt, beim zweiten Mal mit glühendem Eisen gebrandmarkt und beim dritten Mal gehenkt werden.[27] Der Fränkische Reichskreis verhängte faktisch die summarische und generelle Todesstrafe über diese Personen und betonte dabei ausdrücklich die „Zigeuner" als besonders in den Fokus zu nehmende Gruppe.

Von diesem Zeitpunkt an sollte sich die Normsetzung des Fränkischen Kreises wie seiner Mitgliedsterritorien vor allem gegen „Zigeuner", die in den meisten legislativen Texten stets als eigene Kategorie hervorgehoben und mit besonders schweren Verdächtigungen und Bestrafungen belegt wurden, immer weiter verschärfen. Bis 1720 berieten sich die Stände fast jährlich im Rahmen des Kreiskonvents über dieses Thema; die Anordnungen verschärften sich in diesem Kontext noch weiter. 1714 wurde sogar ein gemeinsames Mandat mit drei anderen Reichskreisen[28] erlassen. In diesem verfügten die „sämtl. Chur-Fürsten und Stände der Associirten vier vorderen Löblichen Reichs-Creyße" in einem gemeinsamen Beschluss hinsichtlich der von ihnen als „Zigeuner" eingestuften Personen, „daß alle ergriffene Zigeuner und famose Jauner ohne einige Gnade und Nachsehen sine strepitu iudicii und ohne einigen weitern Proces, blos und allein um ihres verbotenen Lebens-Wandels und bezeigten Ungehorsams halber mit dem Schwerde und nach Befinden mit höherer Leibs- und Lebens-Strafe hingerichtet, deren Weiber und erwachsene Kinder aber, wann sie auch gleich einigen Diebstahls nicht überwiesen, mit Ruthen ausgehauen, gebrandmarket und des Lands auf ewig verwiesen, oder auch in Zucht- und Arbeit-Häuser auf ewig verbannet werden sollen".[29] Zugleich drohte man ihnen (und auch allen anderen unerwünschten Gruppen) ausdrücklich an, dass man sie, sollten sie sich nicht vom Territorium der vier Kreise (immerhin ein großer Teil Mittel- und Süddeutschlands) fernhalten, „aller Orten [...] mit gewafneter Hand aufsuchen, und mit Gewalt hinaus verweisen, auch bey verspürendem Widerstande so gleich niederwerfen und todt schießen lassen"[30] werde. Mit diesem Erlass wurde im Prinzip formell eingestanden, dass bereits die Zugehörigkeit zur von der Obrigkeit konstruierten Gruppe der „Zigeuner" als Verbrechen eingestuft wurde, das mit der summarischen Hinrichtung oder zumindest mit Zwangsarbeit bestraft werden würde. Zugleich wurde damit der „legale Rahmen", innerhalb dessen die Reichsstände im Fränkischen Kreis ihre „Zigeunerpolitik" im Einzelnen ausgestalten konnten, sehr weit abgesteckt. Die Entscheidung über Leben oder Tod wurde vollständig dem Ermessen des einzelnen Fürsten überlassen. Entsprechend steigerten sich auch die Erlasse und Mandate fränkischer Reichsfürsten, etwa des Bayreuther Markgrafen Georg Wilhelm,

27 Vgl. Corpus Constitutionum, S. 1095.
28 Hierbei handelte es sich neben dem Fränkischen um den Schwäbischen, den Bayerischen und den Oberrheinischen Reichskreis (die sogenannten „vier vorderen Kreise").
29 Corpus Constitutionum, S. 1098.
30 Corpus Constitutionum, S. 1099.

im Zeitraum zwischen 1712 und 1724 in ihrer Schärfe beträchtlich. Wie sich etwa aus dessen Bettelordnung von 1716 eindeutig ersehen lässt, berief er sich dabei auf die Autorität der vom Fränkischen Kreis erlassenen Mandate.[31] Unter Georg Wilhelm erreichte die Verfolgung sogenannter „Zigeuner“ im frühneuzeitlichen Franken ihren Höhepunkt, als auf seinen Befehl hin im August und September 1724 in Berneck im Fichtelgebirge 17 Frauen und Mädchen unter dem Vorwurf, „Zigeunerinnen“ zu sein, als abschreckendes Exempel gehenkt wurden.[32]

1720 kann als der Endpunkt der Verschärfung der „Vagantengesetzgebung“ durch den Kreiskonvent bezeichnet werden. Bis dahin war seit 1710 fast jedes Jahr eine Aktualisierung und Bestätigung der Bestimmungen des Pönalpatents verabschiedet worden. 1720 wurde auf dem Kreiskonvent dann die bis dahin ausführlichste Verordnung gegen die verfolgten Gruppen beschlossen. Durch die Wirkungslosigkeit der Verordnungen der vergangenen zehn Jahre sahen sich die Stände erneut dazu veranlasst, eine umfassende Verordnung gegen sogenanntes „herrenloses Gesindel“ zu erlassen. Neu waren hier vor allem Umfang, Detailgrad und Differenzierung der Bestimmungen. Erstmals umfasste der Beschluss mehrere Seiten und war in Artikel unterteilt. Von diesen waren drei allein „Zigeunern“ und „Jaunern“ gewidmet. Die bekannten Bestimmungen wurden in Grundsatz bestätigt, die Strafen jedoch noch einmal verschärft. So sollten „Zigeuner“ „bey Betrettung/ das erstemahl/ es seye auf einer Missethat ergriffen worden oder nicht/ mit dem resolvirten Brand-Mahl: F.C. auf dem Rücken gezeichnet- und darauf sogleich aus denen gesambten Fränckischen Creyß-Landen/ unter der nachdrucksamsten Einbindung/ daß/ im wieder-Betrettungs-Fall/ der Strick ihme ohnfehlbar zutheil werden würde/ verwiesen werden“.[33] Eine Brandmarkung sollte also nun sofort beim ersten Betreten der Kreislande erfolgen, die Hinrichtung dann bei einer erneuten Ergreifung. Ausdrücklich wurde betont, dass diese Regelungen nicht nur gegen die Männer angewendet werden sollten, sondern auch auf Frauen und Kinder ab 18 Jahren. Jüngere Kinder sollten durch die landesherrlichen Institutionen aufgenommen und „anvorderist in dem Christenthum unterrichtet- und zu seiner Zeit zu einer solchen Profession, worinnen sie ihr Brod auf eine zulässigere Weiß/ als deren Eltern/ gewinnen können/ appliciere[t]“[34] werden. Dieser rechtliche Rahmen sollte mit relativ geringfügigen Änderungen faktisch bis zur

31 Vgl. Corpus Constitutionum, S. 1028.

32 Die Hinrichtungen in Berneck 1724 gehören zu den bestdokumentierten Ereignissen in der frühneuzeitlichen Verfolgungsgeschichte der sogenannten „Zigeuner“ in Franken. Im Staatsarchiv Bamberg ist ein umfangreicher Bestand aus der staatlichen Überlieferung des Markgraftums Brandenburg-Bayreuth erhalten geblieben (Staatsarchiv Bamberg, MBKB, StadtVogtA Berneck 13). In diesem finden sich neben den markgräflichen Anweisungen auch Berichte der ausführenden Amtsleute, Korrespondenzen und ein Teil der Verhörprotokolle sowie eine Abschrift des Hinrichtungsprotokolls.

33 Staatsarchiv Bamberg, MBKB, GAB 3093, fol. 8.

34 Staatsarchiv Bamberg, MBKB, GAB 3093, fol. 8.

Auflösung des Fränkischen Kreises gültig bleiben. Die Frequenz der Kreispatente ging nach 1720 stark zurück; sie wurden nun nur noch etwa alle zehn Jahre erneuert.

Der Kreiskonvent spielte eine wichtige Rolle in der antiziganistischen Politik der fränkischen Reichsstände im 18. Jahrhundert. Er fungierte als Diskussionsplattform der Kreispolitik sowie als übergeordnete Normsetzungsinstanz für den gesamten Kreis. Auf den Tagungen des Konvents wurde der rechtliche Rahmen für die Mandate der einzelnen Reichsstände abgesteckt und diesen zugleich ein weiter Spielraum für den Umgang mit sozioökonomischen Randgruppen zugestanden. Die auf den Konventen beschlossenen Pönalpatente dienten als Grundlage für die von den Einzelterritorien erlassenen Mandate und Verordnungen und verliehen diesen zusätzliche gesetzliche Autorität.

Eine gewisse Bedeutung hatte die Institution Reichskreis allerdings auch in der praktischen Umsetzung beschlossener Verfolgungsmaßnahmen. Obwohl die Normumsetzung und Normdurchsetzung primär den Einzelterritorien oblagen, konnten durch den Kreiskonvent gemeinsame Maßnahmen beschlossen werden. Am häufigsten manifestierte sich dies in der allgemeinen oder Generalstreife. Eine Generalstreife oder „allgemeine Streife" stellte eine auf dem gesamten Gebiet des Fränkischen Reichskreises stattfindende Streifung auf sogenanntes „herrenloses Gesindel" dar. Dabei konnte es sich sowohl um eine gleichzeitig von allen Reichsständen auf ihren jeweiligen Territorien durchgeführte Streife oder um eine gemeinsame überterritoriale Aktion handeln. Ersteres fand wohl bereits im ersten Jahrzehnt des 18. Jahrhunderts mehrmals im Jahr statt. Die eingangs erwähnte Streife, die der Vogt in Windsbach 1706 durchführen sollte, geschah zum Beispiel im Kontext einer vom Kreiskonvent beschlossenen allgemeinen Streife im ganzen Kreisgebiet. Im selben Ansbacher Aktenbestand, der sich im Staatsarchiv Nürnberg befindet, finden sich weitere ähnliche Fälle allein für das Jahr 1706. Ob es dabei auch zu gemeinsamen Streifen gemischter Verbände durch das gesamte Kreisgebiet oder gar zum Einsatz der fränkischen Kreistruppen kam, ließ sich zum Zeitpunkt der Niederschrift noch nicht aus den Quellen ermitteln. Die Simultanstreife scheint jedoch der Regelfall gewesen zu sein.

Ebenfalls noch nicht mit Sicherheit zu belegen ist die Etablierung kreiseigener sicherheitspolizeilicher Institutionen durch den Fränkischen Kreis. In den benachbarten ober- und kurrheinischen Kreisen existierte die Institution des Kreisleutnants. Dieser wurde von den Kreisen direkt angeheuert und sollte mit Unterstützung seiner Gehilfen permanent durch das Kreisgebiet patrouillieren und gegen sogenanntes „herrenloses Gesindel" vorgehen. Der Kreisleutnant kann als erster Ansatz einer interterritorialen permanenten sicherheitspolizeilichen Institution angesehen werden.[35] Eine vergleichbare Institution konnte bisher für den Fränkischen Kreis nicht festgestellt werden; ebenso wenig andere gemeinsame Institutionen für sicherheitspolizeiliche Aufgaben.

Schluss

Die interterritoriale Interaktion, Kommunikation und Kooperation, sei es auf der lokalen Amtsebene, sei es die bilaterale Interaktion zwischen den Regierungen der Reichsterritorien oder die Festlegung gemeinsamer Regelungen auf den Konventen des Fränkischen Reichskreises, spielte eine wichtige Rolle in der Koordinierung und Durchführung obrigkeitlicher Verfolgungsmaßnahmen gegen sogenannte „Zigeuner“ und andere von den Reichsständen als „herrenloses Gesindel“ wahrgenommene Gruppen, vor allem in der ersten Hälfte des 18. Jahrhunderts. Bedingt durch die vielen oft umstrittenen Grenzlagen der reichsständischen Territorien wie auch die eifersüchtig gehüteten Vorrechte der Stände hinsichtlich Souveränität, Gerichtsbarkeit und Grundherrschaft war die Kooperation aus der Sicht der Verfolger unerlässlich. Die Folge war ein permanenter Aushandlungsprozess um territoriale Zugangsrechte, Kooperation und Koordination von Verfolgungsmaßnahmen und gemeinsame Institutionen. Es ist aufgezeigt worden, dass aus der Verfolgerperspektive diese interterritoriale Komponente ein essentieller Bestandteil ihrer Politik gegen sozioökonomische Randgruppen und prominent gegen „Zigeuner“ vor allem im frühen 18. Jahrhundert gewesen ist.

Gleichzeitig ist deutlich geworden, dass in der fränkischen Landesgeschichte, aber auch in der Geschichte der Frühen Neuzeit im Allgemeinen, noch erheblicher Aufarbeitungsbedarf der (Verfolgungs-)Geschichte der Sinti und Roma besteht. Dieser Beitrag behandelt nur einen Teilaspekt dieser Geschichte im frühneuzeitlichen Franken, die im Rahmen eines Promotionsprojektes in den kommenden Jahren einer umfangreichen Erstaufarbeitung unterzogen werden soll.

---

35 Zur Institution der Land- und Kreisleutnante in den rheinischen Reichskreisen vgl. Opfermann, „Seye kein Ziegeuner, sondern kayserlicher Cornet“, S. 158–161.

Rassismus thematisieren, ausstellen, erinnern – zur Stigmatisierung und Marginalisierung von Sinti und Roma

Gerhard Baumgartner

Die Stigmatisierung und Marginalisierung der europäischen Roma und Sinti ist ein Erbe bevölkerungsgeschichtlicher, gesellschaftsgeschichtlicher und vor allem verwaltungsgeschichtlicher Entwicklungen des 18. und 19. Jahrhunderts. Inspiriert von Prinzipien einer gesteuerten und kontrollierten Bevölkerungspolitik deutscher und österreichischer Kameralisten wurden die als „Zigeuner" definierten Personen im 19. Jahrhundert europaweit zum Gegenstand regionaler und lokaler Polizei- und Verwaltungsorgane.

Befeuert von rassistischen und nationalistischen Politikern und scheinbar legitimiert durch weltweit rezipierte sozialdarwinistische Publikationen des 19. Jahrhunderts, wurden die als „Zigeuner" diffamierten Personen in der ersten Hälfte des 20. Jahrhunderts zu entrechteten Opfern administrativer, polizeilicher und pseudowissenschaftlicher Maßnahmen degradiert.

Die Abgrenzung der Roma und Sinti von anderen Ethnien und Bevölkerungsgruppen wurde und wird erschwert durch den Umstand, dass in die Klassifikation als so genannte „Zigeuner" neben sprachlich-kulturellen Kriterien immer auch soziale Kriterien – die Ausübung bestimmter Berufe, Sesshaftigkeit oder Nichtsesshaftigkeit – mit einflossen. Von wenigen Ausnahmen abgesehen wurden „Zigeuner" ab dem ausgehenden 18. Jahrhundert in der Regel als Mitglieder einer Unterschicht der Bevölkerung zugeordnet. Fand ein sozialer Aufstieg statt, dann wurden diese Personen oftmals nicht mehr der Minderheit zugerechnet.[1] Dies gilt vor allem für die ab dem späten 18. Jahrhundert nobilitierten Roma-Familien ebenso wie für klassische mittelständischen Roma-Familien von Berufsmusikern, Schaustellern oder Kinobetreibern, die von jeder polizeilichen und administrativen Erfassung als Zigeuner ausgenommen waren. In der Habsburgermonarchie gab es etliche, eindeutig zur Bevölkerungsgruppe der Roma zuordenbare Familien, die seit dem 18. Jahrhundert wichtige Posten in die höchsten Ränge der staatlichen Verwaltung

1 Der Blick auf eine mögliche, sozial differenzierte Zusammensetzung der Ethnie wurde durch die wissenschaftliche Beschreibung der „Zigeuner" aus einem dezidiert ethnographischen Blickwinkel weiter verstellt. In der Folge wurden sie als weitgehend sozial und kulturell homogen und von historischen Entwicklungen isoliert dargestellt. Erst in den letzten Jahrzenten beginnt sich langsam eine wahrhaft wissenschaftliche Historiograhie der als „Zigeuner" bezeichneten Menschen Bahn zu brechen.

innehatten. Als Paradebeispiel sei hier die Familie mit dem blumigen Adelstitel „Zigeuner von Blumendorf" erwähnt, deren Mitglieder über Generationen bedeutende Posten als Botschafter und als Verwaltungsjuristen innehatten.

„Zigeuner" als Objekte der klassischen Staatswissenschaften

Die gesonderte Befassung der verschiedenen Organe der öffentlichen Verwaltung der Habsburgermonarchie mit den „Zigeunern" hatte ursprünglich wirtschaftliche Gründe. Nachdem im Zuge der Türkenkriege im 17. und 18. Jahrhundert größere Gruppen von „Zigeunern" ins Habsburgerreich aufgenommen worden waren[2] und zu deren Verwaltung und Kontrolle durch die Hofkammer in Wien auch eigens „Richter" bestellt worden waren, versuchten die Habsburger ab dem 18. Jahrhundert im Zuge der Umgestaltung ihres Reiches in einen modernen Territorialstaat[3] die „Zigeuner" effektiv in den Untertanenverband des Feudalstaates einzubinden. Die „Zigeuner" rückten damit ins Blickfeld der modernen Staatswissenschaften, wie sie, ausgehend von der Berufung Simon Peter Gassers an den neu eingerichteten Lehrstuhl für „Oeconomie, Polizey und Cameralsachen" in Halle 1727,[4] im Zuge des 18. Jahrhunderts an verschiedenen deutschen Universitäten etabliert wurden. An der Universität Wien wurden Johann von Justi und Joseph von Sonnenfels zu den Begründern einer einflussreichen Wiener orthodoxen Schule der Kameralistik,[5] in deren Verständnis eine gute „Polizey" das Bestreben nach effektiver Organisation aller staatlichen Verwaltung umfasste. Bei der absolutistischen Lenkung des Territorialstaates durch den Hof verschwammen die Grenzen zwischen Politik und Wirtschaft. In der kameralistischen Konzeption des „Polizeistaats" verschmolzen das Wohl des Herrscherhauses mit dem Wohl der Bevölkerung und der administrative Apparat garantierte durch die Optimierung der Zufriedenheit seiner Bewohner den Wohlstand und Reichtum des Herrscherhauses.[6]

---

2 Für eine Abbildung und Übersetzung der Ansiedlungsurkunde siehe Kulturverein österreichischer Roma (Hg.), Vom Rand in die Mitte. 20 Jahre Kulturverein österreichischer Roma, Wien 2011, S. 193–194.

3 Siehe dazu Perry Anderson, Von der Antike zum Feudalismus. Spuren der Übergangsgesellschaft, Frankfurt am Main 1981.

4 Albion Small, The Cameralists. The Pioneers of German Social Policy, Chicago 1909 (2001), S. 207–210.

5 Keith Tribe, Governing Economy. The Reformation of German Economic Discourse 1750–1840, Cambridge 1988, S. 55–90.

6 Ebd., S. 34

Während Leopold I. in Österreich die „Zigeuner" in den Jahren 1688 und 1689 vofelfrei erklärt hatte,[7] gab Maria Theresia ab der Mitte des 18. Jahrhunderts unter dem Einfluss ihrer kameralistischen Ratgeber schließlich die rigide Verfolgungs- und Vertreibungspolitik – wie sie in vielen deutschen Territorien üblich war[8] – auf und ging zu einer integrationalistischen „Zigeunerpolitik" über. Für die Betroffenen kamen die kameralistische Integrationsmaßnahmen des aufgeklärten Absolutismus mit ihren ausufernden Regelungen der Kleidung, des Wohnortes, der Sprachverwendung und der Kinderabnahme einer massiven Zwangsassimilierung gleich. Der Erfolg dieser Maßnahmen lässt sich kaum abschätzen, da die erfolgreich Assimilierten in der Folgezeit nicht mehr als „Zigeuner" in den Erfassungen aufschienen.

Die Kontrolle der integrationistischen Maßnahmen gegenüber den Zigeunern bildete ab den 1770er Jahren einen fixen Bestandteil in den „polizeilichen" Agenden der regionalen Verwaltungsbeamten. Mit der zunehmenden Professionalisierung der „Polizei- und Kameralwissenschaften" begannen namhafte „Kameralisten" wie Johann Heinrich Gottlob von Justi und Joseph von Sonnenfels neben den Verwaltungsaufgaben zunehmend auch die Kontrollaufgaben der Polizei zu definieren. Ausgehend von den Universitäten begründeten in der Folge die Publikationen österreichischer und deutscher kameralistischer Experten – allen voran von Heinrich Moritz Gottlieb Grellmann und Johann Christian Christoph Rüdiger[9] – eine europäische Tradition akademischer „Zigeunerstudien"[10] sowie der staatlichen Kontrolle der „Zigeuner" als integraler Bestandteil polizeilicher Aufgaben. Grellmanns Buch mit dem Titel „Die Zigeuner. Ein historischer Versuch über die Lebensart und Verfassung, Sitten und Schicksale dieses Volks in Europa, nebst

7 Florian Freund, Oberösterreich und die Zigeuner, Linz 2010, S. 22. Für eine generelle Übersicht der „Zigeuner" betreffenden Regularien und Verordnungen siehe Norbert Tandl, Die Bekämpfung der vermeintlichen Zigeunerplage in Österreich (1948–1938), (unveröffentlichte Diplomarbeit), Graz 1999.

8 Vgl. dazu Ulrich Opfermann, Zur Situation der „Zigeuner" in den Territorialstaaten zwischen Main, Lahn und Sieg in der ersten Hälfte des 18. Jahrhunderts. Drei Fälle im Vergleich, in: „Diebstahl im Blick"? Zur Kriminalisierung der „Zigeuner", hg. im Auftrag der Gesellschaft für Antiziganismusforschung von Udo Engbring-Romang und Wilhelm Solms (Beiträge zur Antiziganismusforschung 2), Seeheim 2005, S. 64–115; ders., Sinti im frühneuzeitlichen Militär- und Policeydienst. Quellen und Überlieferungsbildung, in: Frühneuzeit-Info 30 (2019), S. 56–78.

9 Johann Christian Christoph Rüdiger, Von der Sprache und Herkunft der Zigeuner aus Indien, in: Neuerster Zuwachs der teutschen, fremden und allgemeinen Sprachkunde in einigen Aufsatzen, Bucheranzeigen und Nachrichten, Leipzig 1782, S. 37–84.

10 Huub van Baar, The European Roma. Minority Representation, Memory and the Limits of Transnational Governmentality, Amsterdam 2011, (= van Baar, The European Roma), S. 140–169.

ihrem Ursprunge"[11] erschien wenige Jahre später auch in englischer[12] und französischer[13] Sprache. Sie etablierten die Beobachtung und Kontrolle der „Zigeuner“ als klassische Domäne der europäischen „Polizeiarbeit“, die sie bis in die letzten Jahrzehnte des 20. Jahrhunderts bleiben sollte.

Dass die europäischen Roma und Sinti ursprünglich aus Indien stammten, hatten bereits 1776 die protestantischen Prediger Samuel ab Hortis[14] sowie István Vályi[15] aufgrund sprachlicher Vergleiche festgestellt. Diese außereuropäische Verortung des Ursprungs der Roma trug im 19. Jahrhundert wesentlich zu ihrer „Orientalisierung“ im Sinne Edward Saids[16] bei, wodurch sie als grundsätzlich außerhalb des europäischen Kulturkreises stehend gebrandmarkt wurden. Diese zunehmende „Orientalisierung“ konterkarierte die anfänglich in der Romantik einsetzende Verklärung der Roma und Sinti. Ausgehend von den Werken des französischen Philosophen Jean Jaques Rousseau kam es in der Romantik des späten 18. und frühen 19. Jahrhunderts zu einer Idealisierung des sogenannten „einfachen“ und „urtümlichen“ Lebens. In die Darstellungen der als „arm aber glücklich“ lebenden Landbewohner projizierte das aufstrebende Bürgertum seine durch die neuen gesellschaftlichen Zwänge in unerreichbare Ferne gerückten Träume vom „wahren“ Glück in einem einfacheren Leben. In Zentraleuropa glaubte man, in den als frei und ungezwungen verklärten „Zigeunern“ die letzten „edlen Wilden“ Europas entdeckt zu haben, die noch in jenem idyllischen Zustand urtümlicher Freiheit lebten, der dem zilisierten Menschen für immer verloren gegangen zu sein schien.[17] Beispielgebend dafür war Nikolaus Lenaus Gedicht über die „Drei Zigeuner“ aus dem Jahre 1838 mit seiner Verklärung der „Zigeuner“ zu idealtypischen Allegorien tiefer bürgerlicher Sehnsüchte:

---

11 Heinrich Moritz Gottlieb Grellmann, Die Zigeuner. Ein historischer Versuch über die Lebensart und Verfassung, Sitten und Schicksale dieses Volks in Europa, nebst ihrem Ursprunge, Dessau und Leipzig 1783.

12 Heinrich Moritz Gottlieb Grellmann, Dissertation on the Gypsies, being an Historical Enquiry Concerning the Matters of Life, Family, Oeconomy, Customs and Conditions of this People in Europe, and their Origin, London 1787.

13 Heinrich Moritz Gottlieb Grellmann, Histoire des Bohémiens: ou tableau des moeurs, usages et coutumes de ce peuple Nomade, suivie de recherches historiques sur leur origine leur langage et leur première apparition en Europe, Paris 1810.

14 Samuel ab Hortis, Cigáni v Uhorsku – Zigeuner in Ungarn. Von dem heutigen Zustande, sonderbaren Sitten und Lebensart, wie auch von denen übrigen Eigenschaften und Umständen der Zigeuner in Ungarn, hg. von Viera Urbancova / Emilia Horváthova, Bratislava 1994, S. 112–114.

15 Vágh Mária, A romológiai kutatások története, in: Cigányok, honnét jöttek – merre tartanak?, hg. v. Szegő László, Budapest 1983, S. 25–35, hier S. 25.

16 Edward Said, Orientalism, New York 1978.

17 Gerhard Baumgartner / Éva Kovács, Roma und Sinti im Blickfeld der Aufklärung und der bürgerlichen Gesellschaft, in: Gerhard Baumgartner / Tayfun Belgin (Hg.), Roma & Sinti. „Zigeunerdarstellungen der Moderne“. Katalog zur Ausstellung, 17. Juni bis 2. September 2007, Kunsthalle Krems, Krems 2007 (= Baumgartner / Belgin (Hg.), Roma & Sinti), S. 15–23 (= Baumgartner / Kovács, Roma und Sinti).

Drei Zigeuner fand ich einmal
Liegen an einer Weide,
Als mein Fuhrwerk mit müder Qual
Schlich durch sandige Heide.

Hielt der eine für sich allein
In den Händen die Fiedel,
Spielte, umglüht vom Abendschein,
Sich ein feuriges Liedel.

Hielt der zweite die Pfeif im Mund,
Blickte nach seinem Rauche,
Froh, als ob er vom Erdenrund
Nichts zum Glücke mehr brauche.

Und der dritte behaglich schlief,
Und sein Zimbal am Baum hing,
Über die Saiten der Windhauch lief,
Über sein Herz ein Traum ging.

An den Kleidern trugen die drei
Löcher und bunte Flicken,
Aber sie boten trotzig frei
Spott den Erdengeschicken.

Dreifach haben sie mir gezeigt,
Wenn das Leben uns nachtet,
Wie mans verraucht, verschläft, vergeigt
Und es dreimal verachtet.

Nach den Zigeunern lang noch schaun
Mußt ich im Weiterfahren,
Nach den Gesichtern dunkelbraun,
Den schwarzlockigen Haaren.[18]

Lenaus Motiv von den „Drei Zigeunern" fand seinen Niederschlag auch in zahlreichen romantischen Gemälden der Zeit.[19] Einerseits wurden die „Zigeuner" um ihre idealisierte Urtümlichkeit – die das Bürgertum für immer verloren glaubt

---

18 Nikolaus Lenau, Die drei Zigeuner (1838), in: Hermann Engelhard (Hg.), Nikolaus Lenau. Sämtliche Werke, Stuttgart 1959, S. 216 f; Michael Bogdal, Europa erfindet die Zigeuner. Eine Geschichte von Faszination und Verachtung, Berlin 2011.

19 Vgl. Baumgartner / Belgin (Hg.), Roma & Sinti.

– beneidet, andererseits aber gerade auch dadurch bereits als weit außerhalb der Welt der bürgerlichen Gesellschaft stehend porträtiert. Gerade dadurch, dass er aufgrund seiner „Natur" zum Träger der größten Sehnsüchte des Bürgertums verklärt wurde, wurde der „Zigeuner" gleichzeitig aus der sich formierenden bürgerlichen Gesellschaft ausgeschlossen. Gerade aufgrund seines so bewunderten „wilden Wesens" erschien er nun als *a priori* ungeeignet, um sich den streng reglementierten Normierungen des zivilisierten Lebens zu unterwerfen. Diese zunehmende Marginalisierung der „Zigeuner" in der europäischen Wahrnehmung manifestierte sich auch in der bildlichen Darstellung, als im Zuge der zweiten Hälfte des 19. Jahrhunderts „Zigeuner" immer weniger im Kontext mit anderen Bevölkerungsgruppen dargestellt wurden, sondern zunehmend ohne jeden Konnex zur europäischen Gesellschaft, meist irgendwo in freier Natur.[20] Darstellungen auf den in dieser Zeit sich rasant verbreitenden Postkarten popularisierten dieses „Zigeunerbild" zusätzlich.

Die Rolle der Fotografie

Dass dieses romantische Zerrbild sich als so wirkmächtig und dauerhaft wirksam erweisen sollte, hing mit dem Erscheinen jenes neuen, modernen Mediums zusammen, welches ebenfalls in der zweiten Hälfte des 19. Jahrhunderts Europa und den gesamten Globus im Sturm eroberte: der Fotografie. 1826 erfunden und ab den 1850er Jahren zunehmend kommerziell nutzbar, spielte sie im letzten Drittel des 19. Jahrhunderts eine entscheidende Rolle bei der visuellen Verfestigung gesellschaftlicher Stereotypen. Die allerersten als „Zigeunerbilder" bezeichneten Fotos entstanden beinahe ausnahmslos in Siebenbürgen. Károly Szathmáry-Pap[21] machte bereits als Student am kalvinistischen Kollegium in Cluj/Kolozvár/Klausenburg in den 1870er Jahren mehrere Atelieraufnahmen von „Zigeunern". Damals wurden im Museum von Sibiu/Szeben/Hermannstadt von meist einheimischen Fotografen volks- und heimatkundliche Aufnahmen der verschiedenen Bevölkerungsgruppen der Region gemacht: von Ungarn, Siebenbürger Sachsen, Rumänen und auch von „Zigeunern". Ein Teil dieser Bilder wurde später auf der Weltausstellung in Paris präsentiert, wobei manche dieser Aufnahmen Eingang in die Kollektionen verschiedener Ateliers fanden und von diesen auch publiziert wurden. Bis zu Beginn des 20. Jahrhunderts überschwemmten Tausende „Zigeunerbilder" – meist im Format der *carte-de visite* Fotografien – den europäischen Markt und etablierten damit die visuelle Vorstellung des europäischen Mittelstandes von den „Zigeunern".[22] Die meisten Roma Zentraleuropas waren zu diesem

20 Vgl. Baumgartner / Kovács, Roma und Sinti.

21 Károly Kincses / Mariana Vida / Zsuzsa Farkas, Uralkodók festője, fényképésze: Szathmári Pap Károly. Magyar Fotográfiai Múzeum, Kecskemét 2002.

22 Frank Reuter, *Der Bann des Fremden. Die fotografische Konstruktion des „Zigeuners"*, Göttingen 2014.

Zeitpunkt jedoch bereits seit Jahrzehnten, wenn nicht seit Jahrhunderten, sesshaft. Nur ein verschwindender Bruchteil der Roma führte ein Wanderleben, doch das fotografisch inszenierte Bild dieser Minderheit determinierte für das gesamte 20. Jahrhundert die Vorstellung der europäischen Bevölkerung von den „Zigeunern".

Eugenik

Ein weiteres entscheidendes Element in der fortschreitenden Marginalisierung und Verfolgung der europäischen Roma war die mehr oder minder unwidersprochene Akzeptanz eugenischer Ideen innerhalb der akademischen Welt, ausgehend von den Naturwissenschaften und der Medizin bis hin zu den Sozialwissenschaften.[23] Das Hauptpostulat der Eugenik – dass menschliches Verhalten im Wesentlichen ererbt und damit von Geburt determiniert wäre – hatte weitreichende Konsequenzen für die Entwicklung der Kriminalistik und der Polizeiarbeit. Speziell sogenanntes „kriminelles" und „antisoziales Verhalten" wurde zunehmend als ererbte Eigenschaften und damit auch als nicht korrigierbar erachtet. Grundlegend dafür wurden unter anderem die Publikationen des Grazer Richters und Strafrechtsexperten Hans Gross und sein 1893 publiziertes „Handbuch für Untersuchungsrichter, Polizeibeamte, Gendarmen usw.",[24] das in über 50 Sprachen übersetzt wurde und bis weit ins 20. Jahrhundert zur Grundlektüre europäischer Kriminalisten gehörte. Laut diesen Theorien konnte ein sogenannter „geborener Krimineller" – zu denen Gross die „Zigeuner" zählte – zwar versuchen, seinen angeblich angeborenen Drang zur Kriminalität zu überwinden, doch galten die Chancen dafür als sehr gering. Als eher wahrscheinlich galt, dass sich die angeblichen Erbanlagen durchsetzen würden und die betreffende Person früher oder später doch kriminell werden würde. Der englische Mathematiker, Statistiker und Anthropologe Francis Galton formulierte die Hauptgrundsätze der Eugenik als sozialpolitische Strategien der evolutionistischen Theorien seines Cousins Charles Darwin – was Darwin selbst vehement ablehnte. Nichtsdestotrotz konnten sich die auf einem rassischen Determinismus basierenden eugenische Konzepte zur sogenannten „Optimierung" der Bevölkerung in der ersten Hälfte des 20. Jahrhunderts weltweit durchsetzen.[25] Das psychologische Postulat eines determinierenden Zusammenhangs zwischen Nichtsesshaftigkeit und angeblicher ererbter Asozialität formulierte der Schweizer Psychiater und Eugeniker

23 Deborah Barrett / Charles Kurzmann, Globalising Social Movement Theory: The Case of Eugenics, in: Theory and Society 33 (2004), S. 487–527.

24 Hans Gross, Handbuch für Untersuchungsrichter, Polizeibeamte, Gendarmen usw., Graz 1893; siehe dazu auch Christian Bachhiesl, Zur Konstruktion der kriminellen Persönlichkeit. Die Kriminalbiologie an der Karl-Franzens-Universität Graz (Rechtsgeschichtliche Studien 12), Hamburg 2005.

25 Marvin Harris, The Rise of Anthropological Theory. A History of Theories of Culture, New York 1968, S. 80–109.

Josef Jörger in seiner programmatischen Studie zur „Familie Zero“[26] und legte damit einen weiteren wesentlichen Grundstein für die Arbeiten der tonangebenden nationalsozialistischen Rassekundler wie Robert Ritter[27] und Ernst Rüdin.[28]

Die rassistischen Stereotypen der Eugeniker und die romantisierenden Klischees des bürgerlichen Kunstbetriebes verstellten einen realistischen Blick auf die Situation der europäischen Roma und Sinti zu Beginn des 20. Jahrhunderts. Deren überwiegende Mehrheit war bereits im 19. Jahrhundert sesshaft geworden und wanderte, wenn überhaupt, dann höchstens regional und vor allem saisonal. Westeuropäische Gruppen der Sinti und Roma zogen als Marktfahrer, Schausteller, Erntearbeiter und Pferdehändler meist im Sommer von Jahrmarkt zu Jahrmarkt und verbrachten den Winter an ihren Wohnorten.[29] Osteuropäische Roma hingegen lebten bereits seit dem ausgehenden 18. Jahrhundert in eigenen „Zigeunersiedlungen“ am Rande der Dörfer, wo sie im Sommer als landwirtschaftliche Hilfsarbeiter auf adeligen Gutshöfen und bei Großbauern als Erntearbeiter beschäftigt waren.[30] Sie wanderten eher in den Wintermonaten als so genannte „Störgewerbe“ treibende Kesselflicker, Messerschleifer oder Besenbinder von Dorf zu Dorf, um sich ihren mageren Lebensunterhalt aufzubessern. Daneben aber gab es natürlich in ganz Europa auch eine große Anzahl sesshafter mittelständischer Familien von Kinobetreibern, Teppichhändlern oder Berufsmusikern und natürlich auch Angehörige der Oberschichten und sogar des Adels.[31]

Charakteristisch für die sich herausbildende europäische „Zigeunerpolitik“ während der ersten Hälfte des 20. Jahrhunderts war das Bestreben, die als sogenannte „Zigeuner“ diffamierten Personen in eigenen Karteien zu erfassen, ihre Heimatgemeinden von der Erfüllung ihrer Verpflichtungen im Rahmen der Armenfürsorge zu befreien und die Betroffenen in der Ausübung traditioneller ambulanter Gewerbe zu behindern. Sowohl das bayerischen „Gesetz zur Bekämpfung von Zigeunern, Landfahrern und Arbeitsscheuen“ vom 16. Juli 1926 als auch der tsche-

26 Josef Jörger, Die Familie Zero, in: Archiv für Rassen- und Gesellschafts-Biologie einschließlich Rassen- und Gesellschafts-Hygiene 2/4 (1905), S. 494–559.

27 Robert Ritter (1901–1951), deutscher nationalsozialistischer Rassentheoretiker, Leiter der Rassenhygienische Forschungsstelle an Reichssicherheitshauptamt (RSHA) und verantwortlich für zehntausende Rassegutachten zu Roma und Sinti, die als Grundlage für ihre Sterilisierung oder Deportation und Ermordung in NS-Vernichtungslagern dienten.

28 Ernst Rüdin (1874–1952), Schweizer Psychiater, führender Eugeniker und Vererbungstheoretiker der NSDAP.

29 Siehe zum Beispiel Michael Faber, Schausteller. Volkskundliche Untersuchung einer reisenden Berufsgruppe im Köln-Bonner Raum, Bonn 1982.

30 Gerhard Baumgartner, Einfach weg. Zum „Verschwinden“ der rund 120 Romasiedlungen des Burgenlandes und den Schwierigkeiten der Rekonstruktion ihrer Wohn- und Besitzverhältnisse, in: Österreichische Zeitschrift für Geschichtswissenschaften 10/2 (1999), S. 238–259.

31 Lech Mróz, Dzieje Cyganów-Romów w Rzeczypospolitej XV-XVIII w (Die Geschichte der Zigeuner – Roma in der Republik im 15.–18. Jahrhundert), Warschau 2001.

choslowakische „Regierungsentwurf für ein Gesetz, betreffend herumwandernde Zigeuner und ähnliche Landstreicher", das im Sommer 1927 im Prager Parlament eingebracht werden sollte,[32] zielten auf die Durchsetzung dieser Maßnahmen ab.

Die Rolle der behördlichen Erfassung in Sonderlisten

Die polizeilich-administrative Erfassung der so genannten „Zigeuner" begann bereits vor dem Ersten Weltkrieg. Schon 1899 wurde in München eine so genannte „Zigeunerzentrale" gegründet. Dieser Nachrichtendienst der Sicherheitspolizei bildete das Vorbild für andere nationale und internationale „Zigeunerzentralen" der Polizei. Ihre Aufgabe war es, einer imaginierten „Zigeunerplage" mit Hilfe modernster polizeilicher Mittel, vor allem mit dem Aufbau einer Personendatenbank, Herr zu werden. Diese Erfassung von „Zigeunern" und „nach Zigeunerart umherziehenden Personen" in einer zentralen erkennungsdienstlichen Kartei führte im polizeilichen Alltag zu einer de facto Gleichstellung aller als „Zigeuner" diskriminierten Menschen mit Serienstraftätern. Ein wesentlicher Impuls zur Ausweitung der Registrierung und Marginalisierung ging von der 1923 in Wien gegründeten Internationalen Kriminalpolizeilichen Kommission – einer Vorläuferorganisation der heutigen INTERPOL – aus, deren bedeutende Rolle für die internationale Koordination der Verfolgung der als „Zigeuner" stigmatisierten Gruppen bislang nur rudimentär erforscht wurde.[33] In der Arbeit der Interpol stand die Befassung mit dem Thema sogar im Mittelpunkt der internationalen Zusammenarbeit. Der zusammenfassende Bericht der „X. Tagung der Internationalen kriminalpolizeilichen Kommission in Wien" im Jahre 1934 strich die Bedeutung des Themas deutlich hervor: „Einen breiten Raum der Verhandlungen nahmen die Fragen des Rauschgiftschleichhandels und der Bekämpfung des Zigeunerunwesens ein."[34]

Ausgehend vom französischen Modell des 1913 für nicht-sesshafte „gens de voyage" eingeführten „carnet anthropometrique" – einem modernen Ausweis mit Foto und Fingerabdrücken – wurden nun in ganz Europa Sonderausweise mit Lichtbild und Fingerabdrücken für „Nicht-Sesshafte" oder „Zigeuner" ausgestellt. Auch in Österreich wurden ab 1928 alle als „Zigeuner" diffamierten Personen fotografiert und zusammen mit ihren Fingerabdrücken in einer eigenen „Zigeu-

32 Marius Weigl, „Für die öffentliche Sicherheit." Zur Genese der antiziganistischen Norm in Österreich zwischen 1918 und 1938 (unveröffentlichte Diplomarbeit), Wien 2012, S. 82–95, 108–122.

33 Ilsen About / James Brown / Gayle Lonergan (Hg.), Identification and Registration Practices in Transnational Perspective. People, Papers and Practices, Basingstoke 2013; Jens Jäger, Verfolgung durch Verwaltung. Internationales Verbrechen und internationale Polizeikooperation 1880–1933, Konstanz 2006.

34 Öffentliche Sicherheit. Polizei-Rundschau der österreichischen Bundes- und Gemeindepolizei sowie Gendarmarie 10/1934, o.p. (S. 6).

nerkartei" der Kriminalpolizei registriert. Diese Tätigkeit war bei ehrgeizigen Polizeibeamten sehr beliebt, da die Arbeit mit modernsten Techniken und die Kooperation mit ausländischen Kollegen vielversprechende Karrierechancen eröffnete. Die Bedeutung dieses internationalen Netzwerkes für die gegenseitige Rezeption der verschiedenen polizeilichen Maßnahmen gegen sogenannte „Zigeuner" illustriert der Umstand, dass bereits auf der Großen Polizeiausstellung in Berlin 1926 – zur Illustration dieses angeblich europäischen Problems – zahlreiche „Zigeuner-Fotos" ausländischer Polizeibehörden gezeigt wurden.

Diese von den Polizeibehörden europaweit angelegten Karteien und Verzeichnisse bildeten eine wesentliche Voraussetzung für die Verfolgung und Ermordung der europäischen Roma und Sinti nach 1938. Denn wer das Pech hatte, in der Zwischenkriegszeit von seiner Heimatgemeinde oder den Polizeibehörden seines Landes als „Zigeuner" registriert zu werden, der wurde nach 1938 in der Regel von den Nationalsozialisten in ein Zwangsarbeits- oder Konzentrationslager deportiert.

Eigenheiten der nationalsozialistischen Verfolgungspolitik

Ein wesentliches Merkmal der radikalisierten Verfolgungspolitik der Nationalsozialisten war die rücksichtlose Umsetzung eugenischer Theorien in rassistische politische Maßnahmen. Die 1935 erlassenen „Nürnberger Rassegesetze" bezogen sich neben Juden ausdrücklich auch auf „Zigeuner, Neger und ihre Bastarde"[35] und noch im selben Jahr wurde der deutsche Arzt Robert Ritter[36] mit der Erstellung von wissenschaftlichen Rassegutachten, auf deren Grundlage später Zehntausende deutsche Sinti und Roma zwangssterilisiert und schließlich in Konzentrations- und Vernichtungslager deportiert wurden, beauftragt.[37] Zur radikalen Umsetzung dieser rassistischen Politik gehörte auch die Maßnahme der „vorbeugenden Verbrechensbekämpfung".[38] Für die Nationalsozialisten bedeutet sie vor allem die logische Weiterführung der Eugenik. Denn auf der Basis der Überzeugung, dass jemand zum Verbrecher sozusagen „geboren" und aufgrund seiner Gene quasi dazu verurteilt sei, früher oder später kriminell zu werden, erscheint es logisch, nicht zuzuwarten, bis diese Person tatsächlich ein Verbrechen

35 Saul Friedländer, Das Dritte Reich und die Juden. Die Jahre der Verfolgung 1933–1939, München 2000, S. 170.

36 Tobias Schmidt-Degenhardt, Vermessen und Vernichten. Der NS-„Zigeunerforscher" Robert Ritter (Contubernium – Tübinger Beiträge zur Universitäts- und Wissenschaftsgeschichte 76), Stuttgart 2012.

37 Gisela Bock, Zwangssterilisation im Nationalsozialismus. Studien zur Rassenpolitik und Frauenpolitik (Schriften des Zentralinstituts für Sozialwissenschaftliche Forschung der Freien Universität Berlin 48), Opladen 1986.

38 Wolfgang Ayaß (Hg.), „Gemeinschaftsfremde". Quellen zur Verfolgung von „Asozialen" 1933–1945, Koblenz 1998.

begeht, sondern sie gleich präventiv in Gewahrsam zu nehmen. Aufgrund dieser verquerten Logik wurden daher nicht nur straffällige Täter, sondern auch Frauen und Kinder der Roma und Sinti erkennungsdienstlich behandelt, registriert und schließlich deportiert und ermordet.

Neben diesen sogenannten „rassehygienischen" Theorien spielten für die Radikalisierung der Verfolgung auch gesellschaftspolitische Vorurteile eine entscheidende Rolle, wie etwa die Unterstellung, dass Roma und Sinti mehrheitlich nicht arbeiten würden. In der Regel trat die von den Nationalsozialisten erwartete Entlastung der Sozialhaushalte der Heimatgemeinden der Roma und Sinti nach deren Deportation aber nicht ein, im Gegenteil: Die Deportationen führten oft zu einer Erhöhung der Sozialausgaben. Da die SS in ihren Konzentrationslagern arbeitsfähige Männer und Frauen brauchte, wurden fast durchweg arbeitsfähige Personen deportiert, wodurch sich die Einkommenslage der zurückbleibenden Frauen, Kinder und Alten noch mehr verschlechterte. Aufgrund der steigenden Kosten forderten die Kommunen weitere Deportationen, die aber ihre Fürsorgekosten nur noch weiter in die Höhe trieben. Die nationalsozialistische „Zigeunerpolitik" wurde damit zum Opfer ihrer eigenen Propaganda, da sie die Probleme, die sie eigentlich lösen wollte, oft erst virulent werden ließ. Diese Spirale der steigenden Fürsorgekosten mündete schließlich ab 1940 in große Massendeportationen in das Ghetto in Litzmannstadt, in das Vernichtungslager in Chelmno nad Nerem[39] sowie ab 1943 nach Auschwitz-Birkenau.

Das Fortbestehen administrativ verankerter Diskriminierung nach 1945

Den meisten überlebenden Roma und Sinti wurde eine Anerkennung als Opfer nationalsozialistischer Verfolgung über Jahrzehnte verwehrt. Eine Entschädigung der Opfer scheiterte oft daran, dass Polizei und Justiz in vielen Fällen Akten unter Verschluss hielten, die zum Nachweis einer Verfolgung notwendig gewesen wären. Viele deutsche Sinti und Roma erhielten nach 1945 die deutsche Staatsbürgerschaft, die ihnen von den Nationalsozialisten entzogen worden war, nicht wieder zurück und wurden in den 1950er und 1960er Jahren ausgebürgert. Die Anerkennung als Verfolgungsopfer musste von jungen Aktivisten zu Beginn der 1980er Jahre mühsam erkämpft werden. Im Zuge dieses politischen Kampfes um Anerkennung – die in der Besetzung einer Kapelle in der Gedenkstätte im ehemaligen Konzentrationslager Dachau unter der Führung von Romani Rose kulminierte und zu einem Hungerstreik von zwölf Sinti, darunter drei Überlebende der

39 Gerhard Baumgartner, Die Opfer der großen Deportation ins „Zigeunerlager Litzmannstadt" im November 1941, in: Rudolf Kropf / Gert Polster (Hg.), Roma und Sinti von 1938 bis zur Gegenwart. Tagungsband der 36. Schlaininger Gespräche, 21. bis 25. September 2014 (Wissenschaftliche Arbeiten aus dem Burgenland 158), Eisenstadt 2016, S. 103–126.

Konzentrationslager, daselbst führte – kam im Jahre 1980 plötzlich ein Skandal ans Tageslicht, dass nämlich die ehemalige nationalsozialistische „Reichszentrale zur Erfassung des Zigeunerunwesens" in München 1946 unter der euphemistischen Bezeichnung „Landfahrerzentrale" weitergeführt worden war und dass die von ihr angelegten Personalakten von so genannten „Zigeunerforschern" und fallweise auch von Polizeibehörden bis weit in die Nachkriegszeit weiter benutzt wurden. Viele der nationalsozialistischen Täter wurden nach Kriegsende wieder in den Polizeiapparat übernommen und leiteten dort auch wieder die mit „Zigeunerangelegenheiten" betrauten Abteilungen deutscher Landeskriminalämter.[40] Detaillierte historische Analysen bestätigen den Befund zahlreicher Überlebender, dass auch im Nachkriegsdeutschland die Diskriminierung der Sinti und Roma gang und gäbe war und die rechtliche Gleichstellung in den Jahren nach 1980 erst mühsam erkämpft werden konnte.[41] Geheime polizeiliche Erfassungen von Roma und Sinti durch die Polizeibehörden gehören keineswegs der Vergangenheit an. So wurde etwa in Jahre 2014 bekannt, dass in Südschweden die Polizei über 4.000 schwedischen Roma in einer geheimen Datenbank erfasst hatte.[42]

In Schweden wurden bis 1976 noch immer „sozial indizierte" Zwangssterilisationen durchgeführt, darunter auch an Roma-Frauen. Auch in der Schweiz und in Ungarn waren Zwangssterilisationen an Roma-Frauen nach 1945 keine Seltenheit und in der Tschechischen Republik wurden sie sogar bis bis 2009 durchgeführt. Roma-Organisationen berichten beinahe täglich über die Verletzung und Missachtung von Bürger- und Menschenrechten in fast allen Ländern Europas.[43]

Die Verlierer der demokratischen Wende 1989

Neben diesem Fortbestehen „traditioneller" Formen administrativ verankerter Diskriminierung gegenüber Roma und Sinti erleben wir heute vor allem in Mittel- und Osteuropa das Aufleben von längst überwunden geglaubten Formen rassistischer Ausgrenzung. Ein Auslöser dafür dürfte in der massenweisen Verarmung

40 Dieter Schenk, Die braunen Wurzeln des BKA, Frankfurt am Main 2003, S. 26.

41 Daniel Strauß, „da muß man wahrhaft alle Humanität ausschalten ...". Zur Nachkriegsgeschichte der Sinti und Roma in Deutschland, in: „Zwischen Romantisierung und Rassismus". Sinti und Roma 600 Jahre in Deutschland. Handreichung zur Geschichte, Kultur und Gegenwart der deutschen Sinti und Roma, hg. v. der Landeszentrale für politische Bildung Baden-Württemberg, Stuttgart 1998, S. 26–36; Gilad Margalit, Die Nachkriegsdeutschen und „ihre Zigeuner". Die Behandlung der Sinti und Roma im Schatten von Auschwitz, Berlin 2001; Julia von dem Knesebeck, The Roma Struggle for Compensation in Post-War Germany, Hatfield 2011.

42 Ministry of Culture Sweden, The Dark Unknown History. White Paper on Abuses and Rights Violations against Roma in the 20th Century, Stockholm 2015.

43 Einen kompetenten Überblick über aktuelle Fälle sowie eine ausführliche Dokumentation historischer Berichte bietet die Hompage des ERRC – European Roma Rights Centre in Budapest unter http://www.errc.org/ (letzter Aufruf: 10.11.2024).

zentraleuropäischer Roma nach der demokratischen Wende 1989 zu suchen sein. Diese Wende hat in ökonomischer Sicht weitgehend die Besitzverhältnisse der Vorkriegszeit wieder hergestellt. Während Bauern und Hausbesitzer nach 1989 in der Regel ihren durch die Kollektivierung verloren Besitz zurückbekamen,[44] gingen viele Roma, die in der Zwischenkriegszeit meist ohne nachweisbaren Haus- und Grundbesitz gewesen waren, leer aus. Gleichzeitig waren mit dem Bergbau und der Schwermetallindustrie genau jene Industriezweige, in denen die meisten Roma nach 1945 Arbeit gefunden hatten, am stärksten von den Umstrukturierungen und Schließungen defizitärer Staatsbetriebe betroffen. Den meisten Roma fehlte also nach 1989 im Vergleich zu ihren Nachbarn nicht nur Startkapital aus den Entschädigungen für einen wirtschaftlichen Neuanfang, sie waren zudem auch überproportional von Arbeitslosigkeit betroffen.[45]

In vielen Länder Mittel- und Osteuropas findet man also erneut eine Kombination von Umständen vor, wie sie schon in der Zwischenkriegszeit zu beobachten war. Zu den alteingesessenen Vorurteilen gegenüber Roma und Sinti gesellen sich schwere Konflikte zwischen der Landbevölkerung und der Masse von verarmten Roma, besonders in peripheren Regionen, in denen zwar das Wohnen wesentlich billiger ist als in den Städten, wo es aber weder Arbeitsmöglichkeiten noch eine Anbindung an öffentliche Verkehrsnetze oder funktionierende Schuleinrichtungen gibt.

Diese Situation wird durch die langanhaltenden Folgen der schweren Wirtschaftskrise der 2000er Jahre und durch das Fehlen effizienter Sozialsysteme noch verschärft. Vor dem Hintergrund einer Zunahme rechtsradikaler, rassistischer Gruppierungen und Parteien mit teilweise offen antiziganistischem Programm liebäugeln auch Regierungen und öffentliche Institutionen immer öfter mit antidemokratischen Zwangsmaßnahmen zur Lösung der so genannten „Zigeunerfrage".

In welchem Ausmaß es rassistischen Vorurteilen bereits gelungen ist, diesen gesellschaftspolitischen Diskurs zu verzerren, beleuchtet eine bahnbrechende Stu-

44 Mátyá János Kovács (Hg.), The Social Costs of the Economic Transformation in Central Europe (International Review of Comparative Public Policy 7), Greenwich 1996; ders., Accomplices Without Perpetrators: What Do Economists Have to Do with Transitional Justice in Hungary?, in: Totalitarian Movements and Political Religions 9/2-3 (2008), S. 311–334.

45 János Ladányi / Iván Szelényi, Cigányok és szegények Magyarországon, Romaniában és Bulgariában (Zigeuner und Arme in Ungarn, Rumänien und Bulgarien), in: Szoziológiai Szemle 12/4 (2002), S. 72–95.

die zentraleuropäischer Soziologen aus dem Jahre 2003.[46] Dabei hatten die Soziologen Menschen befragt, die sich selbst als Roma bekannten. Danach wurden so genannte „Sozialexperten" – zum Beispiel Lehrer, Polizisten, Sozialarbeiter, öffentliche Bedienstete etc. – aus deren sozialen Umfeld befragt, wer denn in ihrer Umgebung „Zigeuner" seien. Erstaunlicherweise deckten sich Selbstwahrnehmung und Fremdwahrnehmung nur zur 50 Prozent. Das bedeutet, dass die Hälfte aller Menschen, die sich selbst als Roma fühlten und bekannten, von ihrer Umwelt nicht als Roma wahrgenommen wurden, weil sie nicht arm waren. Andererseits waren 50 Prozent jener Personen, die von den so genannten „Sozialexperten" aufgrund ihrer ökonomischen und sozialen Situation als Roma angesehen wurden, nach ihrem Selbstverständnis keine Roma, sie waren lediglich arm. Wir stehen hier dem Phänomen einer „Ethnisierung der Armut" gegenüber, bei dem Zuordnung zu einer bestimmten gesellschaftlichen Schicht zunehmend mit der Zugehörigkeit zu einer marginalisierten und diskriminierten Ethnie gleichgesetzt wird.

Vor diesem Hintergrund wird dann vielleicht auch die Popularität verschiedener nationalistischer und rassistischer Gruppierungen und Parteien in manchen Ländern Zentral- und Osteuropas nachvollziehbar. Wenn immer größere Gruppen, die akut davon bedroht sind, in Armut und Elend abzugleiten, nun auch noch Gefahr laufen zu einer der am traditionell meist diskriminierten Gruppen – nämlich den so genannten „Zigeunern" – gezählt zu werden, dann eröffnet sich diesen Personen mit dem Engagement in offen Roma-feindlichen Gruppierungen ein Ausweg aus diesem Dilemma. Verschlimmert wird diese Situation noch durch das Verhalten der staatlichen Sicherheitskräfte. Paradoxerweise manifestiert sich in diesem Falle das Problem nicht durch „zu viel Staat" – also rassistische Drangsalierung der Roma durch staatliche Organe – sondern durch „zu wenig Staat", nämlich die zunehmende Verweigerung staatlichen Schutzes für Roma bei rassistisch motivierten Übergriffen. Und dies ist eine der besorgniserregendsten Entwicklungen von allen.[47]

46 János Ladányi / Iván Szelényi, Die „gesellschaftliche Konstruktion" der Roma-Ethnizität in Bulgarien, Ungarn und Rumänien in der Periode des Übergangs zur Marktwirtschaft, übersetzt von Gerhard Baumgartner, in: Zeitgeschichte 30/2 (2003), S. 64–75.

47 Eine ausgezeichnete Übersicht der Geschichte staatlicher Romapolitik bietet van Baar, The European Roma.

Verfolgung der Roma während des slowakischen Staates (1939–1945)

Matej Beránek

Einleitung

Der vorliegende Beitrag befasst sich in erster Linie mit der Frage der Verfolgung der Roma während der Zeit des slowakischen Staates (1939–1945). Es wird auch ein Blick auf die vorhergehende Zeit geworfen, wobei die Ankunft der Roma in Europa, aber auch die ersten Maßnahmen, die sie betrafen, und ihre Lage in der ersten Hälfte des 20. Jahrhunderts auf dem Gebiet der ersten Tschechoslowakischen Republik behandelt werden.

Der Hauptteil ist jedoch der Verfolgung der Roma während der Zeit des slowakischen Staates gewidmet. Er befasst sich mit der Situation der Roma in der Slowakei während des Zweiten Weltkriegs und gibt einen Überblick über die diskriminierende Politik seit der Ausrufung des unabhängigen slowakischen Staates. Die Roma-Bevölkerung war von verschiedenen diskriminierenden Maßnahmen betroffen, die sie aus der slowakischen Armee und dem öffentlichen Leben ausschlossen oder die Einrichtung von Arbeitseinheiten für Roma betrafen.

Die größten Repressionen gegen die Roma fanden in der Zeit nach dem Slowakischen Nationalaufstand statt. Von Ende August 1944 bis März 1945 kam es auf slowakischem Gebiet nicht nur zu Kämpfen zwischen der Aufstandsarmee, Partisanen und der deutschen Wehrmacht, sondern auch zu Massenerschießungen. Unter den Opfern waren u. a. Roma, die in Orten wie Kremnička, Nemecká, Zvolen, Čierny Balog, Valaská Bela oder Dubnica nad Váhom ermordet wurden.

Der Beitrag stützt sich auf Archiv- und Zeitdokumente sowie auf die zeitgenössische Presse und auch die Erinnerungen von Roma. In diesen Fällen wird der Namen der Roma so wiedergegeben, wie er in den zeitgenössischen Dokumenten und in der Presse verwendet wurde, dies trifft insbesondere die Bezeichnung „Zigeuner“, die von den damaligen Autoritäten benutzt wurde. Die für diesen Beitrag verwendeten Dokumente, Bücher, Zeitschriften und Aussagen von Überlebenden wurden aus der slowakischen und tschechischen Sprache ins Deutsche übersetzt.

Roma-Bevölkerung im slowakischen Gebiet vor dem 20. Jahrhundert

Die Ankunft der Roma auf europäischem Boden ist nicht leicht zu rekonstruieren. Die ersten Aufzeichnungen über ihre Anwesenheit in der Slowakei[1] stammen aus dem frühen 14. Jahrhundert. Einzelne Roma-Gruppen zogen vor allem durch das slowakische Gebiet und weiter in die böhmischen Länder und in die Länder Westeuropas. Von einigen Herrschern erhielten sie sogar Schutzurkunden, sogenannte „Geleit"-Briefe. Jahrhunderte später änderte sich die Haltung gegenüber den Roma.[2] Arne B. Mann weist darauf hin, dass in dieser Zeit die „anfängliche Gastfreundschaft [...] allmählich in Misstrauen und sogar offene Feindseligkeit um[schlug]. Für die Roma begann eine Zeit grausamer Verfolgung. Sie wurden in den einzelnen Ländern geächtet und überall vertrieben. An den Grenzen wurden Säulen mit großen Schildern aufgestellt, auf denen stand, was die Roma erwartete, sobald sie die Grenze überschritten hatten: Folter, Verstümmelung des Körpers, Hinrichtung".[3]

Kaiserin Maria Theresia war eine der großen Reformerinnen, die die Vertreibungspolitik gegen die Roma beendete und eine Assimilierungspolitik einleitete. Die neuen Verordnungen galten vor allem für das Gebiet des Königreichs Ungarn, wo die Mehrheit der Roma lebte. Die erste Verordnung aus dem Jahr 1758 ordnete die Ansiedlung der Roma an und befahl ihnen, „ihre bisherigen Gewerbe aufzugeben und ihre Pferde und Fuhrwerke abzugeben, auf zugeteiltem Boden Landwirtschaften zu betreiben und Steuern zu zahlen".[4]

Die Assimilationspolitik war eine der schärfsten Maßnahmen jener Zeit. Sie äußerte sich darin, dass „Mischehen" verboten und Kinder ab fünf Jahren ihren Eltern weggenommen wurden. Zwar war die Wegnahme der Kinder schon lange Bestandteil der „Zigeunerpolitik", mit den Theresianischen Reformen erreichte diese Praxis jedoch einen Höhepunkt. „Dahinter stand die Idee, durch eine ‚Civilisierung' die vollständige ‚Domicilierung' zum Wohle der Betroffenen und des Staates durchzusetzen. ‚Zigeunerkinder' wurden als lernfähig betrachten, jedoch nur dann, wenn sie dem Einfluss ihrer Eltern entzogen würden. Für die Kinder

1 Es handelt sich um das Gebiet der Slowakei, das zunächst zum Königreich Ungarn und nach dem Ausgleich zwischen Österreich und Ungarn (1866) zur Österreichisch-Ungarischen Monarchie gehörte. Nach dem Ende des Ersten Weltkrieges war die Slowakei Teil der sog. Ersten Tschechoslowakischen Republik (28.10.1918–1.10.1938).

2 B. Arne Mann, Rómsky dejepis, Bratislava 2000 (= Mann, Rómsky dejepis), S. 7–8; vgl. zur Rezeption der Sinti und Roma auch den Beitrag von Ulrich F. Opfermann in diesem Band.

3 Mann, Rómsky dejepis, S. 9.

4 Karola Fings, Sinti und Roma. Geschichte einer Minderheit, München 2016, S. 50.

war eine christliche Erziehung bei ungarischen Bauernfamilien vorgesehen, um später in Handwerk oder Landwirtschaft ausgebildet zu werden."[5]

Vom 18. Jahrhundert bis zur Gründung der Ersten Tschechoslowakischen Republik (Tschechoslowakei) machte die Roma-Bevölkerung in der Slowakei und den böhmischen Ländern, die Teil der Habsburgermonarchie waren, nur einen kleinen Teil der Bevölkerung aus. Nach der Gründung der Tschechoslowakischen Republik lebten etwa 70.000 Roma auf dem Staatsgebiet, vor der Gründung des Protektorats Böhmen und Mähren im Jahr 1939 war ihre Zahl auf etwa 110.000 angestiegen. Die meisten von ihnen lebten in der Slowakei, wo sie seit dem 16. Jahrhundert angesiedelt worden waren. Die jahrhundertelange Koexistenz der Roma-Bevölkerung mit der Mehrheitsbevölkerung war geprägt von ständiger Erniedrigung, aber auch von einem für beide Seiten vorteilhaften Zusammenleben. Die Roma arbeiteten als Schmiede, Besenbinder, Ziegelbrenner und waren als Musiker bekannt. Zu den markantesten Teilen der Roma-Bevölkerung in der Tschechoslowakei der Ersten Republik gehörten die walachischen Roma, die vor allem als Nomaden lebten, z. B. im Pferdehandel.[6]

Die Erste Tschechoslowakische Republik galt als ein Musterbeispiel für Demokratie in Mitteleuropa, hatte aber auch ihre Schwächen. Eines davon war das Gesetz Nr. 117 über die fahrenden „Zigeuner", das am 14. Juli 1927 von der Nationalversammlung der Tschechoslowakischen Republik verabschiedet worden war. In § 1 dieses Gesetzes hieß es: „Zigeuner, die von Ort zu Ort wandern, und andere Landstreicher, die sich der Arbeit entziehen und nach zigeunerischer Art leben, gelten als fahrende Zigeuner im Sinne dieses Gesetzes, und zwar in beiden Fällen auch dann, wenn sie für einen Teil des Jahres, insbesondere im Winter, einen festen Wohnsitz haben."[7] Das Gesetz wurde vom tschechoslowakischen Parlament verabschiedet. Berichterstatter war Karel Viškovský, der bei der Vorlage folgende Erklärung abgab: „Die Zigeuner sind weitgehend durch ihr Umherziehen gekennzeichnet. Das Umherziehen ist aber eine Höhle der moralischen Zerstörung. Angefangen vom Betteln, über Diebstahl bis hin zu Raub und Mord, wie wir es in letzter Zeit leider auch in unserem Land erleben. [...] Die Zigeuner in ihrem Wanderleben sind auch eine moralische Ansteckung für ihre Umgebung, aber nicht nur das, sie sind auch eine Gefahr der physischen Ansteckung und der Übertragung von ansteckenden Krankheiten. Es ist also ein Kampf zwischen zwei Prinzipien: Zivilisation und ungezähmte Natur. Und in diesem Kampf spricht

5 Ebd.

6 Jana Horváthová a kol., ...to jsou těžké vzpomínky. Vzpomínky Romů a Sintů na život před válkou a v protektorátu, Brno 2021, S. 26, 41–42.

7 Zákon č. 117 ze dne 14. července 1927 o potulných cikánech, in: Sbírka zákonů a nařízení, S. 949.

das Programm sein feierliches Wort."[8] Diese Maßnahme hatte erhebliche Auswirkungen auf das Leben der Roma-Gemeinschaft auf dem Gebiet der damaligen Tschechoslowakei, aber ihr Schicksal wurde durch den Aufstieg des Nationalsozialismus in Deutschland und die Etablierung undemokratischer Regime stark beeinflusst. Diese Umstände führten auch zum Untergang der Ersten Tschechoslowakischen Republik, zur Gründung des slowakischen Staates (1939–1945) und des Protektorats Böhmen und Mähren (1939–1945).

Verfolgung der Roma im slowakischen Staat 1939–1945

Die Hauptgründe für die Errichtung des slowakischen Staates waren der zunehmende Druck des nationalsozialistischen Deutschlands und der Untergang der Ersten Tschechoslowakischen Republik. Zwischen dem 29. und 30. September 1938 wurde das Münchner Abkommen unterzeichnet. Eine Folge dessen war, dass die Vertreter der Slowakischen Volkspartei die Autonomie des slowakischen Territoriums erklärten. In der Praxis bedeutete dies, dass die Tschechoslowakische Republik zwar formell fortbestand, jedoch nicht in den vorherigen Grenzen. Nach der Gründung des slowakischen Staates, der am 14. März 1939 proklamiert wurde, wurde schrittweise eine diskriminierende Politik gegenüber den nationalen Minderheiten eingeführt, die sich insbesondere in antijüdischen Gesetzen äußerte, aber auch die Roma-Bevölkerung betraf.

Der Historiker Ctibor Nečas stellte fest, dass der slowakische Staat im Gegensatz zum Protektorat Böhmen und Mähren innere und äußere Merkmale eines Staates aufwies. Seine politische Souveränität und Unverletzlichkeit wurden jedoch vom NS-Staat garantiert. In vielen Punkten folgte er dem Vorbild des Deutschen Reiches, vor allem in der Nichtanerkennung der Grundrechte und -freiheiten und in der bereits erwähnten Rassenverfolgung. Nach statistischen Angaben lebten 1938 in der Slowakei 26.265 Roma, bis 1940 war die Zahl auf 37.102 Roma gestiegen. Erfasst wurden diejenigen Menschen, die sich selbst als Roma bezeichneten. Die statistischen Zahlen fallen mit großer Wahrscheinlichkeit zu gering aus. Tatsächlich war die Zahl der in der Slowakei lebenden Roma weit höher. Ctibor Nečas schätzt, dass zwischen 1939 und 1945 etwas weniger als 100.000 Roma auf slowakischem Gebiet gelebt haben könnten.[9] Die Roma-Bevölkerung nahm die Gründung des „neuen" Staates negativ wahr, Bartolomej Demeter erinnert sich: „Als der slowakische Staat gegründet wurde, ich weiß nicht warum, dachten wir alle, dass es besser werden würde. Aber es wurde noch schlimmer. Die Garde begann, im Dorf herumzukommandieren. Sie fingen an, Juden zu jagen, aber

8 Společná česko-slovenská digitální parlamentní knihovna, 101. schůze poslanecké sněmovny parlamentu, část 5/20.

9 Ctibor Nečas, Českoslovenští Romové v letech 1938–1945, Brno 1994 (= Nečas, Českoslovenští Romové v letech 1938–1945), S. 98–99.

sie fingen auch an, uns Roma zu hassen und uns mit allen möglichen Namen zu beschimpfen.“[10]

Bereits 1939 berichtete die Tageszeitung Slovák: „Neben der Judenfrage hat die Presse in der ehemaligen Tschechoslowakei auch auf das Zigeunerproblem hingewiesen, dessen Last wir in der Slowakei gespürt haben und auch heute noch spüren. Die Judenfrage haben wir in unserem Land bereits gelöst, und was nicht sofort und bis jetzt gelöst werden konnte, werden wir Schritt für Schritt lösen. Es gibt aber noch eine zweite Frage, nämlich die der Zigeuner, die die Geißel unseres Landes sind. Der Jude hat unseren Mann mit Alkohol und Wucher beraubt, und der Zigeuner hat ihn seinerseits beraubt und beraubt ihn immer noch.“[11]

Vor allem ab 1940 kam es zu größeren Restriktionen, die die Roma-Gemeinschaft einschränkten. Die erste Maßnahme waren Restriktionen innerhalb der Armee. Am 18. Januar 1940 verabschiedete das slowakische Parlament ein neues Wehrpflichtgesetz, das die Form der Wehrpflicht in der Slowakei festlegte. Nach § 38 wurden Juden und Roma von der Wehrpflicht befreit und in spezielle Arbeitsgruppen eingewiesen.[12] Noch vor der Verabschiedung eines gesonderten Gesetzes hatte das Ministerium für Nationale Verteidigung einen „Vorschlag zur Regelung der Uniformierung des Arbeitsdienstes“ erarbeitet. Darin wurden die Abzeichen und Uniformen für Roma

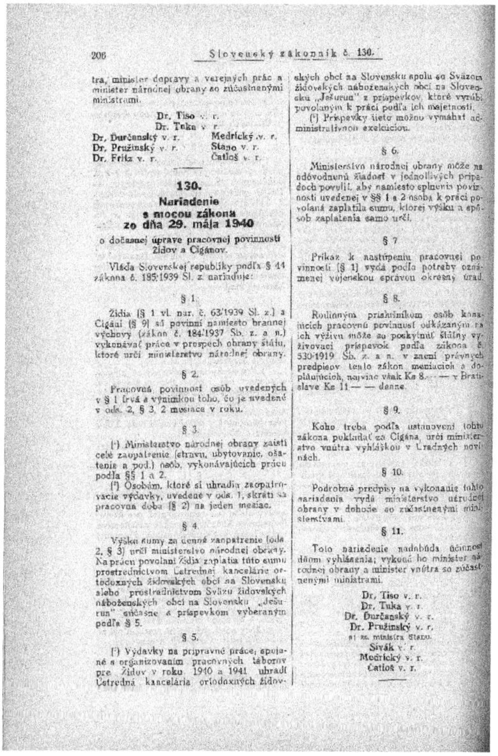

206 Slovenský zákonník č. 130.

tra, minister dopravy a verejných prác a minister národnej obrany so zúčastnenými ministrami.

Dr. Tiso v. r.
Dr. Tuka v. r.
Dr. Ďurčanský v. r. Medrický v. r.
Dr. Pružinský v. r. Stano v. r.
Dr. Fritz v. r. Čatloš v. r.

130.
Nariadenie s mocou zákona zo dňa 29. mája 1940
o dočasnej úprave pracovnej povinnosti Židov a Cigánov.

Vláda Slovenskej republiky podľa § 44 zákona č. 185/1939 Sl. z. nariaďuje:

§ 1.

Židia (§ 1 vl. nar. č. 63/1939 Sl. z.) a Cigáni (§ 9) sú povinní namiesto brannej výchovy (zákon č. 184/1937 Sb. z. a n.) vykonávať práce v prospech obrany štátu, ktoré určí ministerstvo národnej obrany.

§ 2.

Pracovná povinnosť osôb uvedených v § 1 trvá s výnimkou toho, čo je uvedené v ods. 2, § 3, 2 mesiace v roku.

§ 3.

(¹) Ministerstvo národnej obrany zaistí celé zaopatrenie (stravu, ubytovanie, ošatenie a pod.) osôb, vykonávajúcich prácu podľa §§ 1 a 2.
(²) Osobám, ktoré si uhradia zaopatrovacie výdavky, uvedené v ods. 1, skráti sa pracovná doba (§ 2) na jeden mesiac.

§ 4.

Výška sumy za denné zaopatrenie (ods. 2, § 3) určí ministerstvo národnej obrany. Na prácu povolaní Židia zaplatia túto sumu prostredníctvom Ústrednej kancelárie ortodoxných židovských obcí na Slovensku alebo prostredníctvom Sväzu židovských náboženských obcí na Slovensku „Ješurun“ súčasne s príspevkom vyberaným podľa § 5.

§ 5.

(¹) Výdavky na prípravné práce, spojené s organizovaním pracovných táborov pre Židov v roku 1940 a 1941 uhradí Ústredná kancelária ortodoxných židovských obcí na Slovensku spolu so Sväzom židovských náboženských obcí na Slovensku „Ješurun“ z príspevkov, ktoré vyrúbi povolaným k práci podľa ich majetnosti.
(²) Príspevky tieto možno vymáhať administratívnou exekúciou.

§ 6.

Ministerstvo národnej obrany môže na odôvodnenú žiadosť v jednotlivých prípadoch povoliť, aby namiesto splnenia povinnosti uvedenej v §§ 1 a 2 osoba k práci povolaná zaplatila sumu, ktorej výšku a spôsob zaplatenia samo určí.

§ 7.

Príkaz k nastúpeniu pracovnej povinnosti (§ 1) vydá podľa potreby oznámenej vojenskou správou okresný úrad.

§ 8.

Rodinným príslušníkom osôb konajúcich pracovnú povinnosť odkázaným na ich výživu môže sa poskytnúť štátny vyživovací príspevok podľa zákona č. 530/1919 Sb. z. a n. v znení právnych predpisov tento zákon meniacich a doplňujúcich, najviac však Ks 8·— — v Bratislave Ks 11·— — denne.

§ 9.

Koho treba podľa ustanovení tohto zákona pokladať za Cigána, určí ministerstvo vnútra vyhláškou v Úradných novinách.

§ 10.

Podrobné predpisy na vykonanie tohto nariadenia vydá ministerstvo národnej obrany v dohode so zúčastnenými ministerstvami.

§ 11.

Toto nariadenie nadobúda účinnosť dňom vyhlásenia; vykoná ho minister národnej obrany a minister vnútra so zúčastnenými ministrami.

Dr. Tiso v. r.
Dr. Tuka v. r.
Dr. Ďurčanský v. r.
Dr. Pružinský v. r.
aj za ministra Stana.
Sivák v. r.
Medrický v. r.
Čatloš v. r.

Abb. 1 Regierungsdekret über die Arbeitspflicht von Juden und Roma, das vom Verteidigungsministerium erlassen wurde. Quelle: Nariadenie s mocou zákona č. 130 zo dňa 29. mája o dočasnej úprave pracovnej povinnosti Židov a Cigánov. In Slovenský zákonník, roč. 1940, čiastka 27, s. 206.

10 Demeter, Bartolomcy, in: Vasil Fedič, Východoslovenskí Rómovia a II. svetová vojna. Humenné 2001 (= Fedič, Východoslovenskí Rómovia a II. svetová vojna), S. 39.

11 Slovák, 24. júna 1939, roč. XXI., č. 144, S. 6.

12 Branný zákon Slovenskej republiky zo dňa 18. januára 1940, in: Slovenský zákonník, roč. 1940, čiastka 5, S. 28.

Abb. 2 Roma bei der Ausübung der Arbeitsplicht (1941). Quelle: Vojenský historický archív v Bratislave, Zbierka fotografií, foto č. X.L-308

und Juden festgelegt, um sie von der regulären Armee zu unterscheiden. In diesen Anweisungen hieß es: „Im Falle des Arbeitsdienstes der Juden und Zigeuner werden die Abzeichen auf jeden Fall entfernt, was bereits einen wesentlichen Unterschied zu den regulären Truppen darstellt".[13] Schließlich wurde die Arbeitspflicht für Juden und Roma in einem gesonderten Regierungsdekret erlassen, das sie formell aus der regulären Armee ausschloss.[14] In diesem Dekret wurden die Juden auf der Grundlage des bereits verabschiedeten Gesetzes definiert,[15] in Bezug auf Roma heißt es in § 9 des Regierungsdekrets: „Wer nach den Bestimmungen dieses Gesetzes als Zigeuner gilt, wird vom Innenminister durch Verordnung im Amtsblatt bestimmt."[16] Wenige Tage später legte das Innenministerium die Definition fest. „Als Zigeuner im Sinne des § 9 der Verordnung Nr. 130/1940 Sl. Z. gilt nur derjenige, dessen Eltern beide Zigeuner sind, der ein nomadisches oder sesshaftes Leben führt, aber die Arbeit meidet."[17] Dabei war nicht nur die Zugehörigkeit zu einer ethnischen Gruppe von Bedeutung, sondern auch die Art und Weise, wie man lebte, spielte eine große Rolle.

---

13 Vojenský historický archív Bratislava, fond Ministerstvo národnej obrany Slovenskej republiky 1939–1945, fondové oddelenie spisy dôverné 1940–1945, I. časť 1940–1942, škatuľa 6, č. j. 150016.

14 Nariadenie s mocou zákona č. 130 zo dňa 29. mája o dočasnej úprave pracovnej povinnosti Židov a Cigánov, in Slovenský zákonník, roč. 1940, čiastka 27, S. 206.

15 Nach der Gründung des slowakischen Staates am 14. März 1939 wurde die Regierungsverordnung Nr. 63/1939 vom 18. April 1939 über die Definition der Juden und über die Richtlinien für die Anzahl der Juden in bestimmten freien Berufen erlassen, die die jüdische Herkunft festlegten. In diesem Fall handelte es sich um eine Definition, die sich auf die jüdische Religion stützte und die Ausübung bestimmter Berufe verbot, denen später weitere hinzugefügt wurden. Zwei Jahre später (9.9.1941) verabschiedete die Regierung ein Gesetz, den sogenannten Juden-Kodex, das Juden auf der Grundlage der Herkunft definierte.

16 Nariadenie s mocou zákona č. 130 zo dňa 29. mája o dočasnej úprave pracovnej povinnosti Židov a Cigánov, in: Slovenský zákonník, roč. 1940, čiastka 27, S. 206.

17 Vyhláška ministerstva vnútra zo dňa 18. júna 1940, č. 18.635-Ic/1940, ktorou sa určuje pojem Cigána, in: Úradné noviny, 22. júna 1940, č. 29, S. 314.

Michal Demeter erinnert sich an diese Zeit: „Ich musste mich in einer militärischen Arbeitseinheit in Sabinov melden. In unserer Einheit waren nur Roma. Wir bekamen schwarz gefärbte Uniformen und Mützen. Wir sahen aus wie Kaminkehrer. Sie jagten uns zwei Wochen lang, dann brachten sie uns in Waggons nach Humenné und von dort zu Fuß nach Rokytovo. Dort brachte man uns in einer Scheuer unter. Damit wir nicht wegliefen, wurden wir von Soldaten bewacht. Die einen waren schlimmer, die anderen besser. Je nachdem, was für ein Mensch er war und was für ein Gewissen er vor Gott hatte."[18]

Die Maßnahmen des slowakischen Staates richteten sich nicht nur gegen die männlichen Roma, die aus der slowakischen Armee ausgeschlossen wurden. Nach und nach wurden auch Maßnahmen ergriffen, die sich auf das tägliche Leben der Roma-Gemeinschaft auswirkten. Eine dieser Maßnahmen war die Verordnung des Innenministers Nr. 163 (vom 20. April 1941) über die „Anpassung bestimmter Verhältnisse der Zigeuner". Es bezog sich noch auf das Gesetz der Ersten Republik Nr. 117/1927 über „fahrende Zigeuner". Kern der Verordnung war das Verbot der nomadischen Lebensweise der „Zigeunerbevölkerung", sie ordnete die Abgabe und den Verkauf von Lasttieren sowie die Unterbringung der Zigeuner außerhalb von Dörfern und Hauptstraßen an.[19]

Die Einführung der Arbeitspflicht betraf nicht nur die Roma-Bevölkerung in der Armee, sondern auch die Zivilbevölkerung, insbesondere die Männer. Die Zuständigkeit für die Einführung wurde vom Verteidigungsministerium auf das Innenministerium übertragen. Auf der Grundlage des Erlasses (des Innenministeriums) Nr. 137 vom 2. April 1941 wurden Arbeitszentren und -einheiten eingerichtet, in denen vor allem die jüdische Bevölkerung zur Arbeit herangezogen wurde. Ein Jahr später begann man mit der Einrichtung von Arbeitseinheiten für sogenannte „Asoziale", in denen Roma konzentriert wurden. Am 1. Juli 1942 erschien in der Tageszeitung Gardista ein Artikel mit dem Titel „Arbeit ist Ehre – Arbeit ist Pflicht". Er bezog sich auf die „Lösung des Problems" der Juden, Roma und so genannten „asozialen Elemente" in der slowakischen Armee, für die spezielle Arbeitsgruppen eingerichtet wurden.[20] Darin heißt es: „In der slowakischen Armee sind diese Fragen also geklärt und die bestehende Organisation hat sich bewährt. Verständlicherweise war es in der Armee relativ einfach, weil nach den ersten Konsolidierungsarbeiten – obwohl die Armee auch zweimal mit Kampfaufgaben betraut wurde – ein relativ großer Organisationsapparat vorhanden war. Es ist nun Aufgabe des Staates, sich mit den Themen zu befassen, die sich in der Armee bewährt haben. Die Frage der Juden, der Zigeuner und der so genannten asozialen Elemente hatte

18 Demeter, Michal, in: Fedič, Východoslovenskí Rómovia a II. svetová vojna, S. 41.

19 Vyhláška ministra vnútra zo dňa 20. apríla 1941, č. 42.165 o úprave niektorých pomerov Cigánov, in: Úradné noviny, 26. Apríla 1941, roč. XXIII., č. 21.

20 Gardista, 1. júla 1942, roč. IV., č. 146, S. 1.

eine Dringlichkeit erreicht, die eine schnelle Lösung erforderte. Die Lösung der Judenfrage hat in der Praxis begonnen, und nach den Erfahrungen der letzten Monate glauben wir, dass in absehbarer Zeit auch die Zigeuner und die asozialen Elemente an die Reihe kommen werden."[21] Die „Lösung der Judenfrage" wurde in dieser Zeit sehr intensiv betrieben, zum Zeitpunkt der Veröffentlichung des Artikels waren die Transporte der jüdischen Bevölkerung in die Konzentrations- und Vernichtungslager bereits im Gange. Gleichzeitig wurden konkrete Maßnahmen gegen die Roma-Bevölkerung ergriffen.

Einen Monat später berichtete die Zeitung über einen konkreten Schritt in dieser Angelegenheit. Innenminister Alexander Mach besuchte im August 1942 die Ostslowakei und erklärte, dass er sich mit der Frage der dortigen Roma befassen werde. Er informierte auch über die Einrichtung so genannter Arbeitseinheiten für „asoziale Elemente" und Roma, die entlang der Eisenbahnlinie Prešov-Strážske errichtet wurden.[22] Die Organisation der Arbeitseinheiten wurde am 19. September 1942 durch einen Erlass des Innenministers geregelt, der die Organisation der Arbeitseinheiten für „asoziale Personen" handhabte. Die Arbeitseinheiten waren für Personen bestimmt, die sich angeblich der Arbeit entzogen, Schreckensmeldungen verbreiteten oder Alkoholiker, Unruhestifter, Schläger usw. waren. Auch die „arbeitslosen Zigeuner" wurden in diese Arbeitseinheiten eingewiesen, die vom Kommandanten der Arbeitseinheit in eine eigene Gruppe und dann in die Kategorien A bis C eingeteilt wurden.[23] Die Arbeitseinheiten wurden nicht nur in der Ostslowakei eingerichtet, sondern im Herbst wurden weitere Arbeitseinheiten in der Nähe des Flusses Váh in den Städten Dubnica nad Váhom und Ilava eröffnet.

Die Lage in der Slowakei nach dem Ausbruch des Slowakischen Nationalaufstands (1944–1945)

Zwischen 1943 und 1944 wurde der illegale Slowakische Nationalrat gegründet, der auch für die Vorbereitung des Aufstandes verantwortlich war. Ende August begann ein Teil der aufständischen Gruppen einige Städte zu besetzen, was nicht dem Konzept des illegalen Slowakischen Nationalrates entsprach. Die Antwort darauf war die schrittweise Besetzung des slowakischen Territoriums durch die Wehrmacht, was zur Ausrufung des Aufstandes führte, der am 29. August 1944 mit der Parole „Beginnt mit der Räumung" durch den Befehlshaber der aufständischen Armee, Ján Golian, begann. Mit dem Ausbruch des Slowakischen National-

21 Gardista, 1. júla 1942, roč. IV., č. 146, S. 1.
22 Gardista, 14. augusta 1942, roč. IV., č. 184, S. 3.
23 Vyhláška č. 419. ministra vnútra zo dňa 19. septembra 1942, č. 63-7332/7-1942 o organizačnom poriadku pracovných útvarov, in: Úradné noviny, 23. september 1942, roč. XXIV., č. 54, S. 1211–1212, 1220.

aufstandes änderte sich der Lauf der Ereignisse in der Slowakei grundlegend. Der slowakische Staatspräsident Jozef Tiso erklärte, dass „der Einzug der deutschen Truppen in die Slowakei nur den Zweck hat, die Partisanenfront in der Slowakei zu liquidieren. Die deutschen Truppen kommen nicht, um die Slowakei zu besetzen, sondern um der Slowakei den Charakter einer friedliebenden Nation, dem slowakischen Staat das Zeichen eines geordneten Staates und dem friedliebenden slowakischen Volk die Sicherheit des Lebens und des Eigentums zurückzugeben."[24] Seine Aussage wurde am 31. August 1944 in der Zeitung Slovák veröffentlicht, zwei Tage nach Ausbruch des Aufstandes und zu einer Zeit, als die Einsatzgruppe H der Sicherheitspolizei (SIPO) und des Sicherheitsdienstes (SD) gebildet wurde. Die ersten beiden Kommandos dieser Gruppe waren zu diesem Zeitpunkt bereits eingerichtet worden. Die Einsatzkommandos 13 und 14 wurden in die Slowakei entsandt, um ihre Einsatzorte in der West- und Mittelslowakei vorzubereiten. Kommandeur der Einsatzgruppe H wurde Jozef Witiska. Ihr Hauptziel war die endgültige „Lösung der Judenfrage", aber auch die Unterstützung der Kampfverbände und die Übernahme nachrichtendienstlicher Aufgaben im Zusammenhang mit den Ereignissen in der Slowakei.[25] Die Juden sollten verhaftet werden, was vor allem im September 1944 geschah, aber in den folgenden Monaten ging es nicht nur um die Verhaftung der Juden in der Slowakei, sondern auch um ihre direkte physische Vernichtung. Zu den Opfern gehörten nicht nur Juden, sondern auch Roma, Mitglieder der Aufstandsarmee, Partisanen und Zivilisten.

Eine der ersten Massenerschießungen von Roma fand Anfang Oktober 1944 in Valaská Bela statt, wo 13 Roma aus der dortigen Siedlung von Angehörigen des Einsatzkommandos 14 ermordet wurden. Wenige Tage später, am 17. Oktober 1944, drangen Angehörige desselben Kommandos in die Roma-Siedlung bei Svätý Kříž nad Hronom (heute Žiar nad Hronom) ein. Roma-Männer, -Frauen und -Kinder wurden in zwei Häuser gesperrt, die in Brand gesteckt wurden. Von den Opfern konnte sich nur ein vierzehnjähriges Mädchen durch einen Sprung aus dem Fenster retten. Nach einigen Tagen wurde sie jedoch von Militärpatrouillen aufgegriffen und auf der Stelle erschossen.[26] In der Nähe von Žiár nad Hronom überfielen Angehörige des Einsatzkommandos 14 die Roma-Siedlung Ilija und verhafteten 109 Roma (Männer, Kinder und Frauen). Sie wurden später in Kremnička exekutiert.[27] Weitere etwa 60 Roma wurden am 14. November 1944 in den Tälern von Jegrov

24 Slovák, 31. augusta 1944, roč. XXVI., č. 196, S. 1.

25 Lenka Šindelářová, Einsatzgruppe H. Působení operační skupiny H na Slovensku 1944/1945 a poválečné trestné stíhaní jejích příslušníků, Banská Bystrica 2015, S. 55–57.

26 Nečas, Československý Romové v letech 1938–1945, S. 161.

27 Karel Vodička, „Juden, Zigeunern und Hunden Zutritt verboten!" Roma in der nationalsozialistischen Slowakei 1939–1945, in: Felicitas Fischer von Weikersthal u. a. (Hg.), Der nationalsozialistische Genozid an den Roma Osteuropas. Geschichte und künstlerische Verarbeitung, Köln u. a. 2008, S. 43–82.

und Vydrovo bei Čierny Balog ermordet.[28] Die meisten Tötungen fanden in der Umgebung von Banská Bystrica statt, insbesondere in Kremnička, Nemecká und Zvolen. In allen diesen Orten wurden Roma ermordet. Kremnička war eine der größten Massenexekutionsstätten; von Anfang November 1944 bis März 1945 fanden hier Ermordungen statt. Mindestens 47 Roma aus der Umgebung von Banská Bystrica und Krupina wurden dort getötet, ebenso 109 Roma aus der Siedlung Ilija.[29]

Abb. 3 Die Gedenkstätte in Dubnica nad Váhom erinnert an die Roma-Opfer, die hier im Februar 1945 ermordet wurden. Quelle: SNM – MŽK – Múzeum holokaustu v Seredi. Foto Peter Vanko.

Einer der letzten Orte, an dem eine Massenerschießung von Roma dokumentiert ist, ist Dubnica nad Váhom. Dort wurde ein so genanntes „Zigeunerzwangslager" eingerichtet. Zwischen 1942 und 1944 gab es in Dubnica eine Arbeitseinheit für „Asoziale" und Roma. Die Kapazität des Lagers betrug etwa 300 Personen, wurde aber schrittweise erhöht, so dass etwa 2000 Männer das Lager durchliefen. Während des Lagerbetriebs häuften sich die Beschwerden über Hygiene, Unter-

28 Archív Múzea SNP Banská Bystrica, Fond IX, Kartón 5, prír. č. 231/65.

29 Daniela Baranová, Pred bránami pekla, Banská Bystrica 1996, S. 37–40, Ctibor Nečas, Pronásledovaní Cikánů v období slovenského státu In Rómovia a druhá svetová vojna, Bratislava 2006, S. 44.

bringung und Verpflegung.[30] Ende 1943 betrug der Anteil der Roma im Lager über 50 Prozent. Die Arbeitseinheit stellte ihre Tätigkeit nicht unmittelbar nach Ausbruch des Aufstandes ein, sondern blieb noch zwei Monate in Betrieb. Ab November wurde sie vom Innenministerium dem Ministerium für Nationale Verteidigung unterstellt. Auf Anweisung des Verteidigungsministeriums wurde sie am 15. November 1944 aufgelöst, die Nicht-Roma-Männer wurden entlassen, gleichzeitig wurde ein „Zigeunerzwangslager" eingerichtet.[31] Innerhalb weniger Tage war die Kapazität des Lagers aufgrund der stark ansteigenden Häftlingszahlen überschritten. Die Überbelegung und die schlechten sanitären und hygienischen Bedingungen führten zur Ausbreitung von Krankheiten, u. a. zum Ausbruch einer Typhusepidemie. Daraufhin wurde das Lager unter Quarantäne gestellt und die ursprüngliche Kapazität auf 729 Personen verdoppelt. Platzmangel, schlechte sanitäre Verhältnisse, Lebensmittelknappheit und die Ausbreitung des Fleckfiebers verschlimmerten die Situation weiter. Mehrere Lagerinsassen starben an den Folgen der Typhusepidemie und der oben genannten Lagerbedingungen. Die schlechte Situation führte dazu, dass am 23. Februar 1945 in Dubnica, im sogenannten „Tal", 26 Lagerinsassen ermordet wurden.[32] Štefan Dudy, der damals erst zehn Jahre alt war und aus der Ostslowakei ins Lager kam, erinnert sich an die schlechten Bedingungen: „Es gab nichts zu essen. Die ganze Familie bekam ein Viertel Brot und einen Liter Kaffee. Das reichte natürlich nicht. Mit den anderen Kindern gingen wir auf die Müllkippe und sammelten Kartoffelschalen. Die haben wir auf dem Herd geröstet. Als wir im vierten Monat dort waren, kamen die Deutschen mit einem Lastwagen und brachten die Kranken ins Krankenhaus nach Trencin. Aber eigentlich haben sie sie erschossen. Obwohl meine Mutter und die Frau meines Bruders krank waren, haben sie sich nicht als krank gemeldet, und das hat ihnen das Leben gerettet."[33] Ähnliche Erinnerungen hat auch Helena Surmajová, die etwas älter war und ebenfalls aus der Ostslowakei stammte. Sie erinnert sich an den Ausbruch der Typhusepidemie im Lager: „Es gab sehr wenig zu essen, oft Linsen mit Sand und Kieselsteinen, auch das fehlte mir manchmal. Kein Wunder, dass Typhus ausbrach. Nachdem sich ein deutscher Soldat angesteckt hatte, wurden wir in Baracken isoliert. Mein Vater wurde krank, meine beiden Brüder auch. Ich schälte Karotten und Kartoffeln für die Soldaten, und da sagte mir ein Unteroffizier, dass meine Eltern nicht zugeben sollten, dass sie krank waren, weil es ihnen sonst schlecht gehen würde. Eines Tages kamen

30 Ctibor Nečas, Nucená táborová koncentrace Cikánů v Dubnici nad Váhom, in: Ingrid Vagačová / Martin Fotta (Hg.), Rómovia a druhá svetová vojna, Bratislava 2006, S. 72–75.

31 Vojenský historický archív Bratislava, fond Ministerstvo národnej obrany Slovenskej republiky 1939–1945, fondové oddelenie spisy dôverné 1940–1945, II. časť 1943–1945, škatuľa 499, č.j. 92 3/4.

32 Pavol Makyna, Riešenie tzv. Rómskej otázky na Slovensku v rokoch 1939–1945 a masová vražda Rómov v Dubnici nad Váhom, in: Pamäť národa, Bratislava: Ústav pamäti národa 12/1 (2016), S. 15–16.

33 Dudy, Štefan, in: Fedič, Východoslovenskí Rómovia a II. svetová vojna, S. 43.

Lastwagen mit deutschen Soldaten ins Lager. Sie sagten den Kranken, sie würden sie ins Krankenhaus bringen. In Wirklichkeit brachten sie sie in große Gruben, wo sie sie erschossen und begruben. Manche wurden nur angeschossen, weil sich die Erde noch lange bewegte."[34]

Schluss

Der Beitrag widmete sich dem Thema der Verfolgung der Roma durch den slowakischen Staat in den Jahren 1939–1945. Der erste Teil befasste sich mit der Frage der Ankunft der Roma auf dem geografischen Gebiet der Slowakei, das zu verschiedenen Staatsverbänden gehörte. Insbesondere während der Herrschaft von Kaiserin Maria Theresia wurde die Roma-Bevölkerung zum Objekt der Assimilationspolitik der Habsburgermonarchie. Nach dem Ende des Ersten Weltkriegs im Jahr 1918 wurde die Erste Tschechoslowakische Republik gegründet, die auf ihrem Gebiet die parlamentarische Demokratie einführte, die jedoch auch ihre Mängel hatte. Im Jahr 1927 wurde das Gesetz über das fahrende Roma-Volk erlassen, das das Leben der Roma-Gemeinschaften in der Tschechoslowakei beeinträchtigte, indem es ihre nomadische Lebensweise einschränkte. Die schlimmste Zeit begann nach der Gründung des undemokratischen slowakischen Staates am 14. März 1939. Die Roma in der Slowakei waren zahlreichen diskriminierenden Maßnahmen ausgesetzt, die sie an der Ausführung des Wehrdienstes in der slowakischen Armee hinderten, ihre Lebensweise beeinträchtigten (Verbot des Nomadentums, Abgabe von Zugtieren) und die Einrichtung von Arbeitseinheiten für Roma und so genannte Asoziale einschlossen. Dem Ausbruch des Slowakischen Nationalaufstands im August 1944 folgte die direkte physische Vernichtung der Roma auf slowakischem Gebiet in Orten wie Kremnička, Nemecká, Čierny Balog, Svätý Kríž nad Hronom und Dubnica nad Váhom. Nach dem Ende des Zweiten Weltkrieges wurde der Frage der Verfolgung und des Völkermordes an den Roma wenig Aufmerksamkeit geschenkt. Vor 1989 beschäftigte sich vor allem der mährische Historiker Ctibor Nečas mit diesem Thema. Nach 1989 entstanden verschiedene Initiativen und Bürgervereinigungen, die sich mit der Erforschung und Aufarbeitung befassten. In den letzten Jahrzehnten wurden auch Gedenktafeln an Orten enthüllt, die mit der Verfolgung der Roma zwischen 1939 und 1945 in Verbindung gebracht werden.

34 Surmajová, Helena, in: Fedič, Východoslovenskí Rómovia a II. svetová vojna, S. 71.

Die Deportationen der Sinti und Roma aus Oberfranken

Ulrich Schlee

Die Erforschung der Politik gegen Sinti und Roma in Oberfranken unter dem Nationalsozialismus ist Desiderat, was schon deswegen bedauerlich ist, weil dem Blick auf die lokale und regionale Ebene bei diesem Thema besondere Bedeutung zukommt. Dies nicht nur, weil sich hier die Folgen der Entscheidungen auf Reichsebene direkt zeigten und sich eine Seite der Dynamik, die sich letztlich zum Völkermord radikalisierte, beobachten lässt, sondern auch aus einem pragmatischen Grund: Da zumindest in Bayern die zentrale Quellenüberlieferung der für die Verfolgung maßgeblich zuständigen Kriminalpolizeileitstelle München ausfällt, sind es oft Gegenüberlieferungen und Quellen auf Ebene der Bezirksämter (ab 1939: Landkreise) und der Ortspolizeibehörden, die wichtige Hinweise auf das Gesamtgeschehen geben. Nicht zuletzt deswegen ist Karola Fings nachdrücklich zuzustimmen, wenn sie schreibt:

> „Erst wenn alle ehemaligen Städte und Gemeinden, in denen Sinti und Roma gelebt haben, sich dafür verantwortlich zeigen, die Lebenswege ihrer damaligen Bürgerinnen und Bürger zu rekonstruieren, könnte auch die quantitative Dimension des Völkermordes aufgehellt werden.“[1]

Es muss an dieser Stelle hinsichtlich der Vorgeschichte der Deportationen von Sinti bzw. Roma in Konzentrationslager genügen, dass spätestens mit Himmlers Runderlass zur „Bekämpfung der Zigeunerplage“ der Weg zum Genozid eingeschlagen war.[2] Weniger als ein Jahr nach diesem Runderlass ergab sich mit der Besetzung Polens die Möglichkeit für das NS-Regime, die staatlicherseits als „Zigeuner“ eingestuften Menschen aus dem Reichsgebiet zu deportieren. Mitte Oktober 1939 erging schließlich unter dem Betreff „Zigeunerfassung“ ein Geheimbrief des Reichssicherheitshauptamtes, der als „Festsetzungserlass“ berüchtigt werden würde. Mit dem Ziel, dass „im gesamten Reichsgebiet die Zigeunerfrage [...] grundsätzlich geregelt“ werden solle, wurde es – bei Strafe der KZ-Einweisung

1 Karola Fings, Sinti und Roma. Geschichte einer Minderheit, 2. Aufl., München 2017, S. 81.

2 Ausführungsanweisung des Reichskriminalpolizeiamtes vom 1.3.1939 zum Runderlass vom 8.12.1938 betr. Bekämpfung der Zigeunerplage, Ministerialblatt des Reichs- und Preußischen Ministeriums des Innern, Nr. 51, 1938, S. 2105.

– „Zigeunern“ untersagt, ihren Wohn- bzw. Aufenthaltsort zu verlassen, um sie polizeilich erfassen zu können.[3]

Aus Gründen, die zu erörtern hier nicht der Raum ist, sollte es bis 1943 dauern, bevor die Deportationspläne (soweit sie auch Oberfranken betreffen) vom NS-Staat wieder aufgenommen wurden.

Forchheim

Die wichtigsten Quellen im Zusammenhang mit den Deportationen im März 1943 dürften die Eintragungen im Haftbuch des Nürnberger Polizei-Schubgefängnisses sein, die am 6. und 8. März 1943 angelegt wurden und in denen sich die Namen von 48 mittel- und oberfränkischen Sinti bzw. Roma finden, die über Nürnberg nach Auschwitz deportiert wurden. Darunter befanden sich auch zwei junge Frauen aus Forchheim.[4]

Zum einen die 17-jährige Jula W., die mit ihren Pflegeeltern im Oktober 1939, noch bevor sie „festgesetzt“ werden konnte, nach Forchheim gezogen war.[5] Bereits im März 1940 und dann erneut im Oktober 1941 befand sie sich zwangsweise in Erziehungsheimen, wobei die erste Einweisung von der Kripo Forchheim angestrengt worden war.[6]

Im Herbst 1942 geriet Jula W. dann erneut ins Visier der Behörden und es wurde ihr ultimativ und gemäß den Vorschriften des „Festsetzungserlasses“ eröffnet, dass sie, sollte sie trotz des Verbotes umziehen, „mit zwangsweiser Rückbeförderung oder Einweisung in ein Konzentrationslager zu rechnen“ hätte.[7]

Noch vor Beginn der Sammeldeportationen nach Auschwitz beabsichtigte die Kripo, sie „wegen sittlicher Verwahrlosung“ in ein „Jugendschutzlager“ (also in ein Jugend-KZ) einzuliefern. Dem widersprach nun aber der Forchheimer Bürgermeister, der zunächst noch bei der „Reichszentrale zur Bekämpfung des Zigeunerunwesens“ „um Abhilfe“ gebeten hatte.[8] Jula W. lebe im örtlichen Krankenhaus

---

3 Abschrift des Schnellbriefs „Zigeunererfassung“ des Reichssicherheitshauptamts vom 17.10.1939, Staatsarchiv Amberg, L IV 9 BZ Neumarkt, Nr. 5643.

4 Gefangenenbuch Schubgefängnis 4.2.1943–24.3.1943, Staatsarchiv Nürnberg, Rep. 218/9, Polizeipräsidium Nürnberg, Nr. 812 (= Schubgefängnisbuch), laufende Nr. 184.3 bis 190.6.

5 Kripo München/Stelle für Zigeunerfragen an Kripo Nürnberg am 3.9.1942, Staatsarchiv Nürnberg, Rep. 218/10, Kripoleitstelle Nürnberg, Nr. 117, S. 16–18.

6 Kripo Forchheim an den Forchheimer Bürgermeister vom 25.8.1942, ebd., S. 20.

7 Kripo Nürnberg an Bürgermeister und Kripo Forchheim, ebd., S. 26.

8 Kripo Nürnberg an Kreisjugendamt des Landrats Forchheim vom 20.1.1943, ebd., S. 1.

als Hilfskraft, sei eine fleißige, zufriedenstellende und keineswegs „asoziale" Arbeiterin; auch gehe keine „sittliche Gefährdung" von ihr aus, so dass von der Einweisung vorerst abgesehen werden solle.[9] Diese Intervention blieb aufgrund der weiterreichenden Pläne des Regimes erfolglos. Wenige Tage nach dem Schreiben des Bürgermeisters „wurde der Zigeunermischling Jula W. [...] auf unbestimmte Zeit in das Konzentrationslager Auschwitz überführt".[10]

Jula W. wurde unter der Nummer Z-4600 in Auschwitz registriert, wo sie im November 1943 starb.[11]

Über die andere junge Frau, die laut Schubgefängnisbuch von Forchheim aus deportiert wurde, Auguste L.,[12] wissen wir noch weniger: Bekannt ist lediglich, dass im Rahmen der Deportationen im März 1943 Auguste L.s Eigentum vom Deutschen Reich als „volks- und staatsfeindlich" eingezogen wurde,[13] dass sie unter der Häftlingsnummer Z-4603 in Auschwitz vermerkt wurde, dass sie den Nationalsozialismus überlebte, später wieder in Forchheim wohnte und 1960 im Rahmen der Vorermittlungen für den Frankfurter Auschwitz-Prozess befragt wurde.[14]

Wenn sich für Forchheim „nur" zwei Personen finden, die im März 1943 verhaftet wurden,[15] ist dies schon deshalb überraschend, weil noch Ende 1941 dem Forchheimer Landrat von der Kripo Nürnberg rund 20 „rassenbiologische Gutachten über zigeunerische Personen" der „Rassenhygienischen Forschungsstelle" zuge-

---

9 Bürgermeister Forchheim an Landrat und Kreisjugendamt Forchheim am 25.2.1943 und dieses an Kripo Nürnberg vom 2.3.1943, ebd., S. 2 f.

10 Kripo Nürnberg an Landrat Forchheim vom 25.3.1943, ebd., S. 4.

11 Eine generelle Bemerkung zu den Auschwitzer Häftlingsnummern des „Zigeunerlagers": Für alle weiterhin im Text genannten Angaben hierzu und zu den weiterführenden Informationen zur dortigen Internierung gilt für Frauen/Mädchen: Jan Parcer, Memorial book. The gypsies at Auschwitz-Birkenau, Bd. 1, München u. a. 1993, und die entsprechende, im Text angegebene fortlaufende Nummer; für Männer/Jungen: Ders., Bd. 2 und die angegebene laufende Nummer, ohne dass diese noch weiter in den Quellen-/Literaturangaben angemerkt würden.

12 Schubgefängnisbuch, Nr. 184.3.

13 Deutscher Reichsanzeiger und Preußischer Staatsanzeiger (= Reichsanzeiger) Nr. 89 vom 16.4.1943, S. 3.

14 Zeugenvernehmung Auguste L. vom 20.6.1960, Hessisches Hauptstaatsarchiv Wiesbaden, Abt. 461, Nr. 37638/1-456, Bd. 36, Bl. 6166–6354, S. 6317 f.

15 Neben diesen beiden taucht in anderen Quellen zu Forchheim ein etwa 20-jähriger Musiker auf, der den Behörden ebenfalls als „Zigeunermischling" galt, 1944 in die Fänge der NS-Justiz geriet, vom Sondergericht Nürnberg als „Volksschädling" verurteilt wurde und im April 1945 bei der Überstellung von der JVA Straubing in das KZ Dachau befreit wurde (Staatsarchiv Landshut, Rep. 176/SR, JVA Straubing, Nr. 1231, passim).

stellt worden waren.[16] Diese Differenz hatte ihre Ursache einmal darin, dass viele der 1941 noch in Forchheim erfassten Personen später an anderen Orten verhaftet wurden, es zweitens einigen Verfolgten gelang unterzutauchen und schließlich drittens, dass mehrere Personen bereits in (KZ-)Haft waren, als die Verhaftungswelle im März 1943 begann.

Beispielhaft hierfür ist die Familie von Gemenikus L. (*1878): Ein gutes dreiviertel Jahr nach eben erwähntem Schreiben tauchten die Angehörigen dieser Familie erneut in einer Mitteilung der Kripo auf. Obwohl in Forchheim wohnhaft, war Gemenikus L. – wahrscheinlich beim Versuch, unterzutauchen – von der Kripo Kattowitz verhaftet worden. Mit ihm waren seine Kinder Elisabeth und Siegfried sowie sein Enkel Hugo H. verhaftet und in die Konzentrationslager Dachau bzw. Auschwitz verbracht worden.[17] Gemenikus L. durchlief nach Dachau die Konzentrationslager Majdanek, Auschwitz, Sachsenhausen und Mauthausen, wo er wohl kurz vor Kriegsende verstarb.[18]

Siegfried L. kam noch 1942 in Auschwitz um.[19] Elisabeth L. (*1921) war im November 1941 ebenfalls in Forchheim von der „Rassenhygienischen Forschungsstelle" erfasst worden.[20] Sie wurde nach der Verhaftung wahrscheinlich im Konzentrationslager Auschwitz gefangen gehalten.[21] Ihre nächsten Spuren finden sich dann ab August 1944 im Konzentrationslager Ravensbrück.[22] Sie lebte nach dem Krieg wieder in Rattelsdorf, wo sie den ebenfalls überlebenden Paul F. heiratete.[23]

Hugo H., war ebenfalls von der „Rassenhygienischen Forschungsstelle" in Forchheim erfasst, zum „Zigeunermischling" erklärt und im Sommer 1942 von der Kripo Kattowitz verhaftet worden. Noch im Juli 1942 wurde er in das Konzentrationsla-

16 Schreiben der Kripo Nürnberg an den Forchheimer Landrat vom 6.12.1941 mit drei Anhängen, vom selben Tag mit acht Anhängen, vom 1.11.1941 mit sieben Anhängen und vom 7.11.1941 mit einem Anhang, Staatsarchiv Bamberg, Rep. K 9, Landratsamt Forchheim, Nr. 8409.

17 Schreiben der Kripo Nürnberg an den Münchberger Landrat vom 4.8.1942, Staatsarchiv Bamberg, Rep. K 15, BA Münchberg, Nr. 2433.

18 Arolsen Archives (online-Archiv), tinyurl.com/5cae7u8f und tinyurl.com/2mv9yr2y (7.12.2024).

19 Eidesstattliche Versicherung, ohne Datum, Staatsarchiv Nürnberg, Wiedergutmachungsbehörde III, Nr. 1578, S. 44. https://victims.auschwitz.org/victims/137803 (10.12.2024).

20 Schreiben der Kripo Nürnberg an den Forchheimer Landrat vom 6.12.1941 mit drei Anhängen, Staatsarchiv Bamberg, Rep. K 9, Landratsamt Forchheim, Nr. 8409, ohne Paginierung.

21 Schreiben der Kripo Nürnberg an den Münchberger Landrat vom 4.8.1942, Staatsarchiv Bamberg, Rep. K 15, BA Münchberg, Nr. 2433, ohne Paginierung.

22 Arolsen Archives (online-Archiv), tinyurl.com/3fkmb4r2 (7.12.2024).

23 Auskunft des Archivars des Marktes Rattelsdorf, Manfred Jungkunz, vom 10.3.2022 (= Auskunft Archiv Rattelsdorf).

ger Dachau eingeliefert,[24] um kurz darauf in das Konzentrationslager Buchenwald überstellt zu werden (als Wohnort war immer noch Forchheim angegeben).[25] Noch im selben Jahr wurde er in das Konzentrationslager Natzweiler weiter verschleppt.[26] Die letzte greifbare Spur von Hugo H. führt nach Karlshagen-Peenemünde, einem Außenlager des Konzentrationslagers Ravensbrück, wo er im Juli 1944 verstarb und im Krematorium Greifswald eingeäschert wurde.[27]

Ein weiterer Sohn von Gemenikus L., David (*1913), konnte mit seiner Frau Rosa und Sohn Alexander (*1937) zunächst untertauchen.[28] In einem Rückerstattungsverfahren (in dem Forchheim als letzter Wohnsitz und Entziehungsort benannt wurde[29]) berichtet Rosa L. von der Wehrmachtsentlassung ihres Mannes 1940, der gemeinsamen Flucht nach Polen 1941 und der Ermordung ihres Mannes 1945 in der Slowakei. Sie selbst tauchte 1942 in Luxemburg und Heidelberg unter. Ihre Forchheimer Wohnung und das dortige Eigentum gingen verloren.[30] Das weitere Schicksal von Alexander L. und die Umstände seines Überlebens sind unbekannt.[31]

Durch Flucht und Untertauchen konnte sich auch eine weitere Tochter Gemenikus L.s, Bertha H., retten, die ebenfalls in Forchheim von der „Rassenhygienischen Forschungsstelle“ erfasst worden war.[32] Sie war etwa ein Jahr, bevor die familienweisen Deportationen nach Auschwitz begannen, aus Forchheim geflohen, in Österreich untergetaucht[33] und seitdem ununterbrochen auf der Flucht, wobei

24 Arolsen Archives (online-Archiv), tinyurl.com/yc7hnkw3 (7.12.2024).

25 Arolsen Archives (online-Archiv), tinyurl.com/sejfz7jm (7.12.2024).

26 Arolsen Archives (online-Archiv), tinyurl.com/3hpvevcp (7.12.2024).

27 Arolsen Archives (online-Archiv), tinyurl.com/bdcma9me (7.12.2024).

28 Abschrift der Erläuterungen zum Rückerstattungsantrag vom 9.8.1955, Staatsarchiv Nürnberg, Wiedergutmachungsbehörde III, Nr. 2302, S. 34.

29 Anmeldebogen für rückerstattungsrechtliche Geldansprüche vom 3.1.1959, ebd., S. 2–4.

30 Abschrift der Erläuterungen zum Rückerstattungsantrag vom 9.8.1955, ebd., S. 34.

31 Sitzungsniederschrift der Wiedergutmachungsbehörde III vom 6.4.1962, Staatsarchiv Nürnberg, Wiedergutmachungsbehörde III, Nr. 1579, S. 28.

32 Kripo Nürnberg an den Landrat in Forchheim vom 1.11.1941 mit sieben Anhängen, Staatsarchiv Bamberg, Rep. K 9, Landratsamt Forchheim, Nr. 8409.

33 Rechtsanwalt Freydag an die Wiedergutmachungsbehörde III vom 13.6.1961, Staatsarchiv Nürnberg, Wiedergutmachungsbehörde III, Nr. 2302, S. 17 und Niederschrift der Aussage von Hilde L. vom 31.10.1960, Staatsarchiv Würzburg, Wiedergutmachungsbehörde IV, Nr. N 1143, S. 22–25.

sie nicht nur ihren Besitz zurücklassen musste, sondern auch ihre fünf Kinder,[34] die daraufhin bei ihrer Großmutter Anna Auguste L. in Münchberg lebten.[35]

Berthas Ehemann Max Friedrich H. war bereits 1939 verhaftet worden[36] und befand sich im April 1943 im Zuchthaus Straubing,[37] wo er seit 1942 eine vierjährige Haftstrafe verbüßen sollte.[38] Ob er sich danach noch einmal in Freiheit befunden hat, ist unbekannt – jedenfalls wurde er Ende März/Anfang April 1944 von der Kripo Nürnberg ins „Zigeunerlager" in Auschwitz-Birkenau eingeliefert (Z-9282). Mitte Mai 1944 wurde er nach Buchenwald, dann in das Konzentrationslager Mittelbau überstellt (als Wohnort ist in den fraglichen Unterlagen stets Münchberg eingetragen).[39] Nach dieser Überstellung verliert sich seine Spur; er wurde später zum 8. Mai 1945 für tot erklärt.[40]

Anfang der 1960er Jahre stellte Max Friedrich H.s Frau Bertha einen Wiedergutmachungs- bzw. Rückerstattungsantrag. Sie tat dies als alleinig Erbberechtigte, da „die weiteren Erben verschollen sind". Mutmaßlich waren also nicht nur ihr Ehemann, sondern auch alle ihrer Kinder der Verfolgung zum Opfer gefallen.[41]

Münchberg: Anna Auguste L. und ihre Enkel

Nachdem der Fokus dieser Schilderung sich nun der Sache nach ohnehin von Forchheim nach Münchberg verschoben hat, soll es im Folgenden darum gehen, was sich über die Ereignisse dort noch festhalten lässt.

---

34 Schreiben des Anwalts Freydag an die Wiedergutmachungsbehörde III vom 22.3.1963, Staatsarchiv Nürnberg, Wiedergutmachungsbehörde III, Nr. 3427, S. 42 und Beilage zu Schreiben Nr. 1463 des Münchberger Bürgermeisters an den dortigen Landrat vom 5.4.1943, Staatsarchiv Bamberg, Rep. K 15, BA Münchberg, Nr. 2433.

35 Schreiben des Rechtsanwalts Freydag an die Wiedergutmachungsbehörde III vom 16.7.1960, Staatsarchiv Nürnberg, Wiedergutmachungsbehörde III, Nr. 1578, S. 18.

36 Schreiben des Anwalts Freydag an die Wiedergutmachungsbehörde III vom 22.3.1963, ebd., S. 42.

37 Beilage zu Schreiben Nr. 1463 des Münchberger Bürgermeisters an den dortigen Landrat vom 5.4.1943, Staatsarchiv Bamberg, Rep. K 15, BA Münchberg, Nr. 2433.

38 Schreiben Nr. 4517 vom 1. September 1942 der Kripo Nürnberg an den Landrat in Münchberg, ebd.

39 Arolsen Archives (online-Archiv), tinyurl.com/2f4z6uad (7.12.2024).

40 Beglaubigte Abschrift des Rechtsanwalts Freydag vom 8.9.1961, Staatsarchiv Nürnberg, Wiedergutmachungsbehörde III, Nr. 3427, S. 16.

41 Schreiben des Rechtsanwalts Freydag an das Verwaltungsamt für innere Restitution vom 7.11.1962, ebd., S. 13.

Die Verfolgung in Münchberg – wo von einer angeblich zu bekämpfenden „Zigeunerplage“ vor 1933 selbst aus Sicht der Behörden keine Rede sein konnte[42] – betraf vor allem Angehörige der miteinander verwandten Familien H., F. und L., die der Region schon lange verbunden waren.[43]

Die Deportation von Mitgliedern der Familien L. und H. lässt sich am deutlichsten wiederum am schon erwähnten Eintrag im Nürnberger Schubgefängnisbuch dokumentieren:

Hier finden sich – mit der Angabe Münchberg als Wohnort und dem „Zigeunerlager“ in Auschwitz-Birkenau als Ziel[44] – die fast 70-jährige Anna Auguste L., die Mitte Januar 1944 im Lager ermordet wurde sowie die fünf, zwischen vier und 16 Jahre alten Kinder ihrer Tochter Bertha. Von diesen wurden – ausweislich der Quellen – in Auschwitz zwei ermordet. Von den anderen dreien ist dies mit größter Wahrscheinlichkeit anzunehmen,[45] da ihre Mutter, wie erwähnt, im entsprechenden Rückerstattungsverfahren als alleinige Erbberechtigte auftrat.

Über den Ablauf dieser ersten Deportationen aus Münchberg ist wenig bekannt. Eine Besonderheit scheint aber zu sein, dass Anna Auguste mit ihren fünf Enkelsöhnen und -töchtern von der Schutzpolizei Münchberg noch kurz vor dem eigentlich angeordneten Zeitpunkt verhaftet wurde, offenbar aus Sorge, sie könnten fliehen.[46]

Münchberg: Familie F.

Ende Juli 1942 verständigte die Münchberger Schutzpolizei über das Bürgermeisteramt die Kriminalpolizei Nürnberg darüber, dass die „Zigeuner“ Josef F., dessen Frau Pauline und deren Mutter Anna Auguste „aus Tarnowitz kommend“

42 Anhang des Gend. Oberkommissärs in Münchberg vom 6.2.1931 zum Schreiben des Staatsministeriums des Innern Nr. 2512 a 1 vom 19.1.1931, Staatsarchiv Bamberg, Rep. K 15, BA Münchberg, Nr. 2433.

43 Schreiben Nr. 695 der Gendarmeriestation Küps an das Bezirksamt Kronach vom 27.9.1929, Staatsarchiv Bamberg, Rep. K 12, BZ/LRA Kronach, Nr. 3896, ohne Paginierung.

44 Schubgefängnisbuch, laufende Nr. 184.4 mit 184.9.

45 Vgl. Einträge Z-4104, Z-4105, Z-4106 im Häftlingsbuch der Männer und Z-4597, Z-4599, Z-4598 in dem der Frauen. Das älteste der Enkelkinder, Joseph, wurde weiter nach Buchenwald, dann aber wieder zurück nach Auschwitz verlegt, wo sich seine Spur verliert; vgl. Arolsen Archives (online-Archiv), tinyurl.com/47kuwh75 (7.12.2024).

46 Schreiben der Schutzpolizei-Dienstabteilung Münchberg an den dortigen Bürgermeister vom 9.3.1943, Staatsarchiv Bamberg, Rep. K 15, BA Münchberg, Nr. 2433.

nach Münchberg zugezogen seien.[47] Zur Familie gehörten ferner Tochter Gisela (*1931) und die Söhne Renaldi (*1930), Alexander (*1935) und Eduard (*1941).[48]

Nachdem sie in Münchberg in Zwangsaufenthalt genommen worden waren, trafen im April 1943 dann die „rassebiologischen Gutachten" ein, die die Mitglieder der Familie zu „Zigeunermischlingen" deklarierten. Erfasst worden waren sie in Höfenneusig im Januar, bzw. Februar 1943.[49]

Im März 1944 – also etwa ein Jahr, nachdem so viele andere oberfränkische Sinti bzw. Roma deportiert worden waren – wurde Josef F. ein Umzug von Münchberg nach Rattelsdorf verboten.[50] Der Hintergrund dieses Umzugsvorhabens ist nicht greifbar, wahrscheinlich aber ist das Verbot als vorbereitender Schritt für die Verhaftung der Familie zu sehen, die dann knapp einen Monat später erfolgte.[51] Wenig später bat der Münchberger Landrat beim zuständigen Regierungspräsidenten darum, die durch „den Transport der Zigeunerfamilie Josef F. von Münchberg in das Polizeigefängnis Nürnberg" entstandenen Kosten von 68,95 RM zu erstatten.[52]

Zu diesem Zeitpunkt war Familie F. bereits in Auschwitz angekommen – die 14-jährige Gisela war das einzige Mitglied der Familie, das überleben würde.[53]

Rattelsdorf, Gaustadt, Bamberg: Familie E.

Der Rattelsdorfer Ortsarchivar Jungkunz erwähnt den 1919 geborenen Hugo E., der sich als Fußballspieler lokale Berühmtheit erspielt hatte.[54] Über die Verfolgung Hugo E.s ist abermals wenig ermittelbar. Im Januar 1942 von der Kripo Berlin zur Fahndung ausgeschrieben,[55] wurde er irgendwann zwischen dem 14. Mai und 1. Juni 1943 in Auschwitz unter der Nummer Z-8218 registriert und befand

47 Schreiben der Kripo Nürnberg an den Münchberger Landrat vom 4.8.1942, ebd.
48 Beglaubigung des Münchberger Bürgermeisters vom 15.8.1956, Staatsarchiv Nürnberg, Wiedergutmachungsbehörde III, Nr. 2258, S. 4.
49 RHF-Gutachten Nr. 21125 vom 2.2.1943, Staatsarchiv Bamberg, Rep. K 15, BA Münchberg, Nr. 2433.
50 Kripo Nürnberg an den Landrat in Münchberg vom 17.3.1944, ebd.
51 Schreiben „Festnahme zigeunerischer Personen" der Kripo Nürnberg an den Landrat in Münchberg vom 4.4.1944, ebd.; Vermerk Nr. 5590/43 vom 14.4.1944 des Landrats in Münchberg, ebd.
52 Schreiben „Festnahme zigeunerischer Personen" des Landrats in Münchberg vom 16.6.1944, ebd.
53 Rechtsanwalt Freydag an die Wiedergutmachungsbehörde III vom 9.10.1959, Staatsarchiv Nürnberg, Wiedergutmachungsbehörde III, Nr. 2258, S. 9.
54 Manfred Jungkunz, Rattelsdorf. Kleinod im Itzgrund. Von der ersten Nennung 633 bis zur Gegenwart. Von den ersten Ansiedlungen zur Großgemeinde, Rattelsdorf 2014 (= Jungkunz, Kleinod), S. 210.
55 Arolsen Archives (online-Archiv), tinyurl.com/ykcbk252 (7.12.2024).

sich Anfang März 1945 im Konzentrationslager Ravensbrück.[56] Verhaftungsort und -umstände sind bislang unbekannt. Auch im bereits erwähnten Schubgefangenenbuch finden sich Personen mit dem Nachnamen „E." und dem Wohnort „Rattelsdorf" – ohne aber, dass aus dieser oder anderen Quellen ersichtlich würde, ob bzw. wie sie mit Hugo E. verwandt wären. Es handelt sich dabei um Albert E. (*1891) und dessen Sohn oder Bruder August E. (*1919).[57] Ebenfalls aus dieser Deportationsliste findet sich Ewald E. (*1871), der Vater von Albert E.[58]

Albert E. wurde im Mai 1942 von der „Rassenhygienischen Forschungsstelle" zum „Zigeunermischling" erklärt, als er im heutigen Bamberger Stadtteil Gaustadt lebte.[59] Dort wohnte er auch noch im Juli desselben Jahres,[60] danach wird sein Wohnort quellenmäßig schwerer greifbar. Zwar ist im Haftbuch des Nürnberger Schubgefängnisses Rattelsdorf als Wohnort angegeben,[61] andererseits spricht der Reichsanzeiger, in dem die Gestapo die Enteignung der Deportierten verkündete, von Gaustadt als letztem Wohnort[62] – eine Angabe, die durch weitere Quellen gestützt wird. Ebenfalls von Gaustadt als Wohnort sprechen die Amtlichen Mitteilungen der Reichsmusikkammer, aus der er genau einen Monat vor seiner Ermordung in Auschwitz (Z-4099) ausgeschlossen wurde.[63]

Ewald E. (*1871), der Vater von Albert E., lebte spätestens ab Dezember 1939 in Rattelsdorf,[64] wurde aber im Nürnberger Schubgefängnis mit dem Wohnort Gaustadt registriert, bevor er – wie sein Sohn – nach Auschwitz deportiert wurde,[65] wo er unter der Häftlingsnummer Z-4100 nur knapp einen Monat nach seiner Einlieferung starb. Wie sein Sohn Eichwald wurde er im Zusammenspiel von Kri-

---

56 Arolsen Archives (online-Archiv) tinyurl.com/ms2e3rb5 (7.12.2024).

57 Gendarmerie Höchstadt an Amtsanwaltschaft Nürnberg am 23.12.1939, Staatsarchiv Nürnberg, Rep. 235/9, Amtsgericht Fürth, Abgabe 1970, Strafprozessakten Jahrgang 1937–39, Nr. 52, S. 52; Schreiben Nr. 5185 des GP Zapfendorf an den Landrat Staffelstein vom 10.8.1942, Staatsarchiv Bamberg, Rep. K5, BZ Bamberg II, Nr. 3885, ohne Paginierung.

58 Schreiben Nr. 5185 des Gendarmerie-Posten Zapfendorf an den Landrat Staffelstein vom 10.8.1942, Staatsarchiv Bamberg, Rep. K5, BZ Bamberg II, Nr. 3885, ohne Paginierung.

59 RHF-Gutachten Nr. 17070 vom 22.5.1942, ebd., ohne Paginierung.

60 Kripo Nürnberg an den Staffelsteiner Landrat vom 28.7.1942, ebd., ohne Paginierung.

61 Schubgefängnisbuch, laufende Nr. 186.3.

62 Reichsanzeiger Nr. 79 vom 5.4.1943, S. 1 f.; Arolsen Archives (online-Archiv), tinyurl.com/muxz6yeu und tinyurl.com/53zrb56m (7.12.2024).

63 Amtliche Mitteilungen der Reichsmusikkammer Nr. 5 vom 15.5.1943, S. 23, Staatsarchiv Bamberg, Rep. M 30 (NSDAP-Gauleitung Bay. Ostmark), Nr. 1020, ohne Paginierung.

64 Gendarmerie Höchstadt an Amtsanwaltschaft Nürnberg am 23.12.1939, Staatsarchiv Nürnberg, Rep. 235/9, Amtsgericht Fürth, Abgabe 1970, Strafprozessakten Jahrgang 1937–39, Nr. 52, S. 52.

65 Schubgefängnisbuch, laufende Nr. 186.5.

po Nürnberg[66] und Finanzamt Bamberg[67] im Zuge seiner Deportation enteignet; wie bei seinem Sohn wurde dies über den Reichsanzeiger publiziert.[68]

August E. wohnte spätestens im Winter/Frühjahr 1939 in Höchstadt,[69] dann im August 1942 bei Weidemann F. in Rattelsdorf.[70] Rattelsdorf war auch der Wohnort, der im Haftbuch des Nürnberger Schubgefängnisses, dieser Zwischenstation zwischen Verfolgung und Vernichtung, angegeben war.[71] Auch für August E. erstellte die Kripo Nürnberg im Rahmen der Deportation ein Vermögensverzeichnis.[72] Auch hier war für den Entzug das Finanzamt Bamberg verantwortlich, allerdings ging dieses von Gaustadt als letztem Wohnort aus.[73] Gaustadt war auch der im Reichsanzeiger veröffentlichte Wohnort.[74]

Unabhängig davon, an welchem Ort in Oberfranken August E. sich zuletzt aufhielt, wohnte und/oder verhaftet wurde: Am 28. Juni 1943 wurde er in Auschwitz unter der Häftlingsnummer Z-4101 ermordet. Zwei Wochen später ereilte den zuletzt in Gaustadt wohnhaften Johann E.[75] (Z-4102) dasselbe Schicksal.

Mutmaßlich ebenfalls in Gaustadt gelebt hatte bis zu ihrer Deportation Marie R. (*1895) – gesichert ist, dass sie unter der Häftlingsnummer Z-4595 am 31. Oktober 1943 im „Zigeunerlager“ in Auschwitz-Birkenau ums Leben kam.

Auguste Ha., eine Schwester von Marie R., sollte im September 1942 aus der Strafanstalt Augsburg entlassen werden,[76] was Folgen für die Familien in Oberfranken hatte: Durch die anstehende Haftentlassung trat nämlich die Kripo Nürnberg auf den Plan, um die Familienverhältnisse Auguste Ha.s zugunsten weiterer Repressionsmaßnahmen auszuforschen. Als Folge dessen stellte der Gendarmerieposten Zapfendorf Ermittlungen über die Wohn- und Familienverhältnisse in Rattelsdorf und Gaustadt an, die als informationeller Beitrag zur späteren Umset-

66 Arolsen Archives (online-Archiv), tinyurl.com/3etsyewx (7.12.2024).
67 Arolsen Archives (online-Archiv), tinyurl.com/ythk9arf (7.12.2024).
68 Reichsanzeiger Nr. 79 vom 5.4.1943, S.1 f.
69 Gendarmerie Höchstadt an Amtsanwaltschaft Nürnberg am 23.12.1939, Staatsarchiv Nürnberg, Rep. 235/9, Amtsgericht Fürth, Abgabe 1970, Strafprozessakten Jahrgang 1937–39, Nr. 52, S. 52.
70 Schreiben Nr. 5185 des Gendarmerie-Posten Zapfendorf an den Landrat Staffelstein vom 10.8.1942, Staatsarchiv Bamberg, Rep. K5, BZ Bamberg II, Nr. 3885, ohne Paginierung.
71 Schubgefängnisbuch, laufende Nr. 186.4.
72 Arolsen Archives (online-Archiv), tinyurl.com/3amny2rd (7.12.2024).
73 Arolsen Archives (online-Archiv), tinyurl.com/kr8s6fb4 (7.12.2024); siehe auch: Arolsen Archives (online-Archiv), tinyurl.com/dh4b6fyc (7.12.2024).
74 Reichsanzeiger Nr. 79 vom 5.4.1943, S. 1 f.
75 Arolsen Archives (online-Archiv), tinyurl.com/yn9cnbv5 (7.12.2024); Reichsanzeiger Nr. 79 vom 5.4.1943, S. 1 f.
76 Kripo Nürnberg an den Staffelsteiner Landrat vom 28.7.1942, Staatsarchiv Bamberg, Rep. K5, BZ Bamberg II, Nr. 3885.

zung der Deportationen betrachtet werden können. Sie ergaben, dass „bei dem Zigeunermischling" Weidemann F. in Rattelsdorf seit November 1939 August E. (*1919) wohnte, seine Schwester Lieschen Fr. (*1925) wie auch Anna R. (*1929), die gegenwärtig in Gaustadt bei Eichwald E. wohnte, vormals dort gelebt habe.[77]

Rattelsdorf: Familie Fr.

Belegbar ist über das weitere Schicksal von Auguste Ha. nur, dass sie Anfang März 1944 in das Konzentrationslager Ravensbrück eingeliefert wurde.[78] Wo sich Auguste Ha. in der Zeit zwischen ihrer Inhaftierung in Bayern und der Einlieferung in Ravensbrück befand, ist unklar. Mutmaßlich war sie in der Zwischenzeit aufgrund kriminalpolizeilicher „Vorbeugungshaft" an anderen Orten eingesperrt.

Ähnliche Unklarheiten ergeben sich hinsichtlich ihrer im Bericht der Zapfendorfer Gendarmerie erwähnten Tochter, Lieschen Fr. (*1925). Diese war seit 1941 in einer Bamberger Weinwirtschaft als Dienstmädchen angestellt.[79] Abgesehen von einem Vermögensverzeichnis der Kripo Nürnberg, in dem auch sie auftaucht, fehlen bislang jegliche weiteren Informationen über ihr weiteres Schicksal. Zwar wurde sie (mit Wohnortangabe Rattelsdorf) im Nürnberger Schubgefängnisbuch registriert und laut der dortigen Angaben auch nach Auschwitz weitertransportiert,[80] allerdings wurde sie dort nicht verzeichnet. Eine mögliche, wenn auch zugegebenermaßen höchst spekulative Erklärung könnte sein, dass es ihr – wie zwei anderen Personen, die auf diesem Transport sein sollten – gelang, zu fliehen und unterzutauchen. Letztlich ist ihr Schicksal aber bislang ungeklärt.

Über Anna R. (*1929), die laut dem Bericht im August 1942 in Gaustadt lebte,[81] wissen wir nur, dass sie über Nürnberg nach Auschwitz deportiert wurde,[82] wo sie unter der Häftlingsnummer Z-4596 Anfang Mai 1944 ermordet wurde.

Rattelsdorf: Familie Weidemann F.

Nachdem sie schon mehrmals im Kontext der Verfolgung einiger ihrer Kinder erwähnt wurden, folgen nun ein wenig ausführlichere Informationen zu Emma und Weidemann F.: Weidemann F. (*1880), Schausteller und Artist, war 1936/1937 in

77 Schreiben Nr. 5185 des GP Zapfendorf an den Landrat Staffelstein vom 10.8.1942, ebd.
78 Arolsen Archives (online-Archiv), tinyurl.com/yeyvu9ka (7.12.2024).
79 Schreiben Nr. 5185 des GP Zapfendorf an den Landrat Staffelstein vom 10.8.1942, Staatsarchiv Bamberg, Rep. K5, Bezirksamt Bamberg II, Nr. 3885, ohne Paginierung.
80 Schubgefängnisbuch, laufende Nr. 186.6.
81 Schreiben Nr. 5185 des GP Zapfendorf an den Landrat Staffelstein vom 10.8.1942, Staatsarchiv Bamberg, Rep. K5, BZ Bamberg II, Nr. 3885, ohne Paginierung.
82 Schubgefängnisbuch, laufende Nr. 188.1

Rattelsdorf bzw. Höfen gemeldet.[83] Im Juni 1939 wurde er mit anderen Familienmitgliedern in Erlangen erfasst, während sie zum Musizieren auf Reisen waren. Zu dieser Zeit besaß die Familie zwei Grundstücke in Höfen bzw. Rattelsdorf.[84] Mitte 1942 war er noch immer in Rattelsdorf gemeldet.[85]

Nachdem sie ein Verfahren zur Identitätsfeststellung gegen ihn eingeleitet hatte, suchte Weidemann F. im Januar 1941 aus freien Stücken die Kripo Berlin auf, um die Personenfrage zu klären. Da er mit diesem Versuch gegen den Festsetzungserlass verstoßen hatte, wurde er verhaftet.[86] Auf Verlangen der Kripo Nürnberg sollte er von Berlin nach Nürnberg überstellt werden, damit die dortige Kripo die Verhängung der Vorbeugehaft, sprich: die KZ-Einweisung, prüfen könne.[87] Mitte 1942 erklärte die Kripo Nürnberg ihn für staatenlos,[88] was sich auf seine Kinder und deren Kinder übertrug.

Weidemann und Emma F.s Enkelin Sonja erinnert sich, dass ihre Großeltern von Dorfbewohnern gewarnt worden seien, dass Deportationen bevorstünden. Beiden gelang daraufhin die Flucht nach Österreich zu Verwandten in einem Wanderzirkus. Beide überlebten und kehrten später nach Rattelsdorf zurück.[89]

In das Personenfeststellungsverfahren, das die Kripo Berlin gegen Weidemann F. führte, wurde – neben vielen weiteren Familienmitgliedern – auch seine Ehefrau Emma F. (*1875) einbezogen. Aus der Akte erfährt man, dass sie im Januar 1941 erkennungsdienstlich behandelt worden war, nämlich an dem damaligen Wohnort Rattelsdorf. Mit dem Verdacht, einen falschen Namen zu führen, war auch in Emma F.s Fall der Verlust der Staatsangehörigkeit verbunden.

Um dies abzuwenden, sprach Emma F. ebenfalls im Januar 1941 bei der Kripo Berlin vor, um für ihren Sohn Max F. die Wiedererlangung der Staatsangehörigkeit zu erreichen. Als Reaktion auf diese Vorsprache fand im Februar 1941 in Rattelsdorf eine Hausdurchsuchung bei Emma F. statt, bei der zahlreiche Familiendokumente beschlagnahmt wurden.[90] Letztlich blieb ihr, wie ihrem Ehemann,

83 Jungkunz, Kleinod, S. 209 f. und Auskunft Archiv Rattelsdorf.
84 Stadtarchiv Erlangen, Fach 130, Akt 8a, Anhänge des Schreibens des Erlanger Oberbürgermeisters vom 13.6.1939, ohne Paginierung.
85 Schreiben der Kripo Nürnberg an den Münchberger Landrat vom 4.8.1942, Staatsarchiv Bamberg, Rep. K 15, BA Münchberg, Nr. 2433, ohne Paginierung.
86 Arolsen Archives (online-Archiv), tinyurl.com/2dv233xr, S. 75 (7.12.2024).
87 Arolsen Archives (online-Archiv), tinyurl.com/2dv233xr, S. 79 f. (7.12.2024).
88 Schreiben der Kripo Nürnberg an den Münchberger Landrat vom 4.8.1942, Staatsarchiv Bamberg, Rep. K 15, BA Münchberg, Nr. 2433, ohne Paginierung.
89 Vgl. www.coelbe.de/rathaus-politik/erinnerungskultur/familie-strauss (7.12.2024). Den Hinweis auf diesen Artikel verdanke ich Thomas Höhne vom bayerischen Landesverband der Sinti und Roma.
90 Arolsen Archives (online-Archiv), tinyurl.com/2dv233xr (7.12.2024).

nur die Flucht in die Klandestinität, um ihr Leben zu retten. Zusammen mit Weidemann kehrte sie nach 1945 nach Rattelsdorf zurück.[91]

Emma und Weidemann F. hatten neben den bereits genannten Kindern Josef (mit seiner Familie deportiert aus Münchberg) und Rosa (mit Mann und Kind aus Forchheim geflohen) mindestens fünf weitere Kinder: Oswald, Klara, Paul, Max und Emilie. Weiterführende Spuren finden sich, soweit es Oberfranken betrifft, nur für Klara und Paul F.[92]

Klara F. wurde 1913 geboren.[93] Im Juni 1937 meldete sie sich, von Hannover kommend, in Höfen an, wo sie nach einer kurzen Ummeldung ins benachbarte Rattelsdorf ab dem Frühjahr 1938 wieder wohnte.[94] Als Klara Fr. wurde sie im Nürnberger Schubgefängnis (mit Rattelsdorf als Wohnort)[95] und in Auschwitz als Nummer Z-4604 verzeichnet. Ihr weiteres Schicksal ist bislang ungeklärt. Mit ihr wurden ihre Kinder deportiert, deren Wohnsitz ebenfalls Rattelsdorf war.[96] Alfons – unter der Nummer Z-4113 im Alter von noch nicht zehn Jahren in Auschwitz ermordet; Alfred – mit neun Jahren unter der Nummer Z-4112 im Lager registriert und danach aus den Quellen verschwunden; Josef – mit sieben Jahren unter Z-4114 registriert und zu einem unbekanntem Zeitpunkt ermordet; Rosa – mit drei Jahren unter Z-4605 registriert und ebenfalls zu einem unbekanntem Zeitpunkt ermordet und Ilka (auch gen. Maria, *1927). Ebenfalls ins Polizeischubgefängnis Nürnberg eingeliefert,[97] konnte sie bei der Deportation nach Auschwitz „vom Transport weg“ zu ihren Großeltern nach Österreich fliehen und so überleben.[98]

Paul F. (*1908) war wie viele seiner Verwandten Musiker auf Reisen und unterlag den entsprechenden Gängelungen.[99] Um den Jahreswechsel 1941/42 herum scheint ihm die Flucht in die besetzte CSR gelungen zu sein; jedenfalls waren die Nachforschungen der Verfolgungsbehörden zunächst erfolglos.[100] Unter un-

91 Vgl. www.coelbe.de/rathaus-politik/erinnerungskultur/familie-strauss (7.12.2024).
92 Max und Emilie F. lebten mit ihren jeweiligen Familien in Bernau, bzw. Hannover. Auf das Verfolgungsschicksal dieser Zweige der Familie kann hier leider nicht eingegangen werden.
93 Arolsen Archives (online-Archiv), tinyurl.com/yvdpr5fc (7.12.2024).
94 Diverse Meldescheine vom 15.3.1938, Gemeindearchiv Rattelsdorf, Hö-A 15/2, ohne Paginierung und Jungkunz, Kleinod, S. 210.
95 Schubgefängnisbuch, laufende Nr. 186.7.
96 Schubgefängnisbuch, laufende Nr. 186.9, 187.0, 187.1 und 187.2.
97 Schubgefängnisbuch, laufende Nr. 186.8.
98 Niederschrift der Aussage von Hilde L. vom 31.10.1960, Staatsarchiv Würzburg, Wiedergutmachungsbehörde IV, Nr. N 1143, S. 22–25.
99 Stadtarchiv Erlangen, Fach 130, Akt 8a, Anhänge des Schreibens des Erlanger Oberbürgermeisters vom 13.6.1939, ohne Paginierung.
100 Abschrift der eidesstattlichen Versicherung vom 5.1.1959, Staatsarchiv Nürnberg, Wiedergutmachungsbehörde III, Nr. 2302, S. 36.

bekannten Umständen geriet er dennoch in die Fänge des Regimes: Sein Name findet sich in den Listen des „Zigeunerlagers“ (Z-3469). Nach mehreren Weiterverlegungen wurde er Anfang April 1945 schließlich vom Konzentrationslager Natzweiler nach Dachau überstellt.[101] Paul F. überlebte und heiratete – nachdem seine erste Ehefrau, Martha, in den Lagern ermordet worden war – Elisabeth L. (*1921).[102]

Martha F. (*1911) hatte Paul F. 1933 in Berlin geheiratet.[103] Sie lebte im Juni 1941 in Rattelsdorf,[104] wo sie – bei Strafe der KZ-Haft – in Zwangsaufenthalt genommen wurde.[105] Im November 1941 lag noch keine „Diagnose“ der „Rassenhygienischen Forschungsstelle“ für sie vor, es ging also auf eine Entscheidung der Kripo zurück, dass sie staatlicherseits als „Zigeunerin“ zu gelten hatte.[106]

Martha und Paul F. hatten mindestens vier Kinder: Edmund, der von seinem Geburtsort Rattelsdorf aus über Nürnberg nach Auschwitz deportiert wurde,[107] wo er im Alter von nicht einmal zwei Jahren Anfang Juni 1943 ermordet wurde;[108] Adam, der auf dem gleichen Weg deportiert wurde, dessen weiteres Schicksal aber ungeklärt ist;[109] Eva (*1937), die im Alter von fünf Jahren unter der Nummer Z-4608 im Januar 1944 ermordet wurde,[110] und Rosemarie (*1932), deren letzte archivalische Spuren sich in den Listen des Schubgefängnisses[111] und denen des Lagers Auschwitz-Birkenau finden (Z-4607). Rosemaries Schicksal ist damit auch ungeklärt, ihr Tod im Lager lässt sich aber mit hoher Wahrscheinlichkeit annehmen.

Das weitere Schicksal Martha F.s war das ihrer Kinder: Alle wurden sie von ihrem Wohnort Rattelsdorf aus am 8. März 1943 in Nürnberg ins Schubgefängnis eingeliefert und am 16. März 1943 nach Auschwitz deportiert.[112] Nur zwei Monate später starb Martha F. dort unter der Häftlingsnummer Z-4606.

101 Arolsen Archives (online-Archiv), tinyurl.com/bddv5r6m und tinyurl.com/2h4d9vkz (7.12.2024).
102 Auskunft Archiv Rattelsdorf.
103 Auskunft Archiv Rattelsdorf.
104 Anlage „Geburtsurkunde Edmund F.“, Auskunft Archiv Rattelsdorf.
105 Arolsen Archives (online-Archiv), tinyurl.com/2dv233xr – S. 8–10 und 12 f. (7.12.2024).
106 Ebd., S. 82.
107 Schubgefängnisbuch, laufende Nr. 187.7.
108 Anlage „Geburtsurkunde Edmund F.“, Auskunft Archiv Rattelsdorf.
109 Schubgefängnisbuch, laufende Nr. 187.6, in Auschwitz registriert unter Z-4115.
110 Arolsen Archives (online-Archiv), tinyurl.com/2dv233xr – S. 82 (7.12.2024).
111 Schubgefängnisbuch, laufende Nr. 187.4.
112 Ebd., laufende Nr. 187.3.

Exkurs: Höfen

Bevor diese Schilderung Rattelsdorf verlässt, ist ein Hinweis darauf nötig, dass in den Ausführungen der Ort Rattelsdorf vor der Gebietsreform von 1972 gemeint ist. Die heutigen Ortsteile Höfen (mit Höfenneusig) und Ebing gehörten in den 1940er Jahren noch zu Unterfranken. Dies ist in diesem Kontext deshalb wichtig, weil auch dort Sinti lebten und verfolgt wurden.

Namentlich die Mitglieder der Familie B. mussten massiv unter dem NS-Regime leiden: Von den zwölf bekannten Mitgliedern wurden acht in Konzentrationslager verschleppt, hinsichtlich der anderen vier war bislang zu wenig Quellenmaterial ermittelbar, um konkrete Aussagen treffen zu können. Da trotz der heutigen Lage in Oberfranken ihr damaliger Wohnort aus dem hier zu besprechendem Gebiet fällt und da der Raum für diese Darstellung begrenzt ist, kann der Verfolgungsgeschichte dieser Familie in diesem Rahmen nicht weiter nachgegangen werden.

Bayreuth und Coburg

Bester Ausgangspunkt, um die Situation in Bayreuth zu erschließen, ist wohl die Erfassungsaktion, die das Bayreuther Kriminalamt auf Druck des dortigen Oberbürgermeisters und in Erfüllung von Himmlers Runderlass vom 8. Dezember 1938 durchführte.[113] Infolgedessen wurden am 18. Mai 1939 elf „Personen, die als Zigeuner oder Zigeunermischlinge anzusehen sind, erkennungsdienstlich behandelt und Fingerabdrücke und Lichtbilder an die Staatl. Kriminalpolizei, Kriminalpolizeistelle Nürnberg eingesandt".[114]

Für fünf der auf dieser Liste genannten Personen fanden sich bislang keine weiteren Spuren von Verfolgung. Anzunehmen ist, dass sie aufgrund der noch herrschenden Unklarheit des Begriffs zwar dem Bayreuther Kriminalamt als „Zigeuner" galten, sie die „Rassenhygienischen Forschungsstelle" aber später zu „Nichtzigeunern" erklärte.

Die anderen sechs Personen waren Mitglieder der Familie R., von denen sich, soweit es Oberfranken betrifft, noch für zwei Brüder folgende Informationen finden lassen: Über Max R.s (*1899) Schicksal gibt das Online-Gedenkbuch für die Opfer des Nationalsozialismus der Stadt Bayreuth Auskunft: Bereits im Juni 1942 durch die Kripo Bayreuth verhaftet, durchlitt er die Konzentrationslager Flossenbürg, Ravensbrück und Dachau, wo er im November 1942 starb.[115]

113 Erinnerungsschreiben des Bayreuther Oberbürgermeisters Kempfler vom 27.4.1939, Stadtarchiv Bayreuth, Nr. 8666.

114 Kriminalsekretär Ott (?) vom 18.5.1939, ebd.

115 Vgl. www.gedenkbuch.bayreuth.de/gedenkbuch/sinti-und-roma (7.12.2024).

Gustav R. (*1908), war in den frühen 1960er Jahren Teil einer Erbengemeinschaft, die versuchte, Rückerstattungsansprüche nach seiner 1950 verstorbenen Ehefrau Helene R. (*1913, geb. Ba.) geltend zu machen, deren letzter Wohnort vor der Verfolgung Bayreuth gewesen war. Welche konkrete Form diese Verfolgung angenommen hatte, wird aus den Quellen aber nicht klar.[116]

Für Coburg lässt sich bislang die Verfolgung von vier Personen feststellen: Georg R. (*1897), Sibilla R. (*1901), Erwin R. (*1939) und Oswald Ba. (*1912). Bereits 1940 hatte der Coburger Bürgermeister bei der Nürnberger Kripo nachgefragt, ob das Ehepaar R., das versucht hatte, Coburg zu verlassen, nicht wegen Verstoßes gegen den „Festsetzungserlass" in Vorbeugungshaft genommen (d. h. in ein Konzentrationslager eingeliefert) werden könne. Da jedoch kein Eröffnungsnachweis vorlag, d. h. sie bislang noch nicht rechtskräftig in Zwangsaufenthalt genommen worden waren, beschied die Kripo dieses Anliegen negativ und das Ehepaar musste aus der Haft entlassen werden.[117] Offenbar ermöglichte es diese Festsetzung nun auch der „Rassenhygienischen Forschungsstelle", ihre „Diagnose" zu stellen.[118]

In Folge dieses „Gutachtens" wurden Sibilla R., ihr Ehemann Georg und deren Pflegekind Erwin E. von ihrer Wohnung in Coburg aus „auf unbestimmte Zeit in das Konzentrationslager Auschwitz überführt", wie die Kripoleitstelle Nürnberg dem Coburger Oberbürgermeister mitteilte.[119]

Die drei Mitglieder der Familie R. gehörten zu denen, die über Nürnberg deportiert[120] wurden und deren Beraubung über den Reichsanzeiger publiziert wurde.[121] Das gleiche Schicksal erlitt auch Oswald Ba. (*1912).[122] In allen vier Fällen finden sich die nächsten Quellen im Auschwitzer Archivmaterial und beim Internationalen Suchdienst Arolsen: Oswald Ba. (Z-4103) wurde Mitte April 1944 von Auschwitz nach Buchenwald verlegt,[123] wo er noch im Januar 1945 einer Zwangssterilisierung unterzogen wurde.[124] Georg R. (im Häftlingsbuch unter Nummer Z-4091 zu finden) starb nach nur fünf Wochen im Lager Ende April 1943; der vierjährige

116 Ergänzung zur Anmeldung einer Entschädigung vom 7.9.1959, Staatsarchiv München, Wiedergutmachungsbehörde I N, Nr. 4359, S. 9–14.

117 Kripo Nürnberg an OB und Sicherheitspolizei Coburg am 4.9.1940, Staatsarchiv Nürnberg, Rep. 218/10, Kripoleitstelle Nürnberg, S. 1.

118 Schreiben der Kripo Nürnberg vom 27.3.1942, ebd., S. 16.

119 Durchschlag des Schreibens der Kripo Nürnberg an den Coburger OB vom 21.4.1943, ebd., S. 11.

120 Schubgefängnisbuch, laufende Nr. 190.2, 190.3, 190.4.

121 Reichsanzeiger Nr. 79 vom 5.4.1943, S. 1 f.

122 Schubgefängnisbuch, laufende Nr. 190.6; Reichsanzeiger Nr. 89 vom 16.4.1943, S. 3.

123 Arolsen Archives (online-Archiv), tinyurl.com/3xf7wpaz (7.12.2024).

124 Arolsen Archives (online-Archiv), tinyurl.com/fb7pswnm (7.12.2024).

Erwin (Z-4092) im Dezember desselben Jahres; fünf Tage später folgte ihm Sibilla R. (Z-4591) in den Tod.

Bilanz

Von den 54 Personen in Oberfranken,[125] die in irgendeiner Form Opfer von Verfolgungen wurden, konnten sich sechs durch Flucht und ein Leben außerhalb des NS-staatlichen Radars retten. Eine Person starb auf der Flucht, das weitere Schicksal einer Person, die ebenfalls floh, ist ungeklärt.

Von zwei Personen wissen wir aus Nachkriegsverfahren, dass sie in irgendeiner Weise Opfer von Verfolgungsmaßnahmen wurden, welcher Art, ist aber unbekannt.

Von den sieben Menschen, die vor Beginn der Sammeldeportationen im März 1943 in andere Konzentrationslager (darunter auch das Stammlager Auschwitz) verschleppt wurden, überlebten zwei; vier wurden ermordet, das Schicksal einer weiteren Person ist ungeklärt.

In das „Zigeunerlager" im Vernichtungslager Auschwitz-Birkenau wurden aus Oberfranken 37 Sinti bzw. Roma deportiert. Von diesen überlebten drei, in sechs Fällen ist der weitere Verbleib unbekannt, was angesichts der Verhältnisse im Lager und der damit verbundenen Todesrate mit hoher Wahrscheinlichkeit annehmen lässt, dass auch sie dort umkamen. Von 28 Personen wissen wir aus Quellen gesichert, dass sie im „Zigeunerlager" starben.

Dass die überwiegende Zahl der oberfränkischen Sinti und Roma nach Auschwitz-Birkenau deportiert wurden und dass die stark überwiegende Zahl der dorthin Deportierten dort ums Leben kamen, belegt einmal mehr den genozidalen Charakter des nationalsozialistischen Antiziganismus.

Eine solche begründete Annäherung daran, wie viele Sinti bzw. Roma in Oberfranken von den Deportationen unter dem NS-Regime betroffen waren, fehlte bislang. Aufgrund der Quellenlage ist eine Rekonstruktion von Einzelschicksalen nötig, um zu quantitativen und qualitativen Aussagen zu kommen. Leider konnte dies hier nur sehr skizzenhaft geschehen. Viele Details zu den je individuellen Leidenswegen, zum Verhalten der vielfältigen an der Verfolgung beteiligten staatlichen Instanzen, zum Umgang mit den Überlebenden nach 1945 und zu vielem mehr mussten aufgrund der nötigen räumlichen Beschränkung dieses Artikels

125 Personen, deren Familien hier wohnten, die aber andernorts verfolgt wurden, sind, wie bereits erwähnt, hier nicht berücksichtigt worden.

unangesprochen bleiben. Dies hat auch zur Folge, dass die im Text genannten Personen hier fast nur als Objekte der staatlichen Repression auftauchen, weswegen an dieser Stelle daran erinnert sein soll, dass es sich bei jedem Einzelnen, bei jeder Einzelnen um menschliche Individuen mit je eigener Geschichte und Würde gehandelt hat, nicht um die bloßen Zahlen, zu denen der nationalsozialistische Antiziganismus sie erniedrigen und entmenschlichen wollte. Ich hoffe, diesen weiteren und umfassenderen Aspekten im Rahmen meines Dissertationsprojektes über die Verfolgung der Sinti und Roma in Bayern unter dem Nationalsozialismus mehr Platz einräumen zu können.

Antiziganismus nach 1945

Hans Woller

Als ich vor 50 Jahren mit dem Studium der Zeitgeschichte begann, herrschte Aufbruchstimmung im Fach. Die noch junge Disziplin erschloss sich neue Themenfelder und Epochen und legte sich endlich ein anspruchsvolleres methodisches Rüstzeug zu. Die Zeitgeschichte befand sich im Debattenrausch und verstrickte sich in einen hitzigen Methodenstreit, wie es ihn bis zum „cultural turn“ nicht mehr gab. Geschichte und Soziologie, Geschichte und Psychoanalyse, Geschichte als historische Sozialwissenschaft, Geschichte und Nationalökonomie – die Geschichte öffnete sich für alle Nachbardisziplinen und hielt sich für besonders innovativ. Es waren herrliche Zeiten des Übermuts.

Zu den großen Fragen, die damals die Gemüter bewegten, gehörte auch die Frage nach Zäsuren, wobei vor allem das Jahr 1945 im Fokus stand. Restauration oder Neubeginn lautete die Hauptfrage, die in zahlreichen Aufsätzen, Sammelbänden und auf vielen Tagungen traktiert und mit einem klaren Votum für Neubeginn entschieden wurde. Sinti und Roma kamen in diesen immer auch politisch aufgeladenen Deutungskämpfen nicht vor, sie spielten in der Zeitgeschichte auch sonst keine Rolle.

Dabei wäre ihr Schicksal ein besonders instruktiver Lackmustest gewesen. An ihm hätte man gut ablesen können, was es mit der „Stunde Null“ auf sich hatte und wie es um die deutsche Gesellschaft nach Hitler wirklich stand – auf der normativen Ebene, auf der politischen Ebene, aber auch darunter, in den mentalen Tiefenschichten des Volkes, das fast die ganze Welt angezündet hatte und 1945 selbst in den Abgrund blickte.

Das Ergebnis des Lackmustests wäre eindeutig und mehr als beschämend ausgefallen. Neubeginn – das hieß für Sinti und Roma: Befreiung aus Lagern und KZs und Erlösung vom Damoklesschwert der Vernichtung, das über jeder Familie schwebte. Ansonsten blieb für sie alles so, wie es seit Menschengedenken gewesen war, auch wenn auf Befehl der alliierten Militärregierungen die schlimmsten rechtlichen Diskriminierungen aufgehoben werden mussten, zeitweise freilich nur.[1]

1 Vgl. Gilad Margalit, Die Nachkriegsdeutschen und „ihre Zigeuner“. Die Behandlung der Sinti und Roma im Schatten von Auschwitz, Berlin 2001 (= Margalit, Die Nachkriegsdeutschen und „ihre Zigeuner“), S. 87–100; ders., Die deutsche Zigeunerpolitik nach 1945, in: Vierteljahrshefte für Zeitgeschichte 45 (1997), S. 557–588.

Was heißt das? Von Antiziganismus sprach damals niemand, er war dennoch überall präsent, er begleitete die überlebenden Sinti und Roma auf Schritt und Tritt, ohne dass auch nur das geringste Anzeichen von Empathie für sie zu bemerken gewesen wäre. Sinti und Roma waren – trotz Verfolgung und Vernichtung – in den Augen der Mehrheitsgesellschaft immer noch eine suspekte Minderheit, der sie mit Herablassung, Misstrauen und Ablehnung begegnete, nicht selten mit unverhohlenem Hass.[2]

Es wäre aussichtslos, wollte man alle Formen des nach 1945 weiter grassierenden Antiziganismus in einem kleinen Aufsatz beschreiben, zumal auch die Forschung noch sehr zu wünschen übrig lässt. Ich will mich auf drei besonders signifikante Aspekte beschränken:

Erstens auf Polizei und Verwaltung, zweitens auf Parteien und Regierungen und drittens auf die Stimmung in der Bevölkerung, wobei ich mich bei allen drei Aspekten auf Veranschaulichungsmaterial stütze, das ich für meine Studie „Jagdszenen aus Niederthann" zusammengetragen habe.[3]

Mit *Polizei und Verwaltung* kamen Sinti und Roma als erste in Berührung, wenn sie in ihre Heimat zurückkehrten oder aus sonstigen Gründen vor Ort, etwa in der bayerischen Provinz, auftauchten. Was sie dort erwartete, lässt sich den periodischen Berichten der bayerischen Bürgermeister, Landräte und Regierungspräsidenten entnehmen, die in großer Zahl vorhanden sind und eine eindeutige Sprache sprechen.[4] Diese Berichte enthalten kein einziges mitfühlendes Wort über das entsetzliche Los der Sinti und Roma im „Dritten Reich". Stattdessen sind sie voller Alarmmeldungen, die alle den gleichen Tenor haben. Der Regierungspräsident von Unterfranken berichtete im Juli 1946: „Zigeuner und Landfahrer tauchen weiterhin massenhaft auf; sie bestreiten ihren Lebensunterhalt durch Diebstähle, Betrügereien und Betteln. Sie sind frech und anmaßend, wobei der KZ-Ausweis keine geringe Rolle spielt, obwohl sie großenteils auf Grund

2 Karola Fings, Sinti und Roma. Geschichte einer Minderheit, München 2016; dies., Schuldabwehr durch Schuldumkehr. Die Stigmatisierung der Sinti und Roma nach 1945, in: Oliver von Mengersen (Koord.), Sinti und Roma. Eine deutsche Minderheit zwischen Diskriminierung und Emanzipation, Bonn / München 2015, S. 145–164; Katrin Reemtsma, Sinti und Roma. Geschichte, Kultur, Gegenwart, München 1996.

3 Hans Woller, Jagdszenen aus Niederthann. Ein Lehrstück über Rassismus, München 2022 (= Woller, Jagdszenen aus Niederthann).

4 Die periodischen Berichte der Oberbürgermeister, Bürgermeister und Landräte finden sich in den zuständigen bayerischen Staatsarchiven und in den betreffenden Stadtarchiven, für die ersten Jahre nach 1945 auch in den Akten der amerikanischen Militärregierung, die in den bayerischen staatlichen Archiven verwahrt werden. Die Berichte der Regierungspräsidenten finden sich im Bayerischen Hauptstaatsarchiv in München in den großen Abgaben des Finanzministeriums, des Ministeriums für Sonderaufgaben (MSO) und des Innenministeriums (Minn).

des Zigeuner- und Arbeitsscheuengesetzes oder aus kriminellen Gründen im KZ waren“[5] – also ganz zu Recht – und sich den Verfolgten-Status nur anmaßten, wie der Subtext lautete.

Im September 1948 konstatierte der Regierungspräsident von Oberbayern vor allem im Landkreis Rosenheim eine „förmliche Landplage“ durch Zigeuner. „Nach dem jeweiligen Abzug solcher Gruppen kann gewiss bei dem einen oder anderen Bauern das Fehlen von Geflügel und sonstigen Kleintieren, von Pferdegeschirr, Haushalts- und Gebrauchsgegenständen jeder Art usw. festgestellt werden“.[6] Genaues wusste man also nicht ...

Das gleiche Bild aus dem Regierungsbezirk Niederbayern und Oberpfalz. Dort sollen im Oktober 1949 Zigeuner und Landfahrer auf bedrohliche Weise überhandgenommen haben – namentlich in Vilsbiburg, wo der traditionelle Dionysmarkt von Zigeuern „geradezu überschwemmt“ worden sei. „Leute, die ihnen nichts abkauften oder auf Betteleien nicht reagierten, wurden von den Zigeuern in der gröbsten Weise beschimpft, verflucht und verdammt, wobei es schwerfiel, sie wieder aus den Wohnungen oder Höfen fortzubringen.“ Vor allem auf den Dörfern sei die Angst vor Zigeunern riesengroß.[7]

Die Stichworte sind in allen Berichten die gleichen: „Zigeunerplage“, „Zigeunerunwesen“ und wieder und wieder „Zigeunerplage“, wobei die Berichte vor Unterstellungen, Mutmaßungen und pauschalen Vorverurteilungen nur so strotzen.

Dass sie unbegründet und heillos übertrieben waren, wusste man zumindest im Landeskriminalamt (LKA) in München genau. Dort liefen Monat für Monat Daten über Verbrechen und Vergehen aus ganz Bayern ein, aus denen Statistiken erarbeitet wurden, in denen Landfahrer als einzige soziale Gruppe extra ausgewiesen waren, was schon für sich genommen ein starkes Indiz für ungebrochene Zigeunerbilder und ungehemmten Antiziganismus – für einen Generalverdacht gegen alle Sinti und Roma – ist.[8] Aus diesen Statistiken ging glasklar hervor, dass die permanent beschworene „Zigeunerplage“ eine reine Erfindung sein musste. In einem Schreiben des Bayerischen Landeskriminalamtes vom 4. September 1956

5 Monatsbericht der Regierung von Unterfranken für Juli 1946, in: Bayerisches Hauptstaatsarchiv München, MSO, 0082.

6 Monatsbericht der Regierung von Oberbayern für September 1948, in: Bayerisches Hauptstaatsarchiv München, MSO, 0075.

7 Monatsbericht der Regierung von Niederbayern und der Oberpfalz für Oktober 1949, in: Bayerisches Hauptstaatsarchiv München, MInn, 82305.

8 Die Tätigkeitsberichte des Bayerischen Landeskriminalamtes finden sich in: Bayerisches Hauptstaatsarchiv, MInn, 86381, 86382 und 92480, 92480, die Ergebnisse der Polizeilichen Kriminalstatistik sind zu finden in: Bayerisches Hauptstaatsarchiv München, LKA, 513-557 und LKA, 558-559.

über „Prozentuale Beteiligung von Zigeunern an Straftaten“ gab man das auch unumwunden zu: „Auf je 1000 der in Bayern befindlichen Landfahrer entfallen [...] rund 25 ermittelte Täter, dagegen auf 1000 der übrigen Bevölkerung rund 31 ermittelte Täter“.[9]

Im Oktober 1954 kam es in Bayern zu annähernd 30.000 Straftaten, 25.000 Täter konnten ermittelt werden – davon waren 31 Landfahrer.[10] Ein Jahr später finden sich wieder 25.000 ermittelte Täter – und nur 20 Landfahrer.[11] Im Oktober 1957 lauteten die Zahlen ähnlich: fast 22.000 ermittelte Täter, darunter sieben Landfahrer.[12] Dabei gilt für die 1950er, 1960er und 1970er Jahre generell, dass Landfahrer so gut wie nie an schweren Verbrechen wie Mord, Totschlag, Raub oder Erpressung beteiligt waren. Wenn sie mit dem Gesetz in Konflikt kamen, handelte es sich fast immer um einfache oder schwere Diebstähle und kleinere Betrügereien, in Ausnahmefällen um Körperverletzungen bei Raufereien.

So aufgebauscht diese Berichte aus den Regierungsbezirken, Landkreisen und Kommunen auch waren, sie blieben dennoch nicht totes Papier. Sie schufen einen idealen Nährboden für die seit jeher ohnehin herrschenden antiziganistischen Vorurteile, die nach 1945 weiterwuchern konnten, und die Berichte bildeten eine Art Betriebsanleitung für präventives polizeiliches Handeln, das sich nicht um Recht und Gesetz scherte, sondern sich an traditionellen Methoden der Ausgrenzung und Schikanierung orientierte.

Was um so leichter fiel, als es nach 1945 in den Polizeidienststellen vor Ort und auf der Sachbearbeiterebene im LKA zu keinem größeren personellen Revirement kam. In Bayern gab es bereits 1946 wieder eine „Zigeunerpolizeistelle“,[13] die später in „Landfahrerzentrale“ und noch später in „Nachrichtensammel- und Auskunftstelle über Landfahrer“ umbenannt wurde, in der viele rasch und nachlässig entnazifizierte Polizeibeamte saßen, die vor 1945 an Sterilisationen und Deportationen von Sinti und Roma nach Auschwitz mitgewirkt hatten. Experten blieben Experten und gefragt, was immer sie auf dem Kerbholz haben mochten.[14]

9 Das Schreiben findet sich in: Bayerisches Hauptstaatsarchiv München, LKA, 558.

10 Bayerisches Landeskriminalamt, Polizeiliche Kriminalstatistik Bayerns, Monat Oktober 1954, in: Bayerisches Hauptstaatsarchiv München, LKA, 518.

11 Bayerisches Hauptstaatsarchiv München, LKA, 519.

12 Bayerisches Hauptstaatsarchiv München, LKA, 521.

13 Vgl. Anja Reuss, Kontinuitäten der Stigmatisierung. Sinti und Roma in der deutschen Nachkriegszeit, Berlin 2015, S. 198.

14 Vgl. Eveline Diener, Das Bayerische Landeskriminalamt und seine „Zigeunerpolizei“. Kontinuitäten und Diskontinuitäten der bayerischen „Zigeunerermittlung“ im 20. Jahrhundert, Frankfurt am Main 2021 (= Diener, Das Bayerische Landeskriminalamt und seine „Zigeunerpolizei“).

Diese bewährten Männer bestimmten Kurs und Ton der bayerischen Politik gegenüber Sinti und Roma maßgeblich mit. Sie prägten bis in die 1960er Jahre die Grundausbildung des Nachwuchses, die Fortbildungen und nicht zuletzt die Fachliteratur, die in allen Polizeidienststellen auslag und der Orientierung der örtlichen Polizisten diente.

Diesen antiziganistischen Sozialisationsparcour hatten auch die Polizisten durchlaufen, die am Nachmittag des 5. November 1972 in Niederthann im Landkreis Pfaffenhofen an der Ilm eintrafen, wo sich kurz zuvor eine schreckliche Bluttat ereignet hatte. Fünf junge Romnja hatten sich in einen Bauernhof eingeschlichen, waren gestört worden und Hals über Kopf davongelaufen, als der Bauer auf die Fliehenden schoss und traf: Eine Romni war lebensgefährlich verletzt, eine zweite hochschwangere auf der Stelle tot, mit ihr das ungeborene Kind – es wäre ein Junge geworden.[15]

Über den Täter konnte es keinen Zweifel geben. Die Polizisten trafen ihn an Ort und Stelle – mit der Waffe in der Hand. Dennoch sahen sie keinen Anlass, ihn zu verhaften. Die Beamten nahmen ihn nur kurz mit auf die Wache, sie befragten ihn als Zeugen und ließen ihn danach wieder auf seinen Hof zurückkehren, wo er mit einem Wachhabenden das Wohnhaus und die Stallungen nach weiteren Roma durchsuchte.

Man muss es so deutlich sagen: Die Polizisten standen ganz im Banne antiziganistischer Ressentiments, die traditionellen „Zigeuner"-Zerrbilder hatten ihr Urteilsvermögen völlig außer Kraft gesetzt. Ihre Sorge und ihr Mitgefühl gehörten ausschließlich dem Todesschützen, den sie sogar unter Polizeischutz stellten und in Sicherheit brachten, während sie die jungen Romnja in Haft nahmen – sogar eine Zehnjährige; selbst die schwerverletzte Romni im Krankenhaus hätten sie am liebsten inhaftiert.

Außerdem heizten die Polizisten mit unbedachten Handlungen und übertriebenen Äußerungen die ohnehin gespannte Stimmung in Niederthann und Umgebung weiter an. Sie verstärkten den Objektschutz für das Anwesen des Todesschützen, forderten die Dorfbewohner zu höchster Wachsamkeit auf und baten sie, zu Hause zu bleiben und jedes verdächtige Indiz sofort zu melden. Die an der nahen Autobahnraststätte wartende Roma-Gruppe war in ihren Augen eine wilde Horde, die zu allem fähig und zu allem entschlossen war.

15 Vgl. Woller, Jagdszenen aus Niederthann, S. 18–29.

Der Chef der Landpolizei-Direktion Pfaffenhofen hoffte dennoch, dass Niederthann eine „Landfahrer-Invasion erspart bleibt“[16]. Andere Polizeibeamte befürchteten dagegen „das Schlimmste“[17] und sagten es auch in aller Drastik. Sie hatten davon gehört, dass ein Rom gedroht habe, den Täter und seine Familie und mehr als ein Dutzend Niederthanner Bürger kurzerhand niederzuschießen, wenn der Bauer seiner gerechten Strafe entgehen sollte.[18] Wie selbstverständlich nahmen die Beamten an, dass die Roma auf Vergeltung aus waren und „Blutrache“ geschworen hatten.[19] Ein Polizist behauptete sogar ohne den Schimmer eines Anhaltspunktes: „Inzwischen rollt eine befreundete Sippe aus Köln an. Da gibt's nur einen Rat für den Bauern: In der Großstadt untertauchen“ – weil anscheinend auch die Polizei gegen die Übermacht der Roma hilflos war.[20] In Niederthann tobte ein „Zigeuner-Krieg“[21], so titelte die Presse, die sich von der Panikmache der Polizisten anstecken ließ und damit alles noch schlimmer machte.

Ich komme damit zum *zweiten Aspekt: zu den politischen Parteien*, über deren Politik gegenüber Sinti und Roma wir freilich viel weniger wissen als über die Polizei, die insbesondere nach der überzeugenden Studie von Eveline Diener von 2021 als gut erforscht gelten kann.[22] Auch mit Blick auf die *Bundesregierung* und die *bayerische Staatsregierung* steht man vor einer *terra incognita*, was man selbstverständlich uns ewig hinterherhinkenden Historikern anlasten kann, aber nicht nur. Die Defizite haben auch mit der Tatsache zu tun, dass Sinti und Roma in der Aufmerksamkeitsökonomie der Regierungen und Parteien lange keine Rolle spielten. Als gäbe es sie nicht, gab es auch keine größeren Debatten oder Beschlüsse, wie man mit ihnen als fast ausgelöschte NS-Opfergruppe und weiterhin diskriminierte Staatsbürger umgehen sollte.[23] Ein schockierender Befund, der dadurch bestätigt wird, dass Regierungen und Parteien in der Praxis die Dinge einfach so weiterlaufen ließen, wie sie immer gelaufen waren. Ich wiederhole mich: Die Zäsur von 1945 existierte für Sinti und Roma nur insofern, als sie nicht mehr um Leib und Leben fürchten mussten.

Nichts zeigte die anhaltenden Kontinuitäten deutlicher als die schon bald einsetzenden Bemühungen der großen bayerischen Parteien CSU, Bayernpartei und SPD, die Gesetzeslücke zu schließen, die durch die Außerkraftsetzung der alten

16 Ilmgau Kurier, 7.11.1972.
17 Abendzeitung München, 8.11.1972.
18 Ebd.
19 Münchner Merkur, 7.11.1972; tz, 7.11.1972; Abendzeitung München, 8.11.1972.
20 Abendzeitung München, 8.11.1972.
21 tz, 13.11.1972; Abendzeitung München, 8.11.1972.
22 Vgl. Diener, Das Bayerische Landeskriminalamt und seine „Zigeunerpolizei“.
23 Vgl. Gabi Meyer, Offizielles Erinnern und die Situation der Sinti und Roma in Deutschland. Der nationalsozialistische Völkermord in der parlamentarischen Debatte des deutschen Bundestages, Wiesbaden 2013.

skandalösen Zigeunergesetze durch die amerikanische Militärregierung entstanden war. Ein neues Zigeunergesetz musste her. Das forderten nicht nur Abgeordnete der CSU und der Bayernpartei, darauf drängten auch Sozialdemokraten und insbesondere die Regierungspräsidenten, Landräte und Bürgermeister in ihren schon erwähnten Berichten nach München.[24] In anderen Bundesländern gab es diesen Druck von unten ebenfalls, aber nur in Bayern kam es tatsächlich zu einer gesetzlichen Regelung, der Landfahrerordnung von 1953, die – semantisch etwas aufgehübscht – ganz in der Tradition des rassistischen bayerischen Gesetzes von 1926 zur „Bekämpfung der landfahrenden Zigeuner und Arbeitsscheuen" stand und den zuständigen Polizeidienststellen fast jede Handhabe für eine permanente Überprüfung und Drangsalierung der Sinti und Roma bot.[25]

Die Abgeordneten des Freistaates votierten mit großer Mehrheit für das Gesetz und wussten, was sie taten: Sie konnten lesen und schreiben, sie kannten die Stellungnahme des Bayerischen Obersten Landesgerichts, dass das Gesetz gegen das Grundgesetz verstoße, und sie wussten, dass auch das Bundesjustizministerium gegen den bayerischen Sonderweg war. Es half alles nichts. Der Landtag stimmte im Oktober 1953 für das Gesetz, das im Dezember 1953 in Kraft trat,[26] – vor ziemlich genau siebzig Jahren also, was ein schöner Anlass für die bayerische Staatsregierung und den Landtag gewesen wäre, um an das Leid der Sinti und Roma vor und nach 1945 zu erinnern und dabei den eigenen Anteil daran nicht zu vergessen.

Vieles spricht dafür, dass nach 1968 eine Art Umdenken in puncto Sinti und Roma begann und dass sich in der SPD und bei den Liberalen, aber auch in den großen Kirchen Einzelne und kleinere Gruppen für die Verfolgungsgeschichte der Sinti und Roma interessierten. Bei der CSU dauerte diese Neuorientierung am längsten. In Niederthann beispielsweise war von einer Aufweichung oder Revision antiziganistischer Vorurteile noch 1972 so gut wie nichts zu spüren. Der CSU-Bürgermeister hielt die vor Ort rastenden Roma für „Gesindel",[27] der Todesschütze sei im Recht gewesen und habe aus Notwehr gehandelt, als er auf die fliehenden jungen Romnja schoß. Die einzige Lösung der sogenannten „Zigeunerfrage" war in seinen Augen die Ausweisung aller Sinti und Roma aus der Bundesrepublik.[28]

24 Monatsbericht der Regierung von Mittelfranken für Januar 1950, in: Bayerisches Hauptstaatsarchiv München, MInn, 82308; Monatsbericht der Regierung von Mittelfranken für Juli 1950, in: Ebd., 82314; Monatsbericht der Regierung von Mittelfranken für August 1952, in: Ebd., 82339; vgl. Margalit, Die Nachkriegsdeutschen und „ihre Zigeuner", S. 101–106.

25 Vgl. Peter Widmann, An den Rändern der Städte. Sinti und Jenische in der deutschen Kommunalpolitik, Berlin 2001.

26 Vgl. Diener, Das Bayerische Landeskriminalamt und seine „Zigeunerpolizei", S. 244–256.

27 Abendzeitung München, 8.11.1972.

28 Ilmgau Kurier, 9.11.1972.

Der Gemeinderat und die örtlichen Pfarrer dachten nicht anders. Einer der Geistlichen meinte sogar, der Täter wäre ein „Trottel oder Feigling" gewesen, wenn er Frau und Kinder nicht beschützt hätte.[29] Dass diese von niemandem bedroht worden waren und dass im Haus nichts gestohlen worden war, erwähnte er bezeichnenderweise nicht.

Die örtliche Elite stand mit ihrer Meinung nicht allein. Sie fand viel Unterstützung, vor allem in der Christlich-Sozialen Union. Der CSU-Landrat stellte sich, wie selbstverständlich, auf die Seite des Täters, und auch der aus der Gegend von Niederthann stammende bayerische Landwirtschaftsminister Hans Eisenmann lag ganz auf der Linie des rabiaten Bürgermeisters. Die CSU-Prominenz der Region organisierte eine mehrtägige Spendenaktion zu Gunsten des Todesschützen,[30] die zu einem geschmacklosen Spektakel mit Bunten Abenden, Tombola und Torwandschießen ausartete und so viel Geld einbrachte, dass sich der Täter sage und schreibe drei Anwälte leisten konnte – unter ihnen einer der bekanntesten und teuersten Strafverteidiger der Republik, ein Rechtsausleger, wie er im Buche steht, der auf eine bemerkenswerte Karriere im „Dritten Reich" zurückblicken konnte.[31] Dass man die schwer verletzte Romni und die beiden kleinen Kinder der Erschossenen am Erlös der Spendenaktion hätte beteiligen können, daran dachte niemand. Darauf angesprochen, winkte der CSU-Bürgermeister ab: Bei einer Kollekte für „Zigeunerkinder" würde gar nichts eingehen.[32]

Falsch lag der Bürgermeister mit dieser Einschätzung vermutlich nicht, womit ich beim *dritten Aspekt, beim Verhalten der Bevölkerung*, wäre. Die Bürgerinnen und Bürger von Niederthann und Umgebung solidarisierten sich genauso mit dem Todesschützen wie die regionale Gesellschaft. Das bewies der Erlös der Spendenaktion, bei der sich auch Bürgermeister, Gemeinderäte und Landräte der weiteren Umgebung und der legendäre Spötter Roider Jackl nicht lumpen ließen.[33] Das bewies die rege Beteiligung der örtlichen Gesellschaft an den Gerichtsverhandlungen, bei denen sogar die „Vergasung" aller Sinti und Roma gefordert worden sein soll,[34] und das bewiesen nicht zuletzt die Zuschriften, die Richter und Staatsanwälte nach den Urteilssprüchen erreichten. Die heute so berüchtigten Wutbürger gab es schon damals, und ihr Verhalten zeigte, wie heute wieder, was an

29 Ilmgau Kurier, 30./31.3.1974.
30 Vgl. Woller, Jagdszenen aus Niederthann, S. 88–96.
31 Der Verteidiger war Erich Schmidt-Leichner, der als Staranwalt der Bundesrepublik galt. Vgl. Hubert Seliger, Politische Anwälte? Die Verteidiger der Nürnberger Prozesse, Baden-Baden 2016, S. 491; Woller, Jagdszenen aus Niederthann, S. 99–101.
32 Der Spiegel, 22.4.1974.
33 Vgl. Woller, Jagdszenen aus Niederthann, S. 90. Der Volkssänger spendete sein Honorar für den Todesschützen.
34 Abendzeitung München, 22.3.1974.

Rassen- und Fremdenhass, an Demokratie- und Staatsverdruss und ideologischer Verblendung in der Gesellschaft schlummerte.

Es gab viele solche Zuschriften. Ein anonymer Wüterich aus Niederthann betonte in etwas ungelenkem Deutsch: „So sieht heute unsere Demokratie aus, man kann nur sagen es ist eine Schande wenn man die eigenen Bürger bestraft wenn diese von Ausländischen Ziegeunersippen bestohlen und beraubt werden. [...] Das Gericht hat in diesem falle das Vertrauen der Bürger verloren, weil mann der teuflischen Ziegeunersippe die Freiheit gewährt, u. den eigenen Bürger bestraft, der von den Ziegeunern zu dieser tat herausgefordert wurde. Gottes Strafgericht wird folgen." Und das der Bauern auch, die „jezt in Zukunft Rache nehmen auf die durchziehenden und den parkenden Ziegeunern".[35]

In einem Protestschreiben aus München äußerte sich eine fast schon apokalyptische Gegenwartsnot: „Das Volk ist tot, es lebe die modernste aber schmutzigste Gesellschaft aller Zeiten. Unser Land ist zum Irren- u. Verbrecherhaus geworden, international."[36] Nach dem Urteil der zweiten Instanz schnaubte ein anderer Briefschreiber förmlich zu Papier: „Haben wir tatsächlich schon lauter Kommunisten innerhalb der Richter. Zigeuner und Kommunisten sind heute mehr wert als ein anständiger Bürger." Das sei die „Anschauung des Volkes".[37]

Niederthann war nicht überall, aber auch kein Einzelfall und bestimmt kein Exotikum aus der bayerischen Provinz. Aus eigenem Erleben und aus dem wissenschaftlichen Schrifttum ergibt sich, dass antiziganistisches Gedankengut und antiziganistisches Verhalten, sprich: die Diskriminierung und Drangsalierung der Sinti und Roma, weit verbreitet waren. Wahr ist aber auch, dass Niederthann und vergleichbare Fälle etwa aus Heidelberg wie ein *doppelter Weckruf* wirkten – ein Weckruf für die Mehrheitsgesellschaft, in der die Generation der Täter langsam in den Hintergrund zu treten begann. Viele Jüngere ließen sich von dem damals allgegenwärtigen Reform- und Modernisierungselan ergreifen, sie entdeckten mit der dunklen deutschen Geschichte auch ihr Gewissen und gewannen so auch ein ehrlicheres Verhältnis zum „Dritten Reich", namentlich zu den schauerlichen Verbrechen, die Deutsche begangen, aber vielfach verdrängt und verschwiegen hatten. Dabei gerieten neben den Strukturen des NS-Regimes und den tödlichen Utopien der Nazis auch die Opfer des Nationalsozialismus in den Blick – längst nicht alle und längst nicht bei allen, aber immerhin. Niederthann wirkte wie ein Katalysator für diese zunächst kaum spürbaren Sensibilisierungsprozesse, die peu à peu immer mehr Menschen die Augen öffneten für die Sinti und Roma

35 Staatsarchiv München, Staatsanwaltschaften, 38033/2.
36 Ebd.
37 Staatsarchiv München, Staatsanwaltschaften, 38033/4.

als Opfer eines Völkermordes mit Hunderttausenden Toten und als noch immer ausgegrenzte Minderheit, von der nicht wenige in unmittelbarer Nähe von Müllhalden und Kläranlagen leben mussten – immer jenseits des Existenzminimums, permanent in ihrer Sprache und Kultur bedroht und ständigen üblen Diskriminierungen ausgesetzt.

Der Weckruf von Niederthann erreichte aber auch die Sinti und Roma selbst, die sich bis dahin viel zu oft geduckt, ihre Kultur und vielfach sogar ihre Identität verleugnet hatten, um keinen Anstoß zu erregen. Die jüngere Generation setzte auch hier andere Akzente, sie wollte sich nicht mehr alles bieten lassen und eine bessere Zukunft gewinnen – für sich selbst, vor allem aber für ihre Kinder, die nicht mehr an den Rändern der Gesellschaft aufwachsen und immer und überall den Nadelstichen der verächtlichen schiefen Blicke ausgesetzt sein sollten. Sie bestanden auf Chancengleichheit und aktive gesellschaftliche Teilhabe, sie konfrontierten die Mehrheitsgesellschaft mit dem Völkermord an den Sinti und Roma und bekannten sich zugleich selbstbewusst dazu, Sinto oder Rom zu sein, weil sie stolz waren auf ihre Sprache und Kultur, die sie vor dem allmählichen Untergang im Zeichen der Assimilation bewahren wollten.[38]

Das Ergebnis dieser Emanzipationsprozesse konnte sich sehen lassen. Es bestand vor allem in der Gründung des Zentralrats Deutscher Sinti und Roma im Jahr 1982,[39] der seitdem dafür sorgt, dass das Leid und die Forderungen ihrer ethnischen Gruppe nicht mehr von der Tagesordnung verschwinden. Was ist seitdem nicht alles erreicht worden? Die Geschichte des Zentralrats liest sich wie eine fast beispiellose Erfolgsgeschichte, die im Einzelnen nicht erzählt werden muss: 1982 Besuch bei Bundeskanzler Helmut Schmidt, der von Sinti und Roma als Opfer eines Völkermords sprach, 1995 Anerkennung der Sinti und Roma als nationale Minderheit, 1997 Eröffnung des Dokumentationszentrums in Heidelberg, 2012 Einweihung des „Denkmals für die im Nationalsozialismus ermordeten Sinti und Roma Europas".[40]

---

38 Romani Rose, Wir wollen Bürgerrechte und keinen Rassismus, Heidelberg 1985; ders., Bürgerrechte für Sinti und Roma. Das Buch zum Rassismus in Deutschland, Heidelberg 1987.

39 Vgl. Daniela Gress, Nachgeholte Anerkennung. Sinti und Roma als Akteure in der bundesdeutschen Erinnerungskultur, in: Philipp Neumann-Thein / Daniel Schuch / Markus Wegewitz (Hg.), Organisiertes Gedächtnis. Kollektive Aktivitäten von Überlebenden der nationalsozialistischen Verfolgungs- und Vernichtungspolitik, Göttingen 2022, S. 425–458; dies., „Lasst uns unser Recht fordern". Die Anfänge der Bürgerrechtsbewegung der Sinti und Roma in der Bundesrepublik Deutschland, Masterarbeit an der Ruprechts-Karls-Universität Heidelberg 2013.

40 Vgl. Sebastian Lotto-Kusche, Der Völkermord an den Sinti und Roma und die Bundesrepublik. Der lange Weg zur Anerkennung 1949–1990, Berlin 2022.

Sinti und Roma sind keine „vergessenen Opfer" mehr ... würde ich gerne sagen, kann es guten Gewissens aber nicht. Denn trotz bemerkenswerter Erfolge und Fortschritte auf der politischen und normativen Ebene ist vieles gleichgeblieben, wie die seit Jahren erhobenen Daten zeigen und wie mit besonderer Eindringlichkeit der Bericht der von der Bundesregierung einberufenen Unabhängigen Kommission Antiziganismus belegt, der im Mai 2021 vorgelegt wurde:[41] Erhebliche Teile der in Deutschland lebenden Sinti und Roma sehen sich ständig mit rassistischer Diskriminierung konfrontiert. Sie begegnen auch heute noch einer Mischung aus Gleichgültigkeit, Ablehnung und offener Feindseligkeit und müssen mit vielfältigen Formen der Benachteiligung leben. Die auf sie gerichteten rassistischen Ressentiments haben vielleicht nicht mehr dieselbe Virulenz wie früher und sie verdichten sich nicht mehr zu so festgefügten Feindbildern wie einst, sie sind aber dennoch auf verletzende und beschämende Weise präsent. Wir können es nicht verschweigen: Unsere offene Gesellschaft hat auch viele verschlossene Pforten – zahlreiche Sinti und Roma stehen noch immer draußen vor der Tür.

---

41 Deutscher Bundestag, 19. Wahlperiode, Drucksache 19/30310, 21.5.2021, Unterrichtung durch die Bundesregierung: Bericht der Unabhängigen Kommission Antiziganismus. Perspektiven – Nachholende Gerechtigkeit – Partizipation. Vgl. auch Antidiskriminierungsstelle des Bundes (Hg.), Zwischen Gleichgültigkeit und Ablehnung. Bevölkerungseinstellungen gegenüber Sinti und Roma. Expertise für die Antidiskriminierungsstelle des Bundes, Zentrum für Antisemitismusforschung, Institut für Vorurteils- und Konfliktforschung e. V., Berlin 2014; Wolfgang Benz, Sinti und Roma: Die unerwünschte Minderheit. Über das Vorurteil Antiziganismus, Berlin 2014; Michael Schenk, Rassismus gegen Sinti und Roma. Zur Kontinuität der Zigeunerverfolgung innerhalb der deutschen Gesellschaft von der Weimarer Republik bis in die Gegenwart, Frankfurt am Main u. a. 1994.

Resonanzräume: Zeugenschaft von Sinti und Roma nach dem Völkermord

Frank Reuter

„Fünf Tage fuhren wir; kein Stroh und nichts zum liegen! Am zweiten Tage erhielten wir den ersten Schluck Wasser. Von der in München erhaltenen Verpflegung war nur noch das Brot genießbar, denn die Wurst war vollkommen verdorben. Um 10 Uhr nachts kamen wir in Auschwitz an. Mit Schlägen trieb man uns in das Vernichtungslager. In einem Block der mit 800 Menschen belegt war, brachte man auch noch uns unter. Schlimmer wie in einem Schafstall. Am nächsten Tag wurde uns allen die Nummer eintätowiert."[1]

Mit diesen nüchternen Worten schildert der 1904 geborene Sinto Josef Höllenreiner die qualvollen Tage im Deportationszug und die Ankunft in Auschwitz-Birkenau. Er war seit 1932 in München ansässig, wo er ein Fuhrunternehmen betrieb. Gemeinsam mit seiner Frau Sofie hatte er sechs Kinder, vier waren in München geboren. In den frühen Morgenstunden des 8. März 1943 wurden sie allesamt verhaftet und – nach viertägiger Haft im Polizeipräsidium – in einem Sammeltransport nach Auschwitz-Birkenau deportiert. Von dort führte ihr Leidensweg weiter in das Konzentrationslager Ravensbrück, wo die Familie auseinandergerissen wurde: Während Josef und sein ältester Sohn Manfred aus dem Männerlager Ravensbrück in das KZ Sachsenhausen verlegt wurden, kamen Sofie und die kleineren Kinder aus dem Frauenlager im März 1945 in das KZ Mauthausen. Sofie Höllenreiner erinnert sich:

„Nachts um 2 Uhr kamen wir an. Ein österreichischer Kommandant nahm uns in Empfang. Ein und eine halbe Stunde Weg! Die Schwachen kamen nicht mehr mit, wurden von der SS herausgezogen und erschossen, wo sie am Weg liegen blieben. Meinen Kleinsten trug ich den ganzen Weg auf dem Arm, die anderen dicht immer um mich herum. Das Todesgrauen saß mir während des ganzen Weges im Nacken: Ich glaubte diesen Weg nicht mehr lebend zu überstehen. Endlich war es erreicht!"[2]

Nach 14 Tagen erfolgte die letzte Verlegung nach Bergen-Belsen, wo Sofie Höllenreiner und ihre Kinder die Befreiung durch die englischen Truppen erlebten. Später fand die Familie in München wieder zusammen. Wie durch ein Wunder

1 Stadtarchiv München, PDM, 828.
2 Ebd.

hatten alle, wenngleich schwer gezeichnet, überlebt. Doch viele weitere Angehörige waren dem Völkermord zum Opfer gefallen.

Die zitierten Zeugnisse von Josef und Sofie Höllenreiner sowie weiterer Münchener Sinti datieren aus dem Jahr 1946 und befinden sich heute im Stadtarchiv München. Meines Wissens handelt es sich um die frühesten schriftlich fixierten Zeitzeugenberichte von überlebenden deutschen Sinti und Roma überhaupt.[3] Im Jahr 1993 hat der Historiker Ludwig Eiber eine Auswahl in einer Dokumentation über die Verfolgung der Münchener Sinti und Roma erstmals publiziert.[4] Fast ein halbes Jahrhundert waren die Erinnerungen der Überlebenden von der Öffentlichkeit wie auch von der Forschung unbeachtet geblieben. Ich werde in diesem Beitrag unter anderem der Frage nachgehen, was die Gründe für diese Ignoranz waren und warum die Stimmen der Sinti und Roma erst so spät einen gesellschaftlichen Resonanzraum fanden.[5]

In der Physik versteht man unter Resonanz das „Mitschwingen eines anderen Körpers“, im übertragenen Sinn bedeutet dieser Begriff „Widerhall, Verständnis, Zustimmung“.[6] Eine solches „Verständnis“ ist wiederum eng verbunden mit emotionaler und kognitiver Empathie. Bezogen auf die überlebenden Sinti und Roma schließt das die Bereitschaft der Dominanzgesellschaft ein, die kollektive Verfol-

---

3 Die schriftliche Niederlegung der Berichte erfolgte im Kontext des Versuchs Münchener Sinti, eine eigene Interessenvertretung zu etablieren, um die Anerkennung der Sinti und Roma als NS-Verfolgte durchzusetzen und sich als eigenständige gesellschaftliche Gruppe zu positionieren. Eine wichtige Rolle spielte dabei Karl Jochheim-Armin, der selbst nicht der Minderheit angehörte, aber als „Berufsverbrecher“ im KZ Dachau inhaftiert gewesen war. Das gemeinsame Projekt scheiterte nach wenigen Monaten. Siehe dazu Daniela Gress, Nachgeholte Anerkennung. Sinti und Roma als Akteure in der bundesdeutschen Erinnerungskultur, in: Philipp Neumann-Thein / Daniel Schuch / Markus Wegewitz (Hg.), Organisiertes Gedächtnis. Kollektive Aktivitäten von Überlebenden der nationalsozialistischen Verbrechen, Göttingen 2022, S. 425–458, hier S. 429–432. Ebenfalls im Jahr 1946 veröffentlichte der Rom Vanya Kochanowski, der während der deutschen Besatzung in Riga studiert hatte, einen zweiteiligen Bericht über die Verfolgung und Ermordung der lettischen Roma: Vanya Kochanowski, Some Notes on the Gypsies of Latvia, in: Journal of the Gypsy Lore Society XXV (1946), Heft 1–2, S. 34–38 und Heft 3–4, S. 112–116.

4 Ludwig Eiber, „Ich wusste, es wird schlimm.“ Die Verfolgung der Sinti und Roma in München 1933–1945, hg. von der Landeshauptstadt München, München 1993, S. 100–111.

5 Die nachfolgenden Ausführungen gehen zurück auf meinen 2014 erschienenen Aufsatz „Die Stimmen der Opfer. Autobiografische Zeugnisse von Sinti und Roma und der lange Weg der Erinnerung“, in: Matthias Bahr / Peter Poth (Hg.), Hugo Höllenreiner. Das Zeugnis eines überlebenden Sinto und seine Perspektiven für eine bildungssensible Erinnerungskultur, Stuttgart 2014, S. 179–188. Der ursprüngliche Text wurde inhaltlich stark erweitert und in weiten Teilen neu formuliert; einige Passagen wurden wörtlich übernommen.

6 Siehe Digitales Wörterbuch der deutschen Sprache, Suchbegriff „Resonanz“ https://www.dwds.de/wb/Resonanz (letzter Aufruf: 22.05.2024).

gungs- und Leidenserfahrung dieser Minderheit im NS-Staat anzuerkennen und ihren Angehörigen den Status von unschuldigen Opfern eines Unrechtsregimes zuzugestehen. Das ist nach 1945 bekanntlich nicht geschehen. Vielmehr erfolgte die offizielle Anerkennung des Völkermords an den Sinti und Roma erst Jahrzehnte später: im März 1982, als der damalige Bundeskanzler Helmut Schmidt in Bonn eine Delegation des kurz zuvor gegründeten Zentralrats Deutscher Sinti und Roma empfing.[7] Es ist gewiss kein Zufall, dass sich Überlebende dieser Opfergruppe zumindest in der Bundesrepublik erst nach dem öffentlichen Durchbruch der Bürgerrechtsbewegung zu Beginn der 1980er Jahre dazu entschlossen, ihre Erinnerungen an die erlittene Verfolgung einer breiteren Öffentlichkeit anzuvertrauen. Im Folgenden will ich versuchen, den langen und verschlungenen Weg der (Zeit-)Zeugenschaft von Sinti und Roma zumindest in groben Linien nachzuzeichnen.

Zeugnisse von Sinti und Roma im Rahmen von NS-Prozessen und Ermittlungsverfahren

Der Begriff des Zeugnisablegens ist unmittelbar an die Vorstellung von Authentizität oder Wahrhaftigkeit gekoppelt: Der Zeuge ist „der Beweisende, die Wahrheit Bekräftigende".[8] Dass er aus eigener Anschauung und eigenem Erleben heraus berichten kann, macht sein Zeugnis glaubwürdig. Doch eben diese Glaubwürdigkeit wurde den Überlebenden der Sinti und Roma nach ihrer Befreiung aus den Gettos und Konzentrationslagern von den staatlichen Institutionen der jungen Bundesrepublik, deren Personal mehrheitlich in die Verfolgungspraktiken der NS-Diktatur involviert war, dezidiert abgesprochen, wie Ulrich Opfermann am Beispiel der Justiz empirisch untermauert hat.[9]

In zahlreichen Ermittlungsverfahren standen sich die ehemaligen Täter aus dem Polizeiapparat und der Rassenforschung als Beschuldigte und ihre Opfer, die verfolgten Sinti und Roma, als Zeugen gegenüber. Während die Exkulpationsstrategien der Erstgenannten – die sich als unpolitische Beamte in rechtsstaatlicher Tradition oder Repräsentanten seriöser Wissenschaft darzustellen wussten – kaum kri-

7 Zur Vorgeschichte siehe Daniela Gress, Protest und Erinnerung. Der Hungerstreik in Dachau 1980 und die Entstehung der Bürgerrechtsbewegung deutscher Sinti und Roma, in: Karola Fings / Sybille Steinbacher (Hg.), Sinti und Roma: Der nationalsozialistische Völkermord in historischer und gesellschaftspolitischer Perspektive (Dachauer Symposien zur Zeitgeschichte 19), Göttingen 2021, S. 190–219 (= Gress, Protest und Erinnerung).

8 Etymologisches Wörterbuch des Deutschen, Suchbegriff „Zeuge": https://www.dwds.de/wb/etymwb/Zeuge (letzter Aufruf. 22.05.2024).

9 Ulrich Friedrich Opfermann, „Stets korrekt und human". Der Umgang der westdeutschen Justiz mit dem NS-Völkermord an den Sinti und Roma, Heidelberg 2023 (= Opfermann, Der Umgang der westdeutschen Justiz).

tisch hinterfragt wurden, schenkte man den Zeugen aus der Minderheit schlicht keinen Glauben. Paradigmatisch demonstrieren dies die Ermittlungen gegen den führenden „Zigeunerforscher" des „Dritten Reiches" Dr. Robert Ritter. Die von ihm geleitete „Rassenhygienische und Bevölkerungsbiologische Forschungsstelle" spielte eine Schlüsselrolle bei der rassenbiologischen Klassifizierung der als „Zigeuner" oder „Zigeunermischlinge" stigmatisierten Menschen. Ritter und seine Mitarbeiterinnen und Mitarbeiter kooperierten eng mit dem zentralisierten Polizeiapparat; gemeinsam bildeten sie einen „wissenschaftlich-polizeilichen Komplex".[10] Die von der „Forschungsstelle" ausgestellten „Gutachtlichen Äußerungen", die eine individuelle „Rassendiagnose" enthielten, waren eine wichtige Grundlage für die Selektion der Opfer und ihre Deportation in die Konzentrations- und Vernichtungslager. Eine dafür eigens geschaffene „Reichszentrale" innerhalb des Berliner „Reichskriminalpolizeiamts" setzte die gegen Sinti und Roma gerichteten genozidalen Maßnahmen operativ um.

Die gegen Ritter 1948 eingeleiteten Ermittlungen, angestoßen durch Überlebende der Sinti und Roma, wurden 1950 eingestellt. Der Beschuldigte erklärte die ihn belastenden Aussagen von Angehörigen der Minderheit für wertlos, da sie „auf Grund ihrer niedrigen Bildungsstufe – meist Analphabeten" außerstande seien, „zwischen wirklich Erlebtem und Phantasie zu unterscheiden".[11] Ritters Taktik, so Opfermanns Befund, bestand neben der Diskreditierung seiner vormaligen Opfer als zur Rationalität nicht fähige Unmündige darin, sich selbst als einen nur der hehren Wissenschaft verpflichteten Vertreter des gehobenen Bildungsbürgertums zu inszenieren. Der die Ermittlungen leitende Oberstaatsanwalt Dr. Hans-Krafft Kosterlitz, der aufgrund seiner jüdischen Herkunft 1933 aus dem Staatsdienst entlassen und dessen Mutter im KZ ermordet worden war, schloss sich Ritters Schutzbehauptungen nicht nur an, sondern kam überdies zu dem Schluss, „dass Zigeuneraussagen grundsätzlich für die richterliche Überzeugungsbildung ausscheiden müssen".[12] Damit denunzierte Kosterlitz Zeugnisse von überlebenden Sinti und Roma als juristisch grundsätzlich nicht verwertbar – eine Haltung, die auch in anderen Verfahren immer wieder aufscheint und die sich nahtlos in die Geschichte des Antiziganismus einfügt: als eine Geschichte der Entsubjektivierung jener, die man mit dem Label „Zigeuner" versah.[13]

10 Michael Zimmermann, Rassenutopie und Genozid. Die nationalsozialistische „Lösung der Zigeunerfrage", Hamburg 1996, S. 147–155.

11 Zitiert nach Opfermann, Der Umgang der westdeutschen Justiz, S. 223.

12 Zitiert nach ebd., S. 224 f.

13 Siehe dazu Frank Reuter, Gesichtslos. Kontinuitäten antiziganistischer Wahrnehmungsmuster, in: Andreas Brunner u. a. (Hg.), Die Stadt ohne: Juden Ausländer Muslime Flüchtlinge, München 2019, S. 183–187.

Zurecht hebt Opfermann die soziale Differenz als einen entscheidenden Faktor hervor: „Während die Beamten und die Angehörigen der Roma-Minderheit sich insbesondere in konfrontativen Situationen begegnet waren, kannten Justiz, Polizei und Rassenforschung sich aus der beruflichen Kooperation und aus der privaten Gemeinsamkeit und waren sich in ihrem abschätzigen Blick auf ‚die einfachen Leute' oft einig. Während die einen für die Ermittler einen Glaubwürdigkeitsmalus hatten und aufgrund der ihnen zugeschriebenen ‚Asozialität' und mehrheitlichen Neigung zur Kriminalität als zu Recht unter Polizeibeobachtung und ‚Vorbeugung' gestellt galten, hatten die anderen einen Glaubwürdigkeitsbonus und durften als Opfer der Verhältnisse gelten."[14]

Die von Opfermann erkannten Muster im justiziellen Umgang mit den Überlebenden der Sinti und Roma hat Katharina Stengel auch für den 1. Frankfurter Auschwitz-Prozess (1963–1965) herausgearbeitet.[15] Unter insgesamt 211 ehemaligen Häftlingen des Konzentrations- und Vernichtungslagers wurden vier männliche Sinti in den Zeugenstand gerufen. Zwei Frauen aus der Minderheit, die aus gesundheitlichen Gründen nicht persönlich vor dem Gericht aussagen konnten, wurden kommissarisch vernommen; man verlas ihre Vernehmungsprotokolle in der Hauptverhandlung. Obgleich die Verbrechen im „Zigeunerlager" Auschwitz-Birkenau Gegenstand des Verfahrens waren, die Aussagen der sechs Überlebenden dieses Lagerabschnitts also durchaus bedeutsam für die Urteilsfindung hätten sein können, spielte keines der Zeugnisse „für die Verurteilung der Täter eine Rolle, sie wurden in der Urteilsbegründung sämtlich als unglaubwürdig und unzulänglich beiseitegeschoben".[16] Besonders offensichtlich sind die Vorbehalte der Richter gegenüber der Häftlingsgruppe der Sinti und Roma im Fall von Waldemar Schröder und Max Friedrich, deren Aussagen – so die mündliche Urteilsbegründung – als „nicht ganz zuverlässig" eingestuft wurden. Weiterhin heißt es dort: „[...] klare Angaben konnten von diesen Zeugen nicht erwartet werden."[17] Auch wenn dies nicht näher ausgeführt wird, so schwingt in der Formulierung doch eine ähnliche antiziganistisch grundierte Denkfigur mit, die 13 Jahre zuvor bereits bei Oberstaatsanwalt Kosterlitz erkennbar ist: Aussagen von „Zigeunern", deren Status als bürgerliches Subjekt implizit in Zweifel gezogen wird, seien per se als juristisch nicht verwertbar zu betrachten.

Im Fall von Ermittlungsverfahren oder Prozessen tritt ein grundsätzliches Dilemma zutage. Zeugenaussagen dienen dem Zweck, individuelle Straftaten nachzuweisen.

---

14 Opfermann, Der Umgang der westdeutschen Justiz, S. 318.

15 Katharina Stengel, Bezweifelte Glaubwürdigkeit. Sinti und Roma als Zeugen in NS-Prozessen, in: Zeitschrift für Geschichtswissenschaft 69/5 (2021), S. 444–463 (= Stengel, Bezweifelte Glaubwürdigkeit).

16 Ebd., S. 444.

17 Zitiert nach ebd., S. 455 f.

Auch bei den oben genannten Fällen ging es mit anderen Worten einzig und allein um strafrechtliche Relevanz. Für die Zeuginnen und Zeugen aus der Minderheit der Sinti und Roma standen dagegen die traumatischen Erlebnisse im Lager im Zentrum der Erinnerung, wo sie das qualvolle Sterben engster Familienangehöriger aus nächster Nähe miterleben mussten. Für diese zutiefst persönliche Dimension zeigte der Justizapparat indes kein Interesse. Katharina Stengel konstatiert: „Die involvierten Ermittler und Juristen waren nicht willens oder in der Lage, für diese Zeugen Bedingungen zu schaffen, unter denen vertrauensvolle Befragungen möglich gewesen wären, und ihnen Raum für ihre Erzählungen zu geben."[18]

Im Nationalsozialismus hatten Sinti und Roma die staatlichen Institutionen als Teil eines übermächtigen Verfolgungsapparats erlebt, der ihnen zunächst die bürgerlichen Grundrechte, schließlich das bloße Recht zu existieren abgesprochen hatte. Im postnationalsozialistischen Deutschland erlangten die Täter aus Polizei und Rassenforschung nach meist nur kurzen Unterbrechungen erneut die Deutungsmacht über die ehemals Verfolgten, deren systematische Kriminalisierung Voraussetzung für die Selbstexkulpierung der in die NS-Verbrechen verstrickten Kriminalisten war. Wie hätten die Überlebenden angesichts der Erfahrung fortgesetzter Stigmatisierung der bundesdeutschen Justiz Vertrauen entgegenbringen können? Niemand außerhalb der eigenen Minderheit wollte ihre Geschichte hören, mehr noch: Man tat ihre Zeugnisse als unzuverlässig und somit wertlos ab. Diese grundsätzlichen Vorbehalte der Gerichte gegenüber Sinti und Roma lassen sich bis in das Frankfurter Auschwitz-Verfahren gegen die beiden SS-Unterführer Alois Frey und Willi Sawatzki (1973–1976) nachverfolgen. Letzterer hatte von Dezember 1943 bis Juni 1944 als „Arbeitsdienstführer" im „Zigeunerlager" Auschwitz-Birkenau fungiert. Zwar wurde im Zuge der Vorermittlungen Ende der 1960er Jahre eine große Zahl von Sinti und Roma an ihren Wohnorten als Zeugen vernommen, doch lediglich zehn von ihnen fanden Eingang in die Anklageschrift. In der „Urteilsbegründung in der Strafsache gg. Willi Sawatzki" wurden gar nur drei Zeugen der Sinti und Roma erwähnt.[19] Das Frankfurter Gericht sprach Sawatzki am 26. Februar 1976 aus Mangel an Beweisen frei.

Es sollte noch einmal über ein Jahrzehnt vergehen, bis den Zeugnissen überlebender Sinti und Roma in einem deutschen Gerichtssaal die gebührende Wertschätzung zuteilwurde. Im Jahr 1987 begann vor dem Landgericht in Siegen die Hauptverhandlung gegen Ernst-August König, der als SS-Rottenführer Mitglied der SS-Wachmannschaft im „Zigeunerlager" Auschwitz-Birkenau gewesen war.[20] Über 200 Überlebende dieses Lagerabschnitts sowie zahlreiche weitere ehemalige

18 Ebd., S. 457.
19 Ebd., S. 458 f.
20 Siehe dazu Opfermann, Der Umgang der westdeutschen Justiz, S. 415–424.

Häftlinge benachbarter Lagerabschnitte und von Nebenlagern wurden als Zeugen gehört, überdies Sachverständige hinzugezogen und sogar eine Ortsbesichtigung des ehemaligen Lagergeländes von Auschwitz-Birkenau vorgenommen. Neben dem Bemühen um juristische Sorgfalt und detaillierte Aufklärung zeichnete sich das Verfahren durch einen respektvollen Umgang mit den Überlebenden aus, die als Zeugen auftraten: „Das Gericht war intensiv bemüht, diesen Zeugen ihre schwierige Rolle zu erleichtern und gab ihren Beiträgen hohe Bedeutung. Es ließ Vertrauenspersonen bei Vernehmungen am Zeugentisch zu und sperrte den Angeklagten bei von Zeugen abgelehnter Präsenz aus."[21] Das Gericht hielt die Aussagen der überlebenden Sinti und Roma für glaubwürdig und verurteilte König im Januar 1991 wegen dreier nachgewiesener Morde zu lebenslanger Haft.

Nischenräume: Erste Stimmen überlebender Sinti und Roma werden öffentlich hörbar

Trotz der lange vorherrschenden eklatanten Missachtung der Sinti und Roma vonseiten des Justizapparats gab es auch in den 1950er, 1960er und 1970er Jahren vereinzelt Nischenräume der Resonanz, in denen Angehörige der Minderheit jene Empathie vorfanden, die es ihnen ermöglichte, ihre Geschichte zu erzählen. Ihre Gegenüber waren in diesen Fällen jedoch nicht Repräsentanten des Staates, sondern Menschen, die, wenngleich unter anderen Vorzeichen, in den Jahren der NS-Diktatur selbst Verfolgung erlitten hatten.

An erster Stelle zu nennen ist das Engagement der österreichischen Widerstandskämpferin Selma Steinmetz (1907–1979), die zu den ersten gehörte, die Erinnerungsberichte überlebender Sinti und Roma publizierten und damit der Öffentlichkeit zugänglich machten. Sie stammte aus einer jüdischen Familie und war als in der Illegalität aktive Kommunistin im deutsch besetzten Frankreich mehrtägiger Folter durch die Gestapo ausgesetzt. Ihr Lebensgefährte Oskar Großmann überlebte die Folterungen nicht.[22] Der Vater von Selma Steinmetz kam im Getto Litzmannstadt ums Leben; die Mutter war bereits zwei Jahre vor dem Krieg gestorben. Sie selbst wurde im August 1944 im Sammellager Drancy von den Franzosen befreit. Nach diversen journalistischen Tätigkeiten widmete sich die promovierte Germanistin ab 1963 dem Aufbau der Bibliothek im neu gegründeten Dokumentationsarchiv des österreichischen Widerstandes (DÖW) in Wien, deren Leitung sie übernahm, und engagierte sich darüber hinaus wissenschaftlich für die Opfer der NS-Verfolgung. Schriftlich niedergelegte persönliche Erinnerungen von verfolgten und deportierten Roma aus dem Burgenland – einem geografi-

21 Ebd., S. 418.

22 Die folgenden Angaben basieren auf dem biografischen Abriss von Barbara Kintaert, abrufbar unter: https://www.doew.at/erinnern/biographien/spurensuche/selma-steinmetz-1907-1979 (letzter Aufruf: 22.05.2024).

schen Schwerpunkt der gegen Sinti und Roma gerichteten genozidalen Politik – fanden Eingang in ihre 1966 erschienene Monografie „Österreichs Zigeuner im NS-Staat".[23] Zu Recht gilt der schmale Band heute als ein Pionierwerk, das mit der einseitigen Täterperspektive auf die Minderheit brach und der persönlichen Sicht der Betroffenen Geltung verschaffte. Allerdings bleibt anzumerken, dass die gesellschaftliche Reichweite von Steinmetz' Studie zum Zeitpunkt ihrer Entstehung kaum über das spezifische Milieu des DÖW hinausreichte.

Gerhard Baumgartner konnte in einem 2015 erschienenen Aufsatz zeigen, dass die von Steinmetz auszugsweise zitierten und im Archiv des DÖW aufbewahrten Erinnerungsberichte bis ins Jahr 1952 zurückgehen.[24] Die meisten entstanden im Zusammenhang mit dem Kampf der Roma und Sinti um Anerkennung als gleichwertige Opfer der NS-Verfolgung. Dabei ging es insbesondere darum, durchzusetzen, dass die Inhaftierung im Lager Lackenbach mit Blick auf Wiedergutmachungsleistungen als Haftzeit in einem Konzentrationslager angerechnet wurde.[25] Die leidvollen Erfahrungen in Lackenbach bilden daher einen inhaltlichen Schwerpunkt der im DÖW überlieferten Zeugnisse. Der im August 1954 verfasste Erinnerungsbericht von Lorenz und Theresia Hodosch aus Pamhagen – die ursprüngliche Fassung ist ein handschriftlicher Brief an den „K.Z. Verband Burgenland" in Eisenstadt – wurde, wenngleich journalistisch stark überformt, im Verbandsblatt „Der neue Mahnruf" publiziert.[26] Letztlich erwiesen sich die politischen Bemühungen, die offizielle Anerkennung von Lackenbach als KZ zu erreichen, jedoch als vergeblich.

Der soweit mir bekannt erste veröffentlichte Erinnerungsbericht aus den Reihen der deutschen Sinti stammt von Elisabeth Guttenberger (1926–2024), die als Lagerschreiberin im „Zigeunerlager" Auschwitz-Birkenau – sie führte dort das sogenannte Hauptbuch der Männer – weitaus tiefere Einblicke in die internen Lagervorgänge gewinnen konnte als andere Gefangene. In einem 1961 vom West-

23 Selma Steinmetz, Österreichs Zigeuner im NS-Staat, Wien / Frankfurt am Main / Zürich 1966.

24 Gerhard Baumgartner, Wann endlich wird dies himmelschreiende Unrecht an uns gut gemacht werden? Frühe Zeugnisse österreichischer Roma und Romnia zu ihrer Verfolgung während des Nationalsozialismus, in: Jahrbuch des Dokumentationsarchivs des österreichischen Widerstandes 1 (2015), S. 43–80.

25 Ebd., S. 47–52.

26 Zur Genese des Textes siehe ebd., S. 53–59.

deutschen Rundfunk ausgestrahlten Radiofeature[27] schildert Elisabeth Guttenberger den Überlebenskampf der im „Zigeunerlager" Auschwitz-Birkenau auf engstem Raum zusammengedrängten Häftlinge. Ohne Pathos, in einer ebenso klaren wie eindringlichen Sprache, vermittelt sie einen Eindruck von den mörderischen Lebensbedingungen und vom Leiden der inhaftierten Familien, von den unsäglichen hygienischen Verhältnissen, vom Sterben der Kinder, einschließlich der Neugeborenen. Auch einen Abtransport von Männern aus dem angrenzenden Krankenlager in die Gaskammern, den sie beobachtet hatte, und die medizinischen Versuche Mengeles, zu deren Opfern auch zwei ihrer Cousinen zählten, bringt Guttenberger zur Sprache. An zwei Stellen ist der Interviewer Hermann Langbein zu hören, der sie auffordert, weiterzuerzählen. Elisabeth Guttenberger ist um einen distanziert-sachlichen Duktus bemüht, sie spricht fast tonlos. Erst gegen Ende, als sie die Opfer ihrer eigenen Familie benennt, den Hungertod ihres jüngsten, damals 13-jährigen Bruders, ringt sie um Fassung und kann nur noch mit stockender Stimme weitersprechen.

Elisabeth Guttenbergers etwa zwölfeinhalb Minuten umfassender mündlicher Beitrag bildete die Grundlage für einen Text, der unter dem Titel „Das Zigeunerlager" in den von Langbein mitherausgegebenen Sammelband „Auschwitz: Zeugnisse und Berichte" aufgenommen wurde.[28] Das Buch, 1962 erschienen, entwickelte sich alsbald zu einem Standardwerk über das Vernichtungslager und erreichte bislang sechs Auflagen. Die breite Rezeption von Guttenbergers nur etwa dreieinhalb Seiten umfassendem, aber vielfach zitiertem Bericht – der in Folge in mehrere Sammelwerke bzw. Dokumentationen übernommen wurde[29] – steht in scharfem Kontrast zum Umgang mit ihren Aussagen beim 1. Auschwitz-Prozess,

---

27 Die Radiosendung, für die H. G. Adler und Hermann Langbein verantwortlich zeichneten, wurde am 28. Oktober 1961 vom WDR unter dem Titel „Auschwitz. Topographie eines Vernichtungslagers" einmalig ausgestrahlt; danach wurde das Feature auch im Österreichischen Rundfunk (ORF) und im Norddeutschen Rundfunk (NDR) gesendet (Sebastian Lotto-Kusche, Der Völkermord an den Sinti und Roma und die Bundesrepublik. Der lange Weg zur Anerkennung 1949–1990, Berlin 2022, S. 94). Es handelte sich jeweils um eine Zusammenstellung von Originaltönen von Zeitzeugen, die Hermann Langbein interviewt hatte, darunter Elisabeth Guttenberger. 2015 hat Der Audio Verlag die Ursendung auf 3 CDs wiederveröffentlicht: https://www.der-audio-verlag.de/hoerbuecher/auschwitz-topographie-eines-vernichtungslagers-adler-h-g-978-3-86231-507-9/ (letzter Aufruf: 22.05.2024).

28 Elisabeth Guttenberger, Das Zigeunerlager, in: H. G. Adler / Hermann Langbein / Ella Lingens-Reiner (Hg.), Auschwitz: Zeugnisse und Berichte, Frankfurt am Main 1962, S. 159–162.

29 Anita Geigges / Bernhard W. Wette, Zigeuner heute. Verfolgung und Diskriminierung in der BRD, Bornheim-Merten 1979 (= Geigges / Wette, Zigeuner heute), S. 248–252; Michail Krausnick, Die Zigeuner sind da. Roma und Sinti zwischen gestern und heute, Würzburg 1981, S. 153–155; Gedenkbuch. Die Sinti und Roma im Konzentrationslager Auschwitz-Birkenau, hg. vom Staatlichen Museum Auschwitz-Birkenau in Zusammenarbeit mit dem Dokumentations- und Kulturzentrum Deutscher Sinti und Roma, Heidelberg, Bd. 2, München u. a. 1993, S. 1497–1503.

die die Richter als für die Urteilsfindung irrelevant betrachteten.[30] Hier zeigt sich einmal mehr das bekannte Muster: Vor Gericht wurden die ehemaligen Häftlinge auf eine bestimmte Funktion reduziert; sie sollten im Sinne der Anklage Verwertbares liefern. Hermann Langbein hingegen ging es bei seinem Radio-Feature um das Zeugnis der Überlebenden als solches. Er war sich bewusst, dass die Opfer der Sinti und Roma zu Beginn der 1960er Jahre keine Stimme hatten, ihre Leiden in Auschwitz nicht im öffentlichen Diskurs präsent waren. Es ist zu vermuten, dass er Elisabeth Guttenberger erst überzeugen musste, den mutigen Weg in die Öffentlichkeit zu gehen. Vor allem aber: Als ehemals in Auschwitz inhaftierter politischer Häftling hatte er das Sterben im sogenannten „Zigeunerlager" mit eigenen Augen gesehen und seine dortigen Eindrücke unmittelbar nach der Befreiung schriftlich festgehalten.[31] Seine Interventionen im Interview mit Elisabeth Guttenberger waren eher behutsam. Er griff nur ein, wenn sie verstummte, um sie zum Weitersprechen zu ermutigen. Diese Gesprächsstrategie war meilenweit entfernt von der Situation vor Gericht, wo Opferzeugen den insistierenden Nachfragen sowohl der Richter als auch von Verteidigern ausgesetzt waren, die ihre Glaubwürdigkeit zu unterminieren suchten. Hermann Langbein, der mit Elisabeth Guttenberger die leidvolle Erfahrung von Auschwitz teilte, schuf dagegen einen inneren Raum der Resonanz, der es ihr ermöglichte, für ein Radiopublikum über die Leiden ihrer Minderheit in der Hölle von Auschwitz, am Ende sogar über das Sterben ihrer engsten Angehörigen zu sprechen.

Die Bürgerrechtsbewegung und die Durchsetzung eines eigenen Narrativs

Die Stimme von Elisabeth Guttenberger blieb lange Jahre die Ausnahme. Es bedurfte eines umfassenden Transformationsprozesses der bundesdeutschen Gesellschaft hin zu mehr Demokratisierung und Pluralität, um jenen sozialen Resonanzboden zu erzeugen, der es mehr und mehr Überlebenden aus den Reihen der Sinti und Roma ermöglichte, aus dem Schatten herauszutreten und ihre Erinnerungen öffentlich zu machen. Eine entscheidende Bedingung dafür war neben dem Generationenwechsel in den Behörden die Bürgerrechtsbewegung der deutschen Sinti und Roma, der mit der Gedenkveranstaltung im ehemaligen Konzentrationslager Bergen-Belsen Ende Oktober 1979 und dem Hungerstreik in

30 Siehe dazu Stengel, Bezweifelte Glaubwürdigkeit, S. 449–453. Wie Stengel ausführt, fand eine erste Befragung von Elisabeth Guttenberger bereits 1959 statt. Zur Hauptverhandlung war sie zwar als Zeugin der Anklage geladen, konnte jedoch aus gesundheitlichen Gründen nicht persönlich vor Gericht erscheinen; sie wurde stattdessen im Februar 1965 in ihrer Heimatstadt kommissarisch befragt (ebd., S. 451).

31 Siehe Hermann Langbein, Holocaust, in: Geigges / Wette, Zigeuner heute, S. 296–306 sowie sein in den 1990er Jahren entstandenes filmisches Statement: https://www.sintiundroma.org/de/set/022400-video-3/?id=2595&z=10 (letzter Aufruf: 22.05.2024).

der KZ-Gedenkstätte Dachau an Ostern 1980, an dem sich auch NS-Überlebende beteiligten, der öffentliche Durchbruch gelang.[32] Erstmals fand eine breite, auch internationale Berichterstattung über den bis dato „vergessenen" Völkermord an den Sinti und Roma und die fortgesetzte Diskriminierung der Minderheit statt. Zweifellos profitierten die Aktivisten von den politischen und kulturellen Umbrüchen insbesondere seit den 1970er Jahren; zugleich gestaltete die Emanzipationsbewegung der Sinti und Roma diesen Wandel aktiv mit: als integraler Bestandteil der bundesdeutschen Demokratiegeschichte. Es gelang dem Zentralrat und seinen Unterstützerinnen und Unterstützern nach und nach, die Deutungsmuster der vormaligen Täter zu delegitimieren und ein eigenständiges Narrativ im gesellschaftlichen Diskurs zu etablieren, das nicht zuletzt die Erinnerungskultur nachhaltig veränderte.

Schon die ersten Publikationen, die die entstehende Bürgerrechtsbewegung begleiteten, bezogen die Perspektiven der NS-Opfer bewusst mit ein. So enthält der 1979 von Anita Geigges und Bernhard W. Wette herausgegebene Band „Zigeuner heute" neben dem schon erwähnten Bericht von Elisabeth Guttenberger auch einen Text des burgenländischen Rom Julius Hodosi: ein bis dato unveröffentlichtes Typoskript vom September 1957.[33] Darüber hinaus hatten die beiden Herausgeber auch alte Familienfotos aus Privatbesitz in das Buch aufgenommen. Sie vermitteln ein Bild vom Leben der deutschen Sinti vor ihrer Deportation und Ermordung, das sich von der fotografischen Hinterlassenschaft der Täter und deren stigmatisierender Bildsprache fundamental unterscheidet.

Zu erwähnen ist in diesem Kontext auch das 1981 anlässlich des Dritten Welt-Roma-Kongresses in Göttingen erschienene Sonderheft der Zeitschrift „Pogrom", herausgegeben von der Gesellschaft für bedrohte Völker. Es enthält neben zahlreichen Reportagen über unwürdige Lebensbedingungen lokaler Sinti- und Roma-Gemeinschaften, die man in soziale Elendsquartiere an den „Rändern der Städte"[34] abgeschoben hatte, auch Erinnerungen von Überlebenden des Völkermords.[35] Gleiches gilt für das im selben Jahr erschienene „Buch der Sinti", das mit dem exotisierenden Blickregime der Mehrheitsgesellschaft auf die Minderheit dezidiert bricht und die Überlebenden – fotografisch festgehalten in eindringlichen

32 Siehe Gress, Protest und Erinnerung; dies., Geburtshelfer einer Bewegung? Die mediale Kampagne der Gesellschaft für bedrohte Völker für Bürgerrechte deutscher Sinti und Roma, in: Birgit Hofmann (Hg.), Menschenrecht als Nachricht. Medien, Öffentlichkeit und Moral seit dem 19. Jahrhundert, Frankfurt am Main 2020, S. 267–306.

33 Geigges / Wette, Zigeuner heute, S. 272–276.

34 Peter Widmann, An den Rändern der Städte. Sinti und Jenische in der deutschen Kommunalpolitik, Berlin 2001.

35 Pogrom. Zeitschrift für bedrohte Völker 12 (1981), Heft 78/86, Sonderausgabe: III. Welt-Roma-Kongreß 1981, S. 72–75, 138 f., 142–151, 156 f.

Porträts – erstmals als historische, von der Verfolgung gezeichnete Subjekte sichtbar werden lässt.[36]

Die frühen 1980er Jahre markieren hinsichtlich der medialen Repräsentation von Sinti und Roma den Durchbruch eines emanzipatorischen Narrativs, das sich aus selbstbestimmten Bildern und Geschichten speist. Die 1985 im Herder-Verlag unter dem Titel „Zwischen Liebe und Haß" erschienenen Erinnerungen von Philomena Franz (1922–2022) sind zweifellos ein Meilenstein in dieser Entwicklung.[37] Es handelt sich um die bis zu diesem Zeitpunkt umfassendste und detailreichste Veröffentlichung einer Überlebenden aus den Reihen der deutschen Sinti über die erlittene Verfolgung: Nahezu zwei Drittel des 75-seitigen Lebensberichts behandeln die Zeit zwischen der nationalsozialistischen Machtübernahme und der erfolgreichen Flucht aus einem KZ-Außenlager kurz vor Ende des Krieges.

Philomena Franz schildert die einsetzenden Diskriminierungsmaßnahmen: die rassenbiologische Vermessung, das Verbot, die weiterführende Schule zu besuchen, um stattdessen in einer Munitionsfabrik schuften zu müssen. Das Zentrum ihrer Erzählung bildet die Deportation nach Auschwitz-Birkenau als lebensgeschichtliche Zäsur und ihre anschließende Odyssee durch unterschiedliche Konzentrationslager. Unter der Überschrift „Mein Holocaust" schreibt Philomena Franz in einer sehr unmittelbaren, emotionalen Sprache vom Ausgeliefertsein des Einzelnen im KZ-Kosmos, von grenzenlosem Terror und alltäglichem Tod, der Allgegenwart des Hungers, Momenten tiefster Hoffnungslosigkeit, aber auch von Aufbegehren und Flucht. Es ist ein Text von großer Intensität, entstanden während eines längeren Klinikaufenthalts. Das Ringen der Autorin mit den Dämonen der Vergangenheit – der Auslöschung der vertrauten Identität, dem gewaltsamen Verlust der liebsten Menschen – ist in jeder Zeile präsent, ebenso der Versuch, der Erfahrung tiefster Entwürdigung in der Rückschau eine eigene Sinngebung entgegenzusetzen.

„Zwischen Liebe und Haß" bildet den Auftakt einer ganzen Reihe autobiografischer Werke, in denen sich Sinti und Roma mit ihrem individuellen Verfolgungsweg während der Jahre der NS-Diktatur auseinandersetzen. Im Jahr 1988 erschien im Wiener Picus-Verlag unter dem Titel „Wir leben im Verborgenen" die Autobiografie der Wiener Romni Ceija Stojka (1933–2013), die als neunjähriges Kind nach Auschwitz-Birkenau verschleppt worden war und die ihre traumatischen Erleb-

---

36 Jörg Boström / Uschi Dresing (Hg.), Das Buch der Sinti. „... nicht länger stillschweigend das Unrecht hinnehmen!", Berlin 1981. Zum Stellenwert des Bandes siehe Frank Reuter, Der Bann des Fremden. Die fotografische Konstruktion des „Zigeuners", Göttingen 2014, S. 465–468.

37 Philomena Franz, Zwischen Liebe und Haß. Ein Zigeunerleben, Freiburg u. a. 1985.

nisse auch künstlerisch verarbeitete (sie war eine bekannte bildende Künstlerin).[38] Große Beachtung fanden auch die Erinnerungen des Sinto und Auschwitz-Überlebenden Otto Rosenberg (1927–2001). Sein Buch „Das Brennglas"[39] erschien im Jahr 1998 im Eichborn Verlag und liegt inzwischen in englischer, spanischer, italienischer und polnischer Sprache vor.

Neben drei Sammelbänden mit autobiografischen Zeugnissen[40] seien hier stellvertretend noch die publizierten Erinnerungen von Anna Mettbach, Krimhilde Malinowski, Lily van Angeren-Franz, Zilli Schmidt, Walter Winter, Ewald Hahnstein, Franz Rosenbach und Reinhard Florian angeführt.[41] In diese Reihe gehören auch die Bücher, die Anja Tuckermann über die Lebens- und Verfolgungsgeschichten von Muscha Müller, Hugo Höllenreiner und Mano Höllenreiner geschrieben hat.[42]

Allgemeines Kennzeichen all dieser Werke ist ihr lebensgeschichtlicher Ansatz. Zwar liegt der Fokus auf der Verfolgungsgeschichte in der Zeit des Nationalsozialismus, aber auch das Aufwachsen in der Geborgenheit der Familie und der schwierige Neubeginn nach der Befreiung aus den Konzentrationslagern werden

38 Ceija Stojka, Wir leben im Verborgenen. Erinnerungen einer Rom-Zigeunerin, Wien 1988. In der Folge veröffentlichten zwei ihrer Brüder eigene Werke über die NS-Verfolgung, der ein Großteil der Familie zum Opfer fiel: Karl Stojka, Auf der ganzen Welt zu Hause, Wien 1994; Mongo Stojka, Papierne Kinder, Wien 2000.

39 Otto Rosenberg, Das Brennglas. Aufgezeichnet von Ulrich Enzensberger, Frankfurt am Main 1998.

40 Daniel Strauß (Hg.), ... weggekommen. Berichte und Zeugnisse von Sinti, die die NS-Verfolgung überlebt haben, Berlin / Wien 2000; Adam Strauß (Hg.), Flucht – Internierung – Deportation – Vernichtung. Hessische Sinti und Roma berichten über ihre Verfolgung während des Nationalsozialismus, Seeheim 2005; Silvia Wolf, Überleben – Das war für uns nicht vorgesehen! Lebensgeschichten rheinland-pfälzischer Sinti-Familien, Landau 2012.

41 Anna Mettbach, „Wer wird die nächste sein?" Die Leidensgeschichte einer Sintezza, die Auschwitz überlebte, Frankfurt am Main 1999; Krimhilde Malinowski, Das Schweigen wird gebrochen: Erinnerungen einer Sintezza an den Nationalsozialismus, Bayreuth 2003; Lily van Angeren-Franz, „Polizeilich zwangsentführt". Das Leben der Sintizza Lily van Angeren-Franz von ihr selbst erzählt. Aufgezeichnet von Henny Clemens und Dick Berts, hg. von Hans-Dieter Schmid, Hildesheim 2004; Zilli Schmidt, „Gott hat mit mir etwas vorgehabt!" Erinnerungen einer deutschen Sinteza, hg. von Jana Mechelhoff-Herezi und Uwe Neumärker, Berlin 2020; Walter Stanoski, WinterZeit. Erinnerungen eines deutschen Sinto, der Auschwitz überlebt hat, hg. von Thomas W. Neumann und Michael Zimmermann, Hamburg 1999; Karin Guth, Z 3105. Der Sinto Walter Winter überlebt den Holocaust, Hamburg 2009; Ewald Hanstein, Meine hundert Leben. Erinnerungen eines deutschen Sinto, Bremen 2005; Franz Rosenbach, „Der Tod war mein ständiger Begleiter", München 2005; Florian Reinhard, Ich wollte nach Hause, nach Ostpreußen! Das Überleben eines deutschen Sinto, hg. von Jana Mechelhoff-Herezi und Uwe Neumärker, Berlin 2012.

42 Anja Tuckermann, Muscha, Berlin 1994; dies., „Denk nicht, wir bleiben hier!" Die Lebensgeschichte des Sinto Hugo Höllenreiner, München / Wien 2005; dies., Mano. Der Junge, der nicht wusste, wo er war, München 2008.

thematisiert. Sichtbar wird so ein differenziertes Bild der Lebenswirklichkeit von Sinti und Roma jenseits stereotypisierender Zuschreibungen, die auch nach 1945 die allgemeine Vorstellung der Minderheit und ihre öffentliche Wahrnehmung dominierten. In der 1992 publizierten wissenschaftlichen Studie von Karola Fings, Cordula Lissner und Frank Sparing über die Verfolgung der Roma in Jugoslawien liegt der Fokus erstmals auf individuellen Schicksalen und biografischen Aussagen von überlebenden Roma aus Südosteuropa.[43] In seiner vielzitierten Gesamtdarstellung „Europa erfindet die Zigeuner" aus dem Jahr 2011 widmet der Bielefelder Literaturwissenschaftler Klaus-Michael Bogdal der Erinnerungsliteratur der Sinti und Roma ein eigenes Kapitel.[44] Während die „literarischen Stellvertreter" über den Genozid wie Zuschauer „aus sicherem Abstand" schrieben, so Bogdal, erzählten die überlebenden Angehörigen der Minderheit „zögernd und gegen große innere Widerstände, weil das Reden sie erneut ihren Erlebnissen ausliefert und niemand in der Lage ist, sie aufzufangen, wenn die Erinnerungen hereinbrechen."[45]

Einen besonderen Stellenwert nimmt die Videosammlung der 1994 von Steven Spielberg gegründeten Shoah Foundation ein, mit etwa 52.000 videografierten Interviews das weltweit größte Archiv seiner Art. Es enthält nach eigenen Angaben 406 aufgezeichnete Gespräche mit Sinti und Roma aus Europa, die den Völkermord überlebt haben.[46] Für die zwölf Interviews mit deutschen sowie österreichischen Minderheitsangehörigen, entstanden zwischen 1996 und 1999, schloss die Shoah Foundation 2002 eine Nutzungsvereinbarung mit dem Dokumentations- und Kulturzentrum Deutscher Sinti und Roma ab.[47] In den Ausstellungen und Publikationen des Zentrums nehmen Aussagen der Überlebenden und ihre persönlichen Zeugnisse wie alte Privat- und Familienfotos von Anfang an einen zentralen Platz ein.[48]

---

43 Karola Fings / Cordula Lissner / Frank Sparing, „... einziges Land, in dem Judenfrage und Zigeunerfrage gelöst." Die Verfolgung der Roma im faschistisch besetzten Jugoslawien 1941–1945, Köln 1992.

44 Klaus-Michael Bogdal, Europa erfindet die Zigeuner. Eine Geschichte von Faszination und Verachtung, Berlin 2011, S. 442–478.

45 Ebd., S. 442.

46 Siehe https://sfi.usc.edu/news/2022/01/32496-visiting-scholar-spain-exploring-roma-sinti-testimonies-visual-history-archive (letzter Aufruf: 22.05.2024). Die Interviews sind über das Visual History Archive an der Freien Universität Berlin für die Forschung zugänglich, siehe http://www.vha.fu-berlin.de (letzter Aufruf: 22.05.2024).

47 Siehe https://sfi.usc.edu/news/2002/05/10241-shoah-foundation-announces-rare-collection-sinti-and-roma-holocaust-survivor (letzter Aufruf: 22.05.2024).

48 Romani Rose (Hg.), „Den Rauch hatten wir täglich vor Augen". Der nationalsozialistische Völkermord an den Sinti und Roma, Heidelberg 1999; ders. (Hg.), Der nationalsozialistische Völkermord an den Sinti und Roma. Katalog zur ständigen Ausstellung im Staatlichen Museum Auschwitz, Heidelberg 2003; Online-Ausstellung: „‚Rassendiagnose: Zigeuner'. Der Völkermord an den Sinti und Roma und der lange Kampf um Anerkennung", abrufbar unter: https://www.sintiundroma.org (letzter Aufruf: 22.05.2024).

Weniger bekannt ist das Fortunoff Video Archive for Holocaust Testimonies, das auf der Datenbank der Yale University abrufbar ist. Es umfasst etwa 4.500 Videos mit Überlebenden, darunter 14 Interviews, die Gabrielle Tyrnauer im Juli 1991 – also bereits drei Jahre vor der Gründung der Shoah Foundation – mit Sinti führte. Das kürzeste umfasst lediglich zwölf Minuten, das längste nahezu fünf Stunden. Die Interviews des Fortunoff Video Archive sind grundsätzlich anonymisiert, d. h. die Nachnamen sind abgekürzt; der Zugang ist nur über ausgewählte Server nach vorheriger Registrierung möglich.[49] Dieselben Interviews finden sich auf der Internetseite des US Holocaust Memorial Museum mit vollständiger Namensnennung, sie sind dort frei zugänglich.[50] Hingewiesen sei nicht zuletzt auf das von Karola Fings verantwortete digitale Projekt „Voices of the Victims", in dem anhand früher Quellen erstmals die Geschichte des Völkermordes aus der Perspektive der Betroffenen erzählt wird.[51]

Als historischer Einschnitt ist die Rede von Zoni Weisz vor dem Deutschen Bundestag am 27. Januar 2011, dem Tag des Gedenkens an die Opfer des Nationalsozialismus, zu bewerten: Er sprach als erster Vertreter der Sinti und Roma vor den Abgeordneten und den höchsten Verfassungsorganen.[52] Der 1937 in den Niederlanden geborene Zoni Weisz entkam 1944 der Deportation seiner Familie nach Auschwitz-Birkenau mit Hilfe eines niederländischen Polizisten; er überlebte den Krieg im Versteck und bei Verwandten. Seine Eltern und Geschwister fielen dem Völkermord zum Opfer. 2018 erschien die deutsche Übersetzung seiner Erinnerungen „Der vergessene Holocaust".[53]

Resümee

Nach dem totalen Zusammenbruch der NS-Diktatur wollte niemand die Geschichten der überlebenden Sinti und Roma hören, denn diese Geschichten konfrontierten die Tätergesellschaft mit ihrer eigenen moralischen Verstrickung. Wer als „Zigeuner" verfolgt worden war, so der damalige Konsens, hatte durch eigene Schuld oder eigenes Fehlverhalten dazu beigetragen.

---

49 Siehe https://fortunoff.library.yale.edu/, Suchbegriff „Sinti" (letzter Aufruf: 22.05.2024).

50 Siehe https://collections.ushmm.org/search/catalog/irn84763, Oral history interviews of the Gabrielle Tyrnauer collection (letzter Aufruf: 22.05.2024).

51 Siehe https://www.romarchive.eu/en/voices-of-the-victims/ (letzter Aufruf: 22.05.2024).

52 Siehe https://www.bundestag.de/webarchiv/textarchiv/2011/33128906_kw04_zoni_weisz-204396 (letzter Aufruf: 22.05.2024). Die Ansprache von Zoni Weisz ist auf YouTube abrufbar: https://www.youtube.com/watch?v=uFZM18rMA9Y (letzter Aufruf: 22.05.2024).

53 Zoni Weisz, Der vergessene Holocaust. Mein Leben als Sinto, Unternehmer und Überlebender, München 2018. Die niederländische Originalausgabe „De vergeten Holocaust. Mijn leven als Sinto, ondernemer en overlevende" kam 2016 heraus.

Die räumliche Segregation der aus den Lagern Zurückgekehrten in trostlose Barackensiedlungen städtischer Außenbezirke fernab jeglicher Infrastruktur korrespondierte mit einer Barriere des Schweigens zwischen Minderheit und Mehrheit. Die Gemeinschaft der Sinti und Roma blieb auf sich selbst zurückgeworfen, für ihre Erzählungen gab es keinen öffentlichen Resonanzraum, sondern sie verblieben im familiären Binnenraum. Selbst als einzelne Täter vor Gericht gestellt wurden, schenkte man den Opferzeugen aus der Minderheit lange Zeit keinen Glauben oder hielt ihr Zeugnis für wertlos. Es bedurfte eines fundamentalen Bewusstseinswandels aufseiten der Dominanzgesellschaft, um die Stimme der Überlebenden der Sinti und Roma seit den beginnenden 1980er Jahren allmählich hörbar werden zu lassen, auch wenn sich ihre Zahl im Vergleich zu den Zeugnissen jüdischer Überlebender auch heute noch eher bescheiden ausnimmt.

Das Zeugnisablegen über bislang Beschwiegenes, Verdrängtes verändert sowohl den, der spricht, als auch den, der bereit ist zuzuhören. Für ersteren ist das (Aus-) Sprechen im besten Fall ein Akt der Befreiung von dem, was bislang in ihm eingeschlossen war. Doch auch der Hörende kann das Aufgenommene als Bereicherung erfahren, das ihn, wenn auch schmerzlich, berührt. Unterschiedliche Opfer teilen existenzielle (Grenz-)Erfahrungen, doch zugleich entwickeln sie ihre je eigenen, besonderen Weisen des Erzählens, in denen sich die Spezifik ihrer Verfolgungsgeschichte – als Gruppe wie als Individuum – widerspiegelt.
Zeitzeugen erzählen vom viel beschworenen Zivilisationsbruch aus der Perspektive derer, die ihn am eigenen Leib erfahren mussten. Gleichwohl sind Historikerinnen und Historiker dazu verpflichtet, mündliche Quellen ebenso wie Schriftakten quellenkritisch zu prüfen, das Erzählte zu kontextualisieren und mit anderen verfügbaren Quellen abzugleichen. Denn das Gedächtnis kann trügen. Allzu leichtfertig werden vermeintlich „falsche" Erinnerungen als Anknüpfungspunkte für revisionistische Deutungsmuster missbraucht. Hinzu kommt: Erinnerung ist dynamisch; das ursprünglich Erlebte wird überlagert durch spätere Erfahrungen und Deutungen – im Sinne eines lebenslangen Verarbeitungs- bzw. Konstruktionsprozesses.

Dessen ungeachtet bleibt festzuhalten: Bei den Erinnerungsberichten der NS-Überlebenden kann es nicht in erster Linie um historische, juristische, pädagogische, publizistische oder politische Verwertbarkeit gehen. Wie keine andere Quellengattung machen diese Zeugnisse die Dimension des subjektiven Erleidens, des unwiederbringlichen menschlichen Verlusts, wenigstens ansatzweise fassbar. Sie bedürfen daher keiner weiteren Begründung oder Legitimation, denn sie tragen ihren Wert in sich selbst.

Wiedergutmachung für Sinti und Roma. Bestandsaufnahme und Perspektiven der Forschung[1]

Joey Rauschenberger

Einleitung

Über die sträfliche Verspätung, mit der eine wissenschaftliche Aufarbeitung des Völkermords an den Sinti und Roma einsetzte,[2] ist – nachdem sie schließlich begonnen hatte – viel geschrieben worden. Noch heute ist der Rückstand gegenüber der Erforschung anderer Aspekte des Holocaust nicht ganz aufgeholt.[3] Die Forschung zur Wiedergutmachung von NS-Unrecht kennt eine ähnlich verspätete Beschäftigung mit Sinti und Roma als Opfergruppe nicht. Dies hängt damit zusammen, dass Entschädigung und Restitution für die Geschichtswissenschaft überhaupt erst in dem Moment interessant wurden, als Gruppen wie die Sinti und Roma um 1980 begannen, ihre behauptete Verdrängung aus dem Kreis der Wiedergutmachungsberechtigten anzuprangern, und die deutsche NS-Wiedergutmachung darüber in die öffentliche Kontroverse geriet. Es war also politischer Aktivismus, der dafür sorgte, dass Sinti und Roma auf der Landkarte der Wiedergutmachungsforschung von Anfang an verzeichnet waren. Dies war, wie sich im Folgenden zeigen wird, Segen und Fluch zugleich, denn ihren genuin politischen Entstehungsbedingungen verdankt die zeitgeschichtliche Forschung zur Entschädigung für Sinti und Roma neben einer relativ langen Tradition auch eine bis heute nachwirkende Einseitigkeit.

Nachdem ein erster Versuch in den 1970er-Jahren, die Wiedergutmachung offiziell abzuschließen und sie als Ruhmesblatt kritischer Vergangenheitsaufarbeitung zu musealisieren, am wütenden Einspruch der „vergessenen Opfer" gescheitert war, kann man heute, gut 40 Jahre später, erleben, wie sich die deutsche Bundesregierung zum zweiten Mal an einer Historisierung der Wiedergutmachung versucht und erhebliche Summen ausgibt, um einschlägige Projekte zu fördern und ambi-

1 Dem vorliegenden Beitrag liegt ein überarbeitetes und gekürztes Kapitel der Dissertation des Verfassers über die Wiedergutmachung für Sinti und Roma als Praxisgeschichte zugrunde. Die Arbeit wurde von Dr. Frank Reuter, Universität Heidelberg, und Prof. Dr. Constantin Goschler, Universität Bochum, betreut und erscheint voraussichtlich 2025.

2 Einzelheiten dieser relativen Vernachlässigung lassen sich entnehmen aus Michael Zimmermann, Rassenutopie und Genozid. Die nationalsozialistische „Lösung der Zigeunerfrage", Hamburg 1996, S. 23–39.

3 Vgl. Karola Fings, Neuere Literatur zur NS-Verfolgung von Sinti und Roma und zur Produktion von ‚Zigeuner'-Stereotypen, in: Neue Politische Literatur 60 (2015), S. 27–52.

tionierte Digitalisierungsvorhaben in den Archiven anzustoßen.[4] Vor dem Hintergrund dieser aktuellen Entwicklungen, die das Feld der Wiedergutmachungsforschung dynamisieren wie lange nicht mehr,[5] lohnt es sich, einmal rückblickend Bilanz zu ziehen und die bisherige Forschung zur Entschädigung von NS-Unrecht für Sinti und Roma kritisch zu evaluieren. Dabei soll es nicht darum gehen, den Weg der „Zigeuner"-Entschädigung selbst noch einmal nachzuvollziehen. Wer die Realgeschichte rekonstruieren möchte, kann auf die im Folgenden zitierten Titel zurückgreifen. Vielmehr sollen in historiographiegeschichtlicher Perspektive die Entwicklungen, Konjunkturen und Wegmarken der Forschung dargestellt und kontextualisiert sowie deren Verdienste und Defizite herausgearbeitet werden. So kommt zum Vorschein, dass in der bisherigen Literatur eine Lücke zwischen ausgeprägter Thesenstärke und eklatanter Empiriearmut klafft. Aufbauend darauf sollen zum Schluss dieses Beitrages Perspektiven für zukünftige Forschungen aufgezeigt werden. In erster Linie steht die Kärrnerarbeit umfangreicher quantitativer Studien, die es braucht, um überhaupt eine empirisch gesicherte Vorstellung über das tatsächliche Ausmaß der Entschädigung für Sinti und Roma zu erlangen, noch immer aus. Ferner bergen aber auch qualitative und kulturgeschichtliche Fragestel-

---

4 Fluchtpunkt vieler vom Bundesministerium der Finanzen (BMF) geförderten Initiativen ist der Aufbau des neuen „Themenportals Wiedergutmachung" im Archivportal-D, das am Ende eines langen Prozesses verspricht, das gesamte Dokumentenerbe der Wiedergutmachung tiefenerschlossen und digitalisiert an einem zentralen Ort zugänglich zu machen; vgl. Nastasja Pilz / Jörn Petrick, From Reference to Access Inside the Online Collection Wiedergutmachung – New Approaches for Research and Archives, in: Verena Meier / Lara Raabe / Joey Rauschenberger / Philipp Zschommler (Hg.), New Research on the Recognition and Compensation of Nazi Injustice in Comparative Perspective, Heidelberg 2025 [in Vorbereitung].

5 Vgl. neben den zahlreichen nationalen und internationalen Konferenzen zum Thema, die zwischen Herbst 2022 und Frühjahr 2024 stattfanden und hier nicht einzeln aufgeführt werden können, nur die laufenden Forschungsverbünde und -projekte, vgl. Käte Hamburger Kolleg für kulturelle Praktiken der Reparation (CURE), Universität des Saarlandes, https://www.uni-saarland.de/forschen/khk.html (4.3.2024); Forschungsgruppe „Paying for the Past: Reparations after the Holocaust in Global Context", Iris Nachum (Hebrew University of Jerusalem) / Gideon Reuveni (University of Sussex) / Daniel Siemens (Newcastle University), https://iias.huji.ac.il/paying-past-reparations-after-holocaust-global-context (4.3.2024); das Projekt „Wording Repair: Digitally Unveiling the History of Reparative Justice in the Words of a Forgotten Diary", das unter der Leitung von Lorena De Vita (Utrecht University) die Digitalisierung, Transkription und Beforschung der Tagebücher Otto Küsters umsetzt, https://wording-repair.sites.uu.nl/ (4.3.2024); sowie die jeweils von der „Bildungsagenda NS-Unrecht" der Stiftung EVZ geförderten Projekte „‚Ewige Zuchthäusler?!' Entschädigung für Justizverurteilte und die individuellen sowie gesellschaftlichen Auswirkungen", Gedenkstätte JVA Wolfenbüttel, https://blog.projekt-ezu.de/ueber-das-projekt/ (3.4.2024); „Recht ohne Recht. Rückerstattung von NS-Raubgut nach 1945", Europa-Universität Viadrina Frankfurt (Oder), https://www.rewi.europa-uni.de/de/lehrstuhl/br/rechtsgeschichte/Recht-ohne-Recht/index.html (4.3.2024); „Lernen aus den Akten". Aufarbeitung der Entschädigungspraxis nach dem Holocaust, Universität Nürnberg-Erlangen / Verband Deutscher Sinti und Roma – Landesverband Bayern, https://lernen-aus-akten.de/ (18.11.2024).

lungen an die Praxis des Entschädigens sowie die Alltagserfahrungen der Entschädigten erhebliches Erkenntnispotential.

Wiedergutmachung für Sinti und Roma im Scherbengericht der Forschung

Publizieren über Sinti und Roma stand jahrzehntelang unter dem Einfluss der in Wissenschaft, Kunst und Populärkultur tief verwurzelten Konstruktion des „Zigeuners".[6] Der darin tradierte alterisierende Blick auf die Volksgruppe schlug sich auch in zeitgenössischen Äußerungen zur Wiedergutmachung nieder. Hermann Arnold etwa, der Landauer Arzt und „Sozialhygieniker", der in der Nachkriegszeit zum führenden „Zigeunerexperten" der Bundesrepublik avancierte und sein Gehör bei Behörden und Ministerien dafür nutzte, Sinti und Roma bei jeder Gelegenheit verächtlich zu machen,[7] raunte in seiner Schrift über *Die Zigeuner* 1965 von „beträchtlichen Wiedergutmachungsgelder[n]", die den ehemals verfolgten Angehörigen der Minderheit nicht etwa zustünden, sondern „zugefallen" seien, und erklärte, den alten Topos vom faulen, parasitären „Zigeuner" nährend, die „Hoffnung auf weitere Zahlungen" zu einem neuen „Erwerbsmodell" der Sinti und Roma.[8] Mit solchen, die mörderische Verfolgung der Sinti und Roma im Nationalsozialismus ausblendenden Betrugsvorwürfen stand Arnold nicht allein.[9] Zu Widerspruch gegen diese Behauptungen fühlten sich nur wenige Einzelne berufen.[10] Das änderte sich erst, als sich Ende der 1970er-Jahre in Deutschland eine Bürgerrechtsbewegung formierte, die dem dominanten antiziganistischen Diskurs die Eigenperspektive der Minderheit entgegenhielt.[11] Dieser emanzipa-

6 Vgl Klaus-Michael Bogdal, Europa erfindet die Zigeuner. Eine Geschichte von Faszination und Verachtung, Berlin 2011.

7 Vgl. zu Arnold allgemein die umfassende biografische Arbeit von Christian Kelch, Dr. Hermann Arnold und seine Zigeuner. Zur Geschichte der Grundlagenforschung gegen Sinti und Roma in Deutschland unter Berücksichtigung der Genese des Antiziganismusbegriffs, Diss. Nürnberg-Erlangen 2020, https://open.fau.de/handle/openfau/14576 (13.4.2024).

8 Hermann Arnold, Die Zigeuner. Herkunft und Leben der Stämme im deutschen Sprachgebiet, Freiburg im Breisgau 1965, S. 206.

9 Vgl. etwa Hans Hesse / Jens Schreiber, Vom Schlachthof nach Auschwitz. Die NS-Verfolgung der Sinti und Roma aus Bremen, Bremerhaven und Nordwestdeutschland, Marburg 1999 (= Hesse / Schreiber, Vom Schlachthof nach Auschwitz), S. 130.

10 Zu einem kleinen Netzwerk, das sich in den frühen 1960er-Jahren für eine bessere Entschädigung für Sinti und Roma einsetzte, gehörten etwa der Richter Dr. Franz Calvelli-Adorno, der Frankfurter Geschäftsstellenleiter der United Restitution Organization Kurt Mai und der Bundestagsabgeordnete Franz Böhm, vgl. Sebastian Lotto-Kusche, Der Völkermord an den Sinti und Roma und die Bundesrepublik. Der lange Weg zur Anerkennung 1949–1990, Berlin und Boston 2022, S. 59–65.

11 Vgl. Frank Reuter, Die Deutungsmacht der Täter. Zur Rezeption des NS-Völkermords an den Sinti und Roma in Norddeutschland, in: KZ-Gedenkstätte Neuengamme (Hg.), Die Verfolgung der Sinti und Roma im Nationalsozialismus, Bremen 2012, S. 127–143, hier S. 127.

torische Akt brach auch einer gänzlich anderen Sichtweise auf die Wiedergutmachung für Sinti und Roma Bahn, die das offiziöse bundesrepublikanische Selbstlob ebenso ablehnte,[12] wie es die Kritik eines Zuviel an Zahlungen beendete. Im Gegenteil wurde fortan ein Zuwenig an Entschädigung proklamiert.

Den Auftakt machten 1979 der britische Roma-Aktivist Grattan Puxon und der mit einer Sinti-Bürgerrechtsaktivistin verheiratete Literaturwissenschaftler Arnold Spitta. Nach Puxon sei die „überwiegende Mehrzahl" der von Sinti und Roma erhobenen Wiedergutmachungsansprüche abgewiesen worden.[13] „Vorsätzlich und gezielt" habe die bundesdeutsche Justiz die Sinti und Roma von Wiedergutmachung ausgeschlossen.[14] Gleichzeitig konzediert er, dass die Zahl der erfolgreichen Anträge in den 1960er-Jahren „langsam an[gestiegen]" sei.[15] Diese vom Autor in seiner Gesamtbeurteilung aber nicht weiter beachtete Differenzierung verschiedener Phasen der Wiedergutmachung greift Spitta auf und erweitert sie gar um eine weitere Einschränkung: Nicht nur seien Entschädigungszahlungen für Sinti und Roma nach der Novellierung des Bundesentschädigungsgesetzes (BEG), dem sogenannten Bundesentschädigungsschlussgesetz (BEG-SG) 1965 leichter zu erreichen gewesen. Auch vorher schon sei es davon abhängig gewesen, wann eine Verfolgungsmaßnahme stattfand, ob diese Entschädigungsansprüche auslöste oder nicht, wobei nach 1943 ergriffene Maßnahmen eher entschädigt wurden als solche, die früher stattfanden.[16] Doch noch bevor man angesichts dessen fragen könnte, ob die Angelegenheit der Entschädigung für Sinti und Roma nicht komplizierter war und ihre rückblickende Bewertung eine Aufgabe ist, die die Bereitschaft zur Differenzierung erfordert, beeilt sich auch Spitta klarzustellen, dass die Entschädigungspraxis auf einen „von Mißgunst getriebene[n] Willen zu Schikanen" hindeute und der „Gedanke an eine moralische Verpflichtung zur ‚Wiedergutmachung' keine Rolle" gespielt habe.[17] Dass es für Puxon und Spitta nicht im Vordergrund stand, der Komplexität der historischen Wirklichkeit Rechnung zu tragen, sondern eine eindeutige Verurteilung der Wiedergutmachung erkennbar gewollt war, kann schon aufgrund der wissenschaftsfernen, ganz politischen Zielen verschriebenen Textsorte nicht überraschen, erschienen beide Artikel doch

---

12 Vgl. etwa Walter Schwarz, Die Wiedergutmachung nationalsozialistischen Unrechts durch die Bundesrepublik Deutschland. Ein Überblick, in: Ludolf Herbst / Constantin Goschler (Hg.), Wiedergutmachung in der Bundesrepublik Deutschland, München 1989 (= Herbst / Goschler (Hg.), Wiedergutmachung), S. 33–54.

13 Grattan Puxon, Verschleppte Wiedergutmachung, in: Tilman Zülch (Hg.), In Auschwitz vergast, bis heute verfolgt. Zur Situation der Roma (Zigeuner) in Deutschland und Europa, Reinbek bei Hamburg 1979 (= Zülch (Hg.), In Auschwitz vergast, bis heute verfolgt), S. 149–161, hier S. 151.

14 Ebd., S. 153.

15 Ebd., S. 158.

16 Vgl. Arnold Spitta, Wiedergutmachung oder wider die Gutmachung?, in: Zülch (Hg.), In Auschwitz vergast, bis heute verfolgt, S. 161–167, hier S. 161.

17 Ebd., S. 167.

in der Streitschrift *In Auschwitz vergast, bis heute verfolgt,*[18] deren Autorenliste sich wie ein *who is who* der damaligen Roma-Bürgerrechtsbewegung und ihrer Unterstützer liest. Puxon und Spitta schrieben ihre Deutung einer weitgehend verweigerten Entschädigung in den Interpretationsrahmen der „Zweiten Verfolgung" ein, den die Verbände und Bürgerrechtsaktivisten der Sinti und Roma um 1980 aufspannten.[19] Das nächste Jahrzehnt war davon geprägt, dass die Kampagnen- und Bürgerrechtsarbeit der Selbstorganisationen das Thema der unvollständigen Wiedergutmachung nicht mehr losließ. 1987 sprach Romani Rose, der Vorsitzende des Zentralrats Deutscher Sinti und Roma, in seinem Buch *Bürgerrechte für Sinti und Roma* gar von einem „Betrug um die Wiedergutmachung"[20] und spitzte, ganz Politiker, die vergleichsweise moderaten Thesen Puxons und Spittas damit noch weiter zu.

Es ist von entscheidender Bedeutung, dass dieses aktivistische Narrativ nun aus dem politischen Vorfeld immer stärker in die akademischen Diskurse einsickerte. Erstmals geschah dies Ende der 1980er-Jahre durch Aufsätze von Ursula Körber und erneut Arnold Spitta. Beide Beiträge erschienen in Sammelbänden, die von ausgewiesenen Fachhistorikern herausgegeben wurden, was ihnen Autorität in der *scientific community* verlieh. Dort wurde das Thema nun entdeckt, das Publizieren über die Entschädigung von Sinti und Roma überließ man aber zunächst lieber Fachfremden, die sich vor allem über ihr Engagement in der Bürgerrechtsbewegung qualifiziert hatten. Dies merkt man den Texten zuweilen an. Körber, Juristin und Mitarbeiterin des Bremer Sinti-Vereins e. V., veröffentlichte 1988 einen Beitrag über *Die Wiedergutmachung und die ‚Zigeuner'*, der überwiegend auf eine skandalentfachende Wirkung zu schielen schien. So stellte sie apodiktisch Behauptungen auf, die sogar den knapp zehn Jahre zuvor aufgestellten Thesen Puxons und Spittas widersprachen. In Schleswig-Holstein habe das BEG-SG 1965 zu keiner Änderung der Entschädigungspraxis geführt und Opfer der Mai-Deportationen von 1940 hätten noch heute keinerlei Wiedergutmachung erfahren.[21] 1989 erschien in der Anthologie von Ludolf Herbst und Constantin Goschler, eine der frühesten genuin geschichtswissenschaftlichen Bände zur deutschen NS-Wiedergutmachung überhaupt, ein weiterer Beitrag von Spitta über *Entschädi-*

---

18 Zülch (Hg.), In Auschwitz vergast, bis heute verfolgt.

19 Das Schlagwort geht zurück auf den Artikel des damaligen Mitarbeiters der Gesellschaft für bedrohte Völker: Fritz Greußing, Das offizielle Verbrechen der zweiten Verfolgung, in: Zülch (Hg.), In Auschwitz vergast, bis heute verfolgt, S. 192–198.

20 Romani Rose, Bürgerrechte für Sinti und Roma. Das Buch zum Rassismus in Deutschland, Heidelberg 1987, S. 46–59.

21 Ursula Körber, Die Wiedergutmachung und die „Zigeuner", in: Wolfgang Ayaß u. a. (Hg.), Feinderklärung und Prävention. Kriminalbiologie, Zigeunerforschung und Asozialenpolitik, Berlin 1988, S. 165–175, hier S. 174.

gung für Zigeuner? – bewusst mit einem Fragezeichen versehen.[22] Spitta widmet sich dem Thema sehr viel ausführlicher als 1979 und tatsächlich gelingt ihm ein brauchbarer erster Aufschlag, der wichtige mit dem Themenkreis verknüpfte Fragen und Probleme anspricht. Spitta betont erneut die Abfolge unterschiedlicher Phasen der Entschädigung für Sinti und Roma und weist allgemein die Vorstellung von einer einheitlichen Verwaltungs- und Rechtspraxis zurück.[23] Trotz dieser Einschränkungen ist Spitta nachvollziehbarerweise weiter primär darauf bedacht, den zeitweisen Ausschluss der Minderheit zu erklären. Dafür bemüht er vor allem die „Kontinuität von Vorurteilsstrukturen der Mehrheitsbevölkerung".[24] Verschärfend habe sich auf den latenten Antiziganismus in Behörden und Justiz die Einbindung der „Täter von gestern" in die Entschädigungsverfahren ausgewirkt.[25] Der Vorwurf, dass die ehemaligen „Zigeunerreferenten" des kriminalpolizeilichen Apparats, der das operative Zentrum der NS-Zigeunervernichtung gebildet hatte, von den Entschädigungsämtern im großen Stil als Gutachter hinzugezogen worden seien und ihre früheren Maßnahmen gegen die Antragsteller selbstverständlich – nicht zuletzt aus Eigeninteresse – als im Sinne der öffentlichen Sicherheit notwendige Kriminalprävention verharmlosten und damit eine Wiedergutmachung torpedierten, wurde hier sehr früh formuliert.

Es dauerte daraufhin nochmals Jahre, bis sich die Fachhistorie wirklich für das Thema öffnete – und als sie es dann langsam tat, war die Vorstellung von den Sinti und Roma als „vergessener Opfergruppe" offenbar bereits so tief verankert, dass sie als Ausgangspunkt aller weiteren Überlegungen fungierte. Dafür steht paradigmatisch der 1998 vom polnischen Historiker Waclaw Dlugoborski herausgegebene Sammelband *Sinti und Roma im KL Auschwitz-Birkenau 1943–44*, der gleich drei Beiträge über Wiedergutmachung für Sinti und Roma enthält. Anna von Törne beispielsweise postuliert, bis heute seien „nur wenige Sinti und Roma, die als ‚Zigeuner' während des Nationalsozialismus verfolgt wurden, entschädigt worden".[26] In ihrem Artikel verbinden sich Überzeugungston mit fehlender Empirie. Besonders markant ist, dass dies der Autorin durchaus bewusst ist. Dass wegen der schlechten Quellenlage „[s]tatistische Angaben, wie viele Sinti und Roma Anträge auf Entschädigung gemäß BEG gestellt haben und wie viele als Verfolgte anerkannt wurden, [...] nicht vor[liegen]",[27] hält sie jedoch nicht davon ab, pau-

22 Arnold Spitta, Entschädigung für Zigeuner? Geschichte eines Vorurteils, in: Herbst / Goschler (Hg.), Wiedergutmachung, S. 385–401.
23 Vgl. ebd., S. 391 f.
24 Ebd., S. 401.
25 Ebd., S. 398.
26 Anna von Törne, Wiedergutmachung für Sinti und Roma – eine zweite Verfolgung, in: Waclaw Dlugoborski (Hg.), Sinti und Roma im KL Auschwitz-Birkenau, 1943–44. Vor dem Hintergrund ihrer Verfolgung unter der Naziherrschaft, Oświecim 1998 (= Dlugoborski (Hg.), Sinti und Roma), S. 378–395, hier S. 378.
27 Ebd., S. 380.

schal von einem „ungeheuerlichen Umgang mit Sinti und Roma im Bereich der Entschädigung“ zu sprechen.[28] Auch Rainer Hudemann setzt „Ungerechtigkeiten“ im Umgang mit Sinti und Roma voraus und stellt lediglich Überlegungen zu den Ursachen der „Benachteiligung“ an.[29] Dabei will er – im Widerspruch zu Spitta – den „altüberlieferte[n] antitsiganistische[n] Vorurteile[n]“[30] keine allzu große Bedeutung beimessen. In den frühesten Texten zur Wiedergutmachung habe nämlich ein sehr klares Verständnis davon vorgeherrscht, dass Sinti und Roma zu den Opfern nationalsozialistischer Rassenverfolgung gehört hatten.[31] Erst allmählich seien sie – das wiederum konstatiert Hudemann im Einklang mit Spitta – verdrängt worden, wofür aber weniger „böser Wille[.] und allgemeine Vorurteile“ als vielmehr spezifische Binnenlogiken der staatlichen Bürokratie verantwortlich gewesen seien, in deren Hände die Wiedergutmachung Ende der 1940er-Jahre endgültig gelegt wurde.[32]

Parallel nahm die sich in Deutschland langsam entfaltende historische Antiziganismusforschung, nachdem lange vor allem der Genozid im Zentrum gestanden hatte, zunehmend die Zeit nach 1945 ins Blickfeld. Die so produzierten Studien interessierten sich stets für die Kontinuitäten des Antiziganismus, die unter anderem auch am Beispiel der angeblich restriktiven Wiedergutmachungspolitik exemplifiziert werden, streiften diese aber meist nur peripher, womit sie der Komplexität der Wiedergutmachungsthematik nicht gerecht werden konnten.[33] Als Standardwerk für den westdeutschen Nachkriegsantiziganismus muss seit ihrem Erscheinen die Dissertation des israelischen Historikers Gilad Margalit

28 Ebd., S. 392.

29 Rainer Hudemann, Sinti und Roma in der deutschen Wiedergutmachung. Fragen zu den Fernwirkungen der Verfolgung, in: Dlugoborski (Hg.), Sinti und Roma, S. 345–355, hier S. 346.

30 Ebd., S. 353.

31 Vgl. ebd., S. 348 f.

32 Vgl. ebd., S. 351 f.

33 Vgl. etwa Eva von Hase-Mihalik / Doris Kreizkamp, Du kriegst auch einen schönen Wohnwagen. Zwangslager für Sinti und Roma während des Nationalsozialismus in Frankfurt am Main, Frankfurt am Main 1990, S. 130 f.; Hansjörg Riechert, Im Schatten von Auschwitz. Die nationalsozialistische Sterilisationspolitik gegenüber Sinti und Roma, Münster / New York 1995, S. 124–131; Udo Engbring-Romang, Wiesbaden. Auschwitz. Zur Verfolgung der Sinti in Wiesbaden, Frankfurt am Main 1997, S. 124–126; ders., Die Verfolgung der Sinti und Roma in Hessen zwischen 1870 und 1950, Frankfurt am Main 2001; ders., Bad Hersfeld. Auschwitz. Zur Verfolgung der Sinti im Kreis Hersfeld-Rotenburg, Frankfurt am Main 2002, S. 130 f.; ders., Hanau. Auschwitz. Zur Verfolgung der Sinti in Hanau und Umgebung, Frankfurt am Main 2002, S. 121 f.; ders., Fulda. Auschwitz. Die Verfolgung der Sinti in Fulda und Umgebung, Frankfurt am Main 2006, S. 109–112; Raimond Reiter, Sinti und Roma im „Dritten Reich“ und die Geschichte der Sinti in Braunschweig, Marburg 2002, S. 139–151; neuere Beispiele sind etwa Patricia Pientka, Das Zwangslager für Sinti und Roma in Berlin-Marzahn. Alltag, Verfolgung und Deportation, Berlin 2013, S. 189–197; Cuncan Cooper / Michael Schubert, Anhaltende Ausgrenzung. Diskriminierung und rassistische Verfolgung von ‚Zigeunern‘ in Osnabrück von den 1920er bis in die 1950er Jahre, Osna-

aus dem Jahr 2001 gelten. Obwohl Margalit neben einem „Trend der Kontinuität" auch einen „reformistischen Trend" ausmacht,[34] der „zum ersten Mal in der deutschen Geschichte einen alternativen Ansatz für den öffentlichen Diskurs über Zigeuner" geboten hätte,[35] sieht auch er im Bereich der Entschädigung keine fortschrittlichen Kräfte am Werk. Für die von ihm fokussierte frühe Wiedergutmachungsphase bis zur einheitlichen Bundesgesetzgebung 1953 räumt er zwar ein, dass die Behandlung der Sinti und Roma durch die „Betreuungsstellen" und „Sonderhilfsausschüsse" sehr unterschiedlich ausfallen konnte,[36] konstatiert aber insgesamt, im Widerspruch zu Hudemann und auch Spitta, dass die frühen „Entschädigungsanträge von Zigeunern [...] im allgemeinen abgelehnt [wurden]".[37]

Der erste allein der Entschädigung für Sinti und Roma gewidmete monografische Versuch datiert von 2004 und stammt aus der Feder von Katharina Stengel. Der schmale Band lässt sich komplementär zu Margalit lesen, da er primär die Jahre von 1953 bis 1965 abdeckt. Stengel bestätigt, dass die Kompensationsansprüche von Sinti und Roma vor allem bis zum letzten Bundesentschädigungsgesetz von 1965 von der Rechtsprechung zu großen Teilen abgewiesen wurden.[38] Margalit, Stengel sowie der rechtswissenschaftlichen Dissertation von Christian Reimesch über die Entschädigung der *Vergessene*[n] *Opfer des Nationalsozialismus*[39] ist es zu verdanken, dass seit den frühen 2000er-Jahren, etwa zehn Jahre nachdem die politik- und rechtsgeschichtlichen Abläufe der allgemeinen Wiedergutmachung

zu 33 brück 2014, S. 119–124; Esther Sattig, Das Zigeunerlager Ravensburg-Ummenwinkel. Die Verfolgung der oberschwäbischen Sinti, Berlin 2016 (= Sattig, Das Zigeunerlager Ravensburg-Ummenwinkel), S. 293–338; Udo Engbring-Romang, „Mit einer Rückkehr ist nicht mehr zu rechnen...". Die Verfolgung der Sinti und Roma in Mannheim, Ostfildern 2017, S. 125–131; Hans Hesse: ... wir sehen uns in Bremerhaven wieder...: die Deportation der Sinti und Roma am 16./20. Mai 1940 aus Nordwestdeutschland. Gedenkbuch zur nationalsozialistischen Verfolgung der Sinti und Roma aus Nordwestdeutschland, Teil 1, Bremerhaven 2021 (= Hesse, ... wir sehen uns in Bremerhaven wieder), S. 168–174.

34 Vgl. Gilad Margalit, Die Nachkriegsdeutschen und „ihre Zigeuner". Die Behandlung der Sinti und Roma im Schatten von Auschwitz, Berlin 2001, S. 273 f.

35 Ebd., S. 276.

36 In Württemberg-Baden seien zwischen Mai und November 1947 rund 400 „Zigeuner" von den lokalen VVN-Stellen als Verfolgte des Naziregimes anerkannt worden, vgl. ebd., S. 124 f.

37 Ebd., S. 160.

38 Vgl. Katharina Stengel, Tradierte Feindbilder. Die Entschädigung der Sinti und Roma in den fünfziger und sechziger Jahren, Frankfurt am Main 2004, S. 8.

39 Vgl. Christian Reimesch, Vergessene Opfer des Nationalsozialismus? Zur Entschädigung von Homosexuellen, Kriegsdienstverweigerern, Sinti und Roma und Kommunisten in der Bundesrepublik, Berlin 2003, S. 98–132.

grundlegend erforscht waren,[40] auch die politische Ereignisgeschichte der Entschädigung für Sinti und Roma in ihren Grundzügen bekannt ist.[41]

Während all diese Autoren auf eine Arbeit mit den im Geschäftsgang der Wiedergutmachungsämter angelegten Entschädigungsakten verzichteten,[42] beruht die 2011 in englischer Sprache publizierte Oxforder Dissertation von Julia von dem Knesebeck über *The Roma Struggle for Compensation in Post-War Germany*[43] auf den Wiedergutmachungsakten von Sinti und Roma selbst – wie die Autorin, die Neuartigkeit ihres empirischen Forschungsansatzes betonend, deutlich herausstellt. Ihrer Behauptung, „the first detailed study of the material genera-

---

40 Vgl. Norbert Frei / José Brunner / Constantin Goschler, Komplizierte Lernprozesse. Zur Geschichte und Aktualität der Wiedergutmachung, in: Dies. (Hg.), Die Praxis der Wiedergutmachung. Geschichte, Erfahrung und Wirkung in Deutschland und Israel, Göttingen 2009 (= Frei u. a. (Hg.), Die Praxis der Wiedergutmachung), S. 9–47 (= Frei u. a., Komplizierte Lernprozesse), hier S. 20; wegweisend für die grundlegende Erforschung der Politik- und Rechtsgeschichte der Wiedergutmachungsgeschichte waren Bundesministerium der Finanzen / Walter Schwarz (Hg.), Die Wiedergutmachung nationalsozialistischen Unrechts durch die Bundesrepublik Deutschland, 7 Bände, München 1974–2000; Cornelius Pawlita, „Wiedergutmachung" als Rechtsfrage. Die politische und juristische Auseinandersetzung um Entschädigung für die Opfer nationalsozialistischer Verfolgung (1945–1990), Frankfurt am Main u. a. 1993; Constantin Goschler, Wiedergutmachung. Westdeutschland und die Verfolgten des Nationalsozialismus, München 1992; Hans Günter Hockerts / Christiane Kuller (Hg.), Nach der Verfolgung. Wiedergutmachung nationalsozialistischen Unrechts in Deutschland? Göttingen 2003; Constantin Goschler, Schuld und Schulden. Die Politik der Wiedergutmachung für NS-Verfolgte seit 1945, Göttingen 2005; Hans Günter Hockerts / Claudia Moisel / Tobias Winstel (Hg.), Grenzen der Wiedergutmachung. Die Entschädigung für NS-Verfolgte in West- und Osteuropa 1945–2000, Göttingen 2006.

41 Im Wesentlichen nicht über diesen Kenntnisstand hinaus gelangte Martin Feyen, „Wie die Juden?" Verfolgte „Zigeuner" zwischen Bürokratie und Symbolpolitik, in: Frei u. a. (Hg.), Die Praxis der Wiedergutmachung, S. 323–355 (= Feyen, „Wie die Juden?"). Die geplante Dissertation des Doktoranden Norbert Frei ist nie veröffentlicht worden, vgl. Julia von dem Knesebeck, The Roma Struggle for Compensation in Post-War Germany, Hatfield 2011 (= Knesebeck, The Roma Struggle for Compensation), S. 19.

42 Zu erklären ist dies mit der schwierigen Überlieferungslage. Die 30-jährige Sperrfrist ist in den meisten Fällen abgelaufen. Hinzu kommt aber bei den sensiblen personenbezogenen Akten eine, je nach Land leicht variierende, besondere Regelung, die die Akten, wenn der Todestag des Antragstellers unbekannt ist, was bei nicht-öffentlichen Menschen freilich der Regelfall ist, erst nach einer bestimmten Anzahl von Jahren nach der Geburt freigibt – meistens 90 Jahre. Um die Jahrtausendwende konnte die Forschung also nur mit den Akten älterer Verfolgter arbeiten, vgl. Frank M. Bischoff, Bewertung, Erschließung und Benutzung von Wiedergutmachungsakten, in: Der Archivar, Beiband 7 (2001), S. 237–251, hier S. 241 f. Hinzu kommt, dass die jeweils über 100.000 Entschädigungs-Einzelfallakten in den Staatsarchiven der Länder in aller Regel schlecht erschlossen und nur nach Namen recherchierbar sind. Eine gezielte, gruppenspezifische Recherche nach Sinti und Roma, „Zigeunern" oder „Landfahrern" ist deshalb nicht möglich, vgl. Knesebeck, The Roma Struggle for Compensation, S. 107 f.

43 Einige wenige Entschädigungsakten, die in ihrer geringen Anzahl aber kaum als Grundlage generalisierender Befunde taugen, hatte kurz zuvor in seinem Aufsatz Feyen, „Wie die Juden?" eingestreut.

ted by the compensation processes" vorgelegt zu haben,[44] ist aber zu widersprechen, denn dass der Regionalhistoriker Raimond Reiter bereits 2002 in einem Artikel Entschädigungsakten von Sinti und Roma – wenngleich auf eine methodisch nicht überzeugende, vorwiegend illustrativen Zwecken dienende Weise[45] – herangezogen hat, weiß von dem Knesebeck und unterschlägt dies beflissentlich.[46] Obendrein deutet der Anspruch auf eine lückenhafte Literaturrecherche hin. Denn sie ignoriert damit nicht nur Heiko Scharffenbergs 2004 publizierte Dissertation über die Wiedergutmachung nationalsozialistischen Unrechts in Schleswig-Holstein, die in Folge des – schon damals übertriebenen – Eigenanspruchs, durch Auswertung der Kieler Einzelfallakten einen gänzlich „neuen Beitrag zur Wiedergutmachungsforschung" zu leisten,[47] mit einer – zahlenmäßig zugegebenermaßen kaum relevanten – Menge an Akten von Sinti und Roma operierte.[48] Auch und vor allem über die Tatsache, dass Hans Hesse und Jens Schreiber schon 1999 einen ansehnlichen Bestand von 175 Entschädigungsakten aus Bremen ausgewertet haben,[49] geht von dem Knesebeck hinweg. Über diese Richtigstellungen hinaus handelt es sich bei von dem Knesebecks Buch um eine wichtige Studie, die zu Recht als bisheriges Grundlagenwerk der Wiedergutmachung für Sinti und Roma gilt, da sie erhellende Analysen einiger der spezifischen entschädigungspolitischen Diskurse um „Zigeuner", namentlich hinsichtlich der Anerkennung von Zwangssterilisierungen und gesundheitlicher Verfolgungsschäden, bereithält[50] und erstmals auch die überwiegend ausgeblendete Sphäre der Rückerstattung einbezieht.[51] Ohne dass dies ihre Leistungen schmälern würde, ist der Autorin gleichwohl vorzuwerfen, dass sie das größte Potential, das ihr mit dem Vorhandensein eines umfangreichen Samples an leicht zugänglichen Entschädigungsakten von Sinti und Roma geboten war,[52] ungenutzt ließ, indem sie auf eine quantitative Auswertung der Akten verzichtete. Stattdessen beschränkt sich von dem Knesebeck darauf, die Zahlen vorzutragen, die die beiden Archivare im damaligen Staatsarchiv Münster, Frank Bischoff und Hans-Jürgen Höötmann, in einem 1998 verfassten „Zwischenbericht" über ihr archivarisches

44 Knesebeck, The Roma Struggle for Compensation, S. 225: This is „the first detailed study of the material generated by the compensation processes".

45 Vgl. Raimond Reiter, Sinti und Roma im „Dritten Reich" und die Geschichte der Sinti in Braunschweig, Marburg 2002, S. 139–164.

46 Vgl. Knesebeck, The Roma Struggle for Compensation, S. 18.

47 Heiko Scharffenberg, Sieg der Sparsamkeit. Die Wiedergutmachung nationalsozialistischen Unrechts in Schleswig-Holstein, Bielefeld 2004, S. 17.

48 Vgl. ebd., S. 152. Scharffenberg gibt den Anteil der „Zigeuner" unter den 295 Antragstellern seines Untersuchungssamples mit 1,2 % an, was merkwürdigerweise keiner ganzen Zahl an Antragstellern entspricht, aber wohl auf eine Anzahl von 3 oder 4 Antragsteller aus der Minderheit der Sinti und Roma hindeuten dürfte.

49 Vgl. Hesse / Schreiber, Vom Schlachthof nach Auschwitz, S. 131–133.

50 Vgl. Knesebeck, The Roma Struggle for Compensation, S. 133–160.

51 Vgl. ebd., S. 195–202.

52 Im Staatsarchiv Münster konnte von dem Knesebeck – damals eine seltene Besonderheit – auf eine Opfergruppen separierende Bestandsverzeichnung zurückgreifen.

Projekt zur Erschließung der Entschädigungsakten aus dem Regierungsbezirk Arnsberg nennen:[53] Von den in 87 Akten von Sinti und Roma gefundenen 111 Bescheiden seien nur 15 % ablehnend gewesen, während insgesamt 86 % der angemeldeten Ansprüche Bewilligungen oder Teilbewilligungen (7 %) enthielten.[54] Nimmt sich dieses Zahlenverhältnis angesichts der die Literatur beherrschenden Thesen schon an sich überraschend aus, so fällt noch stärker auf, dass die Bewilligungsquote für Sinti und Roma gegenüber der allgemeinen Quote von 89,3 % positiver Entscheidungen in den Anträgen der Arnsberger Akten nur hauchdünn abfällt.[55] Freilich ist von dem Knesebeck uneingeschränkt zuzustimmen, dass dieser oberflächliche Befund allein wenig aussagekräftig ist.[56] Doch unterlässt es die Autorin, genau da anzusetzen und ihren Bestand einer tiefergehenden Analyse der Verfahrensausgänge zu unterziehen. In ihrer stattdessen unternommenen qualitativen Struktur- und Problemgeschichte der Wiedergutmachung für Sinti und Roma kapriziert sich von dem Knesebeck dann zudem weitgehend auf den minoritären Bereich der 15 %, in denen Sinti und Roma Entschädigung verwehrt wurde, während die ca. 85 % erfolgreicher Anträge tendenziell verdrängt werden – eine Einseitigkeit, die auch dem Rezensenten Benno Nietzel aufgefallen ist, der bemängelt, dass die Diskrepanz zwischen Narrativ und basalem empirischem Befund nicht ausdiskutiert wird.[57]

Ganz Ähnliches lässt sich über den bereits genannten, von von dem Knesebeck übersehenen Band von Hesse und Schreiber sagen. Die Regionalstudie zur NS-Verfolgung der Sinti und Roma besticht dadurch, dass sie das Verfolgungsgeschehen in Bremen und Nordwestdeutschland mit der bis heute in der deutschsprachigen Geschichtswissenschaft einzigen quantitativen Analyse von Entschädigungsakten von Sinti und Roma verbindet. Was dabei herauskam, irritiert beinahe so sehr wie die späteren Ergebnisse der Münsteraner Studie von Bischoff und Höötmann: 124 untersuchte Fallakten von Sinti und Roma aus Bremen endeten 76 Mal in

53 Vgl. Frank M. Bischoff / Hans-Jürgen Höötmann, Wiedergutmachung. Erschließung der Entschädigungsakten der Bezirksregierung Arnsberg im Staatsarchiv Münster. Zwischenbericht (Münster, Januar 1998). Der Bericht ist auf Anfrage im Staatsarchiv Münster einsehbar.

54 Vgl. Knesebeck, The Roma Struggle for Compensation, S. 111. Ob die Summe der prozentualen Anteile von 101 % einem Rechenfehler von Bischoff und Höötmann oder einer falschen Wiedergabe von von dem Knesebeck geschuldet ist, konnte nicht geprüft werden.

55 Vgl. ebd., siehe auch den Artikel Frank M. Bischoff / Hans-Jürgen Höötmann, Wiedergutmachung – Erschließung von Entschädigungsakten im Staatsarchiv Münster, in: Der Archivar 51/3 (1998), S. 425–440, hier S. 438, wo die Autoren wiederholen, dass „die Bewilligungsrate nur wenig unterhalb des Durchschnitts liegt", allerdings die in ihrem unveröffentlichten Zwischenbericht genannten Zahlen nicht nennen.

56 Vgl. Knesebeck, The Roma Struggle for Compensation, S. 111.

57 Vgl. Benno Nietzel, Rezension zu: Knesebeck, The Roma Struggle for Compensation, in: sehepunkte 13/6 (2013), 15.6.2013, https://www.sehepunkte.de/2013/06/21503.html (10.4.2024).

der Bewilligung von Zahlungen, was 66,1 % oder zwei Dritteln der Antragsteller entspricht.[58] Noch günstiger verlief die Entschädigung für die 51 Bremerhavener NS-Verfolgten, denen in über 90 % der Fälle Wiedergutmachung gewährt wurde. Zusammen wurden am Landesamt für Wiedergutmachung Bremen damit rund 70 % der antragstellenden Sinti und Roma entschädigt.[59] So roh sie auch sein mögen, können diese Daten doch kaum anders gelesen werden, denn als Einladung zu differenzierteren Überlegungen über die Wiedergutmachung für Sinti und Roma; doch dieser Einladung ist bis heute niemand gefolgt. Nicht einmal die Autoren selbst ließen sich zu einer neuen analytischen Offenheit gegenüber ihrem Thema bewegen und ihre Erzählweise von Einzelschicksalen von Sinti und Roma in der Entschädigung blieb ganz im Modus des Defizitären, der Suche nach „Demütigungen und Schmerz" verhaftet.[60] Da wundert es kaum, dass das hinter den eigenen Befunden zurückbleibende Buch auch in der Folge keinen Perspektivwechsel auslöste. Die Rezeption der insgesamt wenig beachteten Untersuchung blieb selbst innerhalb der historischen Antiziganismusforschung auf ihren Beitrag zur regionalen Genozidforschung beschränkt;[61] in der allgemeinen Wiedergutmachungsforschung nahm man sie nicht wahr.

Auch Kristina Meyer und Boris Spernol nehmen sie nicht zur Kenntnis. Dies verwundert umso mehr, als dass aus ihrer Feder die statistische Bilanz der Wiedergutmachung in Düsseldorf stammt, die als einzige elaborierte quantitative Analyse auch in der allgemeinen Forschungslandschaft zur Wiedergutmachung hervorsticht.[62] Ihre Zufallsstichprobe von 2200 aus knapp 12.000 Düsseldorfer Fallakten enthält 28 zu Sinti und Roma gehörende Anträge,[63] sie trägt damit eigene Ergebnisse zur Frage der Entschädigung für die Minderheit bei. Die Angabe, dass die Hälfte der 28 antragstellenden Sinti und Roma keine Entschädigung nach BEG erhalten hat,[64] klingt zunächst – nicht gemessen am Tenor der Literatur, aber doch, wenn man an die niedrigeren Ablehnungsquoten in Münster und Bremen denkt – nach einer regional relativ starken Abwehr der Ansprüche von Sinti und Roma. Auch dieser Eindruck relativiert sich aber entscheidend durch den nachgeschobenen Satz des Autorenduos, dass bei einer Berücksichtigung der nach

58 Vgl. Hesse / Schreiber, Vom Schlachthof nach Auschwitz, S. 131–133.
59 Vgl. ebd., S. 160–164.
60 Ebd., S. 133.
61 Vgl. etwa Michael Zimmermann, Zigeunerbilder und Zigeunerpolitik in Deutschland. Eine Übersicht über neuere historische Studien, in: WerkstattGeschichte 25 (2000), S. 35–58, hier S. 39.
62 In ihrer Aufzählung der vorangegangenen – aus unterschiedlichen Gründen unbefriedigend bleibenden – quantitativen Untersuchungsansätze fehlt ein Hinweis auf Schreiber und Hesse, vgl. Kristina Meyer / Boris Spernol, Wiedergutmachung in Düsseldorf. Eine statistische Bilanz, in: Frei u. a. (Hg.), Die Praxis der Wiedergutmachung, S. 690–727, hier S. 691, Anm. 5.
63 Vgl. ebd., S. 703.
64 Vgl. ebd., S. 712.

Landesrecht gewährten Zahlungen alle der 28 Sinti und Roma mit Entschädigung bedacht wurden.[65] Endgültig verflüchtigt sich der Eindruck einer strukturellen Benachteiligung der Düsseldorfer Sinti und Roma dadurch, dass aus dem gesamten Sample nur 43 % der Antragsteller nach dem BEG erfolgreich waren, von einer Schlechterstellung der Minderheit also nicht ansatzweise die Rede sein kann.[66]

Wie dem auch sei, auch diese Studie wurde von der an Sinti und Roma interessierten Forschungscommunity im Weiteren nicht aufgegriffen.[67] Auch sie bewirkte nicht, dass sich die neuere Forschung zur Wiedergutmachung von Sinti und Roma von der älteren in wesentlichen Aspekten unterscheidet. Frank Sparing konnte 2011 unbeirrt behaupten, die Anträge von Sinti und Roma seien „in der Regel abgelehnt" worden,[68] Wolfgang Wippermann sekundiert im darauffolgenden Jahr, dass „bis heute im Wesentlichen nur Juden entschädigt worden"[69] seien, Karola Fings sieht „Entlastungskartelle der NS-Täter" am Werk, die „einer Entschädigung einen Riegel vor[schoben]",[70] und Anja Reuss spricht in ihrer Studie über die Lebensrealitäten von Sinti und Roma in der Nachkriegszeit, obwohl sie weiteren Forschungsbedarf konstatiert, bereits vorwegnehmend von einer „politische[n] und moralische[n] Nicht-Anerkennung der Verfolgung von Sinti und Roma" in den Wiedergutmachungsverfahren.[71] Es scheint sich in der deutschen Forschung zur Entschädigung für Sinti und Roma spätestens zu Beginn der 2010er-Jahre ein kaum mehr hinterfragter Grundkonsens darüber herausgebildet zu haben, dass die Wiedergutmachung den Sinti und Roma keinen lindernden Ausgleich für das Unrecht der Vergangenheit gebracht, sondern dieses auf andere Weise fortgeführt und vergrößert habe.

65 Vgl. ebd.

66 Vgl. ebd., S. 725.

67 Eine Ausnahme stellt der noch zu besprechende Bericht der Unabhängigen Kommission Antiziganismus beim Bundesinnenministerium dar; Bundesministerium des Innern, für Bau und Heimat (Hg.), Perspektivwechsel. Nachholende Gerechtigkeit. Partizipation. Bericht der Unabhängigen Kommission Antiziganismus, Frankfurt am Main 2021 (= UKA-Bericht). Bezeichnenderweise wurde dort aber nur die Zahl von 50 % Ablehnungen aus dem Kontext gerissen und so die Datengrundlage für die Interpretation verfälscht.

68 Frank Sparing, NS-Verfolgung von „Zigeunern" und „Wiedergutmachung" nach 1945, in: Aus Politik und Zeitgeschichte 22/23 (2011), S. 8–15, hier S. 14.

69 Wolfgang Wippermann, Verweigerte Wiedergutmachung. Die Deutschen und der Völkermord an den Sinti und Roma, in: Standpunkte 14 (2012), S. 1–6, hier S. 2.

70 Karola Fings, Schuldabwehr durch Schuldumkehr. Die Stigmatisierung der Sinti und Roma nach 1945, in: Oliver von Mengersen (Koord.), Sinti und Roma. Eine deutsche Minderheit zwischen Diskriminierung und Emanzipation, Bonn / München 2015, S. 145–164, hier S. 157.

71 Anja Reuss, Kontinuitäten der Stigmatisierung. Sinti und Roma in der deutschen Nachkriegszeit, Berlin 2015, S. 216.

Aber auch international machte man sich das Narrativ der verwehrten Entschädigung zu eigen, wovon die raren Beiträge ausländischer Forscher über die deutsche NS-Wiedergutmachung und ihre Berücksichtigung bzw. Nicht-Berücksichtigung der Sinti und Roma zeugen. Die kanadischen Soziologen Andrew Woolford und Stefan Wolejszo warteten schon 2006 mit abstrakten Erklärungsmodellen – „political opportunity structures",[72] „specific social conditions"[73] und „discursive openings"[74] – auf, die verständlich machen sollen, warum die Entschädigungsanträge deutscher Sinti und Roma bis zur offiziellen Anerkennung des Völkermordes durch die Bundesregierung 1982 zu weiten Teilen abgelehnt worden seien.[75] Nicht mehr nur von einem weitgehenden Ausschluss, sondern von einem absoluten „lack of reparations" geht 2020 gar die US-amerikanische Politikwissenschaftlerin Claire Greenstein aus.[76] Empirische Evidenz für besonders pauschale und kühne Prämissen – wie das Ausbleiben von Entschädigung für Sinti und Roma selbst über die Änderung der höchstrichterlichen Rechtsprechung zur Frage des Beginns der „rassischen" Verfolgung von „Zigeunern" im Nationalsozialismus 1963 und die letzte Novellierung des BEG 1965 hinaus[77] – bleibt die Autorin schuldig. Dass angesichts dieser Übernahme, und manchmal Überspitzung, deutscher Forschungsstandpunkte Impulse für eine ergebnisoffene Herangehensweise an das Thema oder gar eine Neubewertung der Wiedergutmachung für im NS verfolgte Sinti und Roma ausgehen könnten, ist nicht zu erwarten.

Das etablierte Interpretament hat seine Wurzeln in den 1980er-Jahren, als eine Avantgarde an mit der jungen Roma-Bürgerrechtsbewegung verwobenen Aktivisten über das Vehikel einer lautstarken Wiedergutmachungskritik eine Verbesserung der gegenwärtigen gesellschaftlichen Lage der Minderheit bezweckte und dazu die Eckpfeiler einer historischen Argumentation formulierte, die Eingang in die Wissenschaft fand und sich dort zunehmend verselbstständigte. Die bezwingende Suggestivität des Narrativs von der „verweigerten Entschädigung" verdankte sich nicht zuletzt seiner Anschlussfähigkeit an eine zur selben Zeit einflussreich werdende Strömung der allgemeinen Wiedergutmachungshistoriographie, die mit Verve die dunklen Seiten von Restitution und Entschädigung hervorkehrte und im Gefolge der richtungsweisenden Arbeit von Christian Pross

72 Andrew Woolford / Stefan Wolejszo, Collecting on Moral Debts: Reparations for the Holocaust and Porajmos, in: Law & Society Review 40/4 (2006), S. 871–901, hier S. 889.

73 Ebd., S. 890.

74 Ebd., S. 895.

75 Vgl. ebd., S. 880, 886.

76 Claire Greenstein, Patterned Payments: Explaining Victim Group Variation in West German Reparations Policy, in: International Journal of Transitional Justice 14 (2020), S. 381–400, hier S. 387.

77 Vgl. ebd., S. 393.

über die Wiedergutmachung als „Kleinkrieg gegen die Opfer“[78] nah dran war, das moral-politisch hehre Projekt in Bausch und Bogen zu verdammen und es gar in eine Art Rückzugsgefecht des Faschismus umzuschreiben, der in Gestalt der Ämter und Gerichte einen beständigen Abwehrkampf gegen die alten und neuen „Feindgruppen“ geführt habe,[79] gegen deren Begehrlichkeiten man sich zur Wehr setzen müsse. Solche radikalen Positionen wurden vom Mainstream der Wiedergutmachungsforschung längst geräumt. Stattdessen versucht sich die Forschung daran, die Komplexität, die Ambivalenzen und Aporien dieses historischen Programms angemessen darzustellen, den Gegenstand der eigenen Forschung zu verstehen, statt zu verleumden, zu erklären, statt anzuklagen und die Erkenntnis statt die Empörung zu mehren.[80] Trotzdem rüttelt bis in die jüngste Gegenwart hinein niemand am Konsens über den weitgehenden Ausschluss der Sinti und Roma. Während sich die Perspektive der älteren Forschung noch als logische Folge der damals eingeschränkten Quellengrundlage und dem an sie angepassten Fokus auf die normative Ebene der Verwaltungserlasse und Gerichtsurteile ergab, die tatsächlich häufig den Geist einer antiziganistisch aufgeladenen Ausschlussabsicht wesentlicher Akteure atmeten,[81] so hätte die neuere Forschung, im Gleichschritt mit der seit der Jahrtausendwende in immer stärkerem Maße erfolgten Freigabe der Einzelfallakten, die Möglichkeit gehabt, das überlieferte Narrativ und die ersten Befunde kritisch an der Praxis zu messen. Doch wo die Beschäftigung mit den Quellen Sachverhalte zutage bringt, die mit dem negativen Gesamtbild nicht im Einklang zu stehen scheinen, greift das immer gleiche Muster, die Zeichen der Abweichung einzuhegen, zu marginalisieren und in den größeren Interpretationsrahmen der „zweiten Verfolgung“ zu zwängen. Das starre Festhalten an der vermeintlichen Gewissheit einer verweigerten Entschädigung erklärt sich teilweise durch das Wissen um andere Aspekte der sogenannten „Zweiten Verfol-

78 Vgl. Christian Pross, Wiedergutmachung. Der Kleinkrieg gegen die Opfer, 3. Auflage, Hamburg 2021.

79 Vgl. zur Perspektive des Rückzugsgefechts daneben auch Helga Fischer-Hübner / Hermann Fischer-Hübner (Hg.), Die Kehrseite der „Wiedergutmachung“. Das Leiden von NS-Verfolgten in den Entschädigungsverfahren, Gerlingen 1990; Milton Kestenberg, Die fortgesetzte Verfolgung durch „Wiedergutmachung“, in: Hans Stoffels (Hg.), Terrorlandschaften der Seele. Beiträge zur Theorie und Therapie von Extremtraumatsierung, Regensburg 1994, S. 174–179.

80 Vgl. Tobias Winstel, Verhandelte Gerechtigkeit. Rückerstattung und Entschädigung für jüdische NS-Opfer in Bayern und Westdeutschland, München 2006, S. 10 f.

81 Zu nennen wären das berüchtigte BGH-Urteil von 1956 oder der Erlass E 19 des württemberg-badischen Justizministeriums zur Überprüfung von „Zigeuner“-Anträgen durch die Kriminalpolizei.

gung" nach 1945 wie die Nicht-Belangung der ehemaligen Täter,[82] die anfängliche Weiterverwendung der NS-Akten durch Staatsbehörden[83] und die Fortsetzung polizeilicher Sondererfassungspraxen[84] sowie die systematische kommunal- und wohnungspolitische Segregation in Elendsvierteln „an den Rändern der Städte",[85] worin sich ein diskriminierender Umgang durch die Entschädigungsverwaltung logisch einzufügen scheint.[86] Die historiographische Eindeutigkeit dürfte aber nicht zuletzt auch dem biographisch, mental und politisch engen Verhältnis zu verdanken sein, das eine sich als engagiert verstehende Antiziganismusforschung zur Bürgerrechtsbewegung der Sinti und Roma pflegt, deren als gerecht empfundenen Kampf um „nachholende Gerechtigkeit" niemand unterminieren wollte.

Dafür spricht, dass vor allem in der deutschen Forschungslandschaft jenseits des bestehenden Grundkonsenses über eine skandalträchtige Benachteiligung der Sinti und Roma doch immer wieder Signale aufflackerten, die eine andere, stärker von spezifischen Mischungen aus Akzeptanz und Ablehnung geprägte Realität andeuten.[87] Diese Anzeichen von Komplexität und Mehr-

---

82 Zur Entnazifizierung vgl. Joey Rauschenberger, Entnazifizierung ohne personelle Säuberung? Die Reintegration der Täter des Genozids an den Sinti und Roma in der amerikanischen Besatzungszone, in: Jens Krumeich / Sandra Schell (Hg.), Entnazifizierung und Reeducation. Kultur- und literaturgeschichtliche Perspektiven, Berlin 2025 [in Vorbereitung], S. 74–98; zur strafrechtlichen Ahndung der Genozidverbrechen vgl. Ulrich F. Opfermann, „Stets korrekt und human". Der Umgang der westdeutschen Justiz mit dem NS-Völkermord an den Sinti und Roma, Heidelberg 2023.

83 Vgl. Karola Fings / Frank Sparing, Vertuscht, verleugnet, versteckt. Akten zur NS-Verfolgung von Sinti und Roma, in: Christoph Dieckmann (Hg.), Besatzung und Bündnis. Deutsche Herrschaftsstrategien in Ost- und Südosteuropa, Berlin u. a. 1995, S. 181–201.

84 Zur Arbeit der für dieses Argument zentralen bayerischen „Landfahrerstelle" beim LKA München vgl. die Studie von Eveline Diener, Das Bayerische Landeskriminalamt und seine „Zigeunerpolizei" (1945–1965). Kontinuitäten und Diskontinuitäten der bayerischen „Zigeunerermittlung" im 20. Jahrhundert, Frankfurt am Main 2021.

85 Vgl. hierzu grundlegend Peter Widmann, An den Rändern der Städte. Sinti und Jenische in der deutschen Kommunalpolitik, Berlin 2001.

86 Kompakt zum bisherigen Kenntnisstand zum an Sinti und Roma in der Bundesrepublik begangenen Unrecht vgl. Marc Buggeln / Sebastian Lotto-Kusche, Aufarbeitung des an Sinti und Roma begangenen Unrechts in der Bundesrepublik Deutschland. Grundlagenkonzept für eine Wahrheitskommission, Wiesbaden 2024 (= Buggeln / Lotto-Kusche, Aufarbeitung des an Sinti und Roma begangenen Unrechts).

87 Vgl. etwa Sattig, Zigeunerlager Ravensburg-Ummenwinkel, S. 293–338; Hesse, ... wir sehen uns in Bremerhaven wieder, S. 168–174; Laura Hankeln, Antiziganismus im baden-württembergischen Staatsapparat 1945–1970, Heidelberg 2024, S. 27–154; zu loben ist im Hinblick auf ihre analytische Vorsicht die letzte ganz der Entschädigung für Sinti und Roma gewidmete, aus einer Zulassungsarbeit zum Staatsexamen hervorgegangene Studie von Vanessa Hilss, Sinti und Roma. „Nicht aus Gründen der Rasse verfolgt"? Zur Entschädigungspraxis am Landesamt für Wiedergutmachung Karlsruhe, Karlsruhe / Bretten 2017, der die Arbeit mit nur neun Fallakten aus Karlsruhe ausreicht, um zu der Einsicht zu gelangen, dass „[a]llgemein gültige Aussagen über die Umsetzung der Wiedergutmachung für Sinti und Roma zu treffen [...] schwierig [ist]" und dass es etwa „verfehlt [wäre] zu behaupten, dass der Verfolgtengruppe der Sinti und Roma [...] pauschal keine Entschädigung gewährt worden sei", ebd., S. 155 f.

deutigkeit hat es, wenn man an die ersten geschichtspolitischen Versuche von Puxon und Spitta denkt, immer gegeben. In diesen Texten freilich sollten die vorhandenen Differenzierungsansätze bewusst nicht durchschlagen. In den neueren fachwissenschaftlichen Arbeiten tun sie es ebenfalls nicht, weil sich die Autorinnen und Autoren nicht von dem Leitnarrativ der vorenthaltenen Entschädigung emanzipiert haben. Die Unterlassung unvoreingenommener, induktiver Unternehmungen der Spezialforschung bleibt auch im Hinblick auf die großen Synthesen zur deutschen Geschichte nicht folgenlos. In Ulrich Herberts *Opus magnum* über die *Geschichte Deutschlands im 20. Jahrhundert* heißt es so beiläufig wie apodiktisch, dass „die sogenannten ‚Zigeuner'" nicht zum „Kreis der Entschädigungsberechtigten" gehört hätten.[88]

Zuletzt hat der 2021 vorgelegte Bericht der Unabhängigen Kommission Antiziganismus (UKA), die sich 2019 beim Bundesministerium des Innern (BMI) konstituiert hatte, die politische Seite der Thematik noch einmal aktualisiert, indem er in seinen Katalog der „zentrale[n] Forderungen" an die Bundesregierung auch Abhilfe für die „gravierende[.] und bis heute andauernde[.] Schlechterstellung von Sinti_ze und Rom_nja auf der Gesetzes- und Umsetzungsebene in der ‚Wiedergutmachung'" verlangt[89] und zur Untermauerung dieses Ansinnens noch einmal die zweckdienliche Erzählung von der ausgebliebenen Entschädigung bemüht.[90] Zwar wird man die fernere Wirkung des UKA-Berichts abwarten müssen, doch lässt sich ob seiner prominenten Platzierung im wissenschaftspolitischen Raum befürchten, dass eine objektive, vorurteilsfreie Annäherung an die Wiedergutmachung für durch den NS verfolgte Sinti und Roma von ihm jedenfalls kaum gefördert werden wird. Hoffnungsvoller stimmt der auf den UKA-Bericht gewissermaßen reagierende Forschungsbericht von Marc Buggeln und Sebastian Lotto-Kusche. Dahinter steht die Absicht, eine geforderte „Wahrheitskommission" zur Aufarbeitung des an Sinti und Roma begangenen Unrechts in der Bundesrepublik vorzubereiten. Die beiden Autoren schließen sich dem Mehrheitschor nicht an, sie betonen stattdessen den eklatanten Forschungsbedarf, der für die akademische Auseinandersetzung mit der Wiedergutmachung für Sinti und Roma noch bestehe. Denn „weder für einzelne Bundesländer noch für die gesamte Bundesrepublik", so die Flensburger Historiker, „[existieren] belastbare Informationen, darüber, wie viele Entschädigungs- und Wiedergutmachungsanträge von wie vielen Sinti_ze und Rom_nja gestellt wurden, welche Erfolgsquote diese

88 Ulrich Herbert, Geschichte Deutschlands im 20. Jahrhundert, München 2014, S. 674.

89 Vgl. UKA-Bericht.

90 Vgl. ebd., S. 78–85. Zu kritisieren ist hier etwa die Verallgemeinerung von der „allenfalls rudimentäre[n] Restitution des vom NS-Staat geraubten Vermögens", ohne die Studie von Knesebeck, The Roma Struggle for Compensation, zu erwähnen, die gerade für den Bereich der Rückerstattung eine ziemlich reibungslose Bewilligung der Anträge von Sinti und Roma betont, vgl. S. 195–220.

zu unterschiedlichen Zeitpunkten hatten und welche Leistungen die Betroffenen durchschnittlich erhielten".[91]

Der hier gewagte Parforceritt durch etwa 45 Jahre publizistischer, davon etwa 35 Jahre forschender Beschäftigung mit der Entschädigung für Sinti und Roma lässt sich wie folgt zusammenfassen: Die Literatur zum Thema hat sich auf eine Linie eingependelt, die im Grundsatz nicht mehr hinterfragt zu werden scheint, obwohl es ihr an empirischer Unterfütterung mangelt. Der Umgang mit Sinti und Roma im komplexen System der Wiedergutmachung wird als strukturell rassistisch gebrandmarkt. Politik und Praxis der Entschädigung können deshalb im besten Fall nur als Fehlschlag interpretiert werden; im schlimmsten Fall wird die Wiedergutmachung statt als Projekt zur Aufarbeitung des Nationalsozialismus nachgerade als dessen letzter Triumph gezeichnet, indem die ehemals verfolgten „Zigeuner" noch jahrzehntelang ausgegrenzt und herabgesetzt wurden. Doch die angeführten Thesen sind selten empirisch fundiert, und wenn doch, stützen sie sich augenscheinlich auf eine einseitig zurechtgemachte Überlieferung. Frei, Brunner und Goschler halten fest, dass die „Praxis der Wiedergutmachung in Deutschland [...] erst skandalisiert und dann erforscht [wurde]".[92] Für die Wiedergutmachung für Sinti und Roma muss dieser Befund dahingehend präzisiert werden, dass eine scharfe periodisierende Trennung zwischen einer früheren Phase der Skandalisierung und einer späteren Phase der Erforschung kaum möglich ist, da sich die Forschung nie ganz aus der Umklammerung des Aktivismus gelöst hat. Ein ideologisch bedingtes Bias, das die gegenläufige, von antiziganistischen Wahrnehmungsmustern bedingte Verzerrung ablöste, wonach Wiedergutmachung für Sinti und Roma tendenziell unberechtigt, mindestens höchst missbrauchsanfällig sei, führt dazu, dass der mühsame Umweg über die intensive Auseinandersetzung mit den primären Fallakten für abkürzbar gehalten wird.

Ausblick: Desiderate und Perspektiven künftiger Forschungen

Auf diesem Weg liegt die Zukunft historischer Forschung zur Wiedergutmachung für Sinti und Roma. Um die beinahe invariant durch sämtliche Veröffentlichungen zum Thema wabernden Thesen und Behauptungen auf empirisch feste Füße

91 Buggeln / Lotto-Kusche, Aufarbeitung des an Sinti und Roma begangenen Unrechts, S. 34 f.

92 Frei u. a., Komplizierte Lernprozesse, S. 19.

zu stellen – oder auch zu differenzierteren Befunden über das Ausmaß der Entschädigung für Sinti und Roma zu kommen, braucht es an erster Stelle quantitative Auswertungen repräsentativer Quellensamples, die mit dem zunehmenden Wegfall archivischer Sperrfristen wie mit der voranschreitenden Digitalisierung der Wiedergutmachungsüberlieferung leichter durchführbar sein werden. Insbesondere im Hinblick auf den Ausgang der Entschädigungsverfahren von Sinti und Roma fehlt es an echtem Wissen über so grundlegende Dinge wie die Quote der Anerkennungen und Ablehnungen und die Höhe der zuerkannten und ausgezahlten Geldsummen. Dabei wäre der Komplexität des deutschen Entschädigungsrechts Rechnung zu tragen. Von einer sinnvollen statistischen Auswertung des Materials müsste die Berücksichtigung zahlreicher Parameter verlangt werden. Nicht nur verschiedene Typen von Verfolgung gälte es zu unterscheiden, waren doch nicht nur die Erfahrungen von Auschwitz-Überlebenden, Mai-Deportierten, Zwangssterilisierten oder lediglich wirtschaftlich geschädigten Sinti und Roma sehr unterschiedlich, sondern auch die jeweilige Handhabe der Entschädigung differierte. Gleiches gilt für verschiedene vom Gesetz definierte Schadenskategorien: Schaden am Leben, an der Freiheit, an Körper oder Gesundheit, am beruflichen und wirtschaftlichen Fortkommen usw. haben in die Analyse Eingang zu finden, will man genauer bestimmen, auf welche Weise Sinti und Roma entschädigt wurden. Schließlich zersplitterte sich das Entschädigungsverfahren üblicherweise in gleich mehrere dieser Teilverfahren für all die Schadensarten, in denen die Antragsteller Ansprüche anmeldeten. Die Frage nach Entschädigung ist also in den seltensten Fällen mit ja oder nein zu beantworten. Ablehnungen, Bewilligungen, Teilbewilligungen, Vergleiche, Klagabweisungen, Neuanträge und Bescheidrücknahmen prasselten während der Jahre auf ein und denselben Verfolgten ein, woraus sich ein aussagekräftiges Gesamtbild nur schwer zusammensetzen lässt. Das verweist auf die zeitliche Komponente. Die bloße Gegenüberstellung von entschädigten und nicht-entschädigten Sinti und Roma reicht hierbei nicht aus, weil es für die Rezeption der Wiedergutmachung oft entscheidend war, ob Zahlungen Ende der 1940er-Jahre oder erst dreißig Jahre später erfolgten.

Doch auch wenn die quantitative Dimension die Grundlage von allem weiteren ist: Die vollen erkenntnistheoretischen Potentiale im Hinblick auf ein besseres Verständnis der Geschichte der Sinti und Roma nach 1945 in Deutschland sowie die Aufarbeitung von nationalsozialistischem Unrecht, die in der Beschäftigung mit der Wiedergutmachung stecken, lassen sich allein durch Zahlen, Daten und Relationen nicht aufschließen. Um zu verstehen, wie es zu den Verfahrensausgängen kam, oder um die lebensweltlichen Folgen der materiellen Entschädigung auf die Verfolgten zu ermessen, ist es notwendig, Wiedergutmachung als administrative, kulturelle und soziale Praxis in den Blick zu nehmen. Die Funktionsweise der Behörden und administrativen Binnenlogiken können, auf den Forschungen von Julia Volmer-Naumann aufbauend, noch wesentlich besser ausgeleuchtet werden.[93] Viele der am komplexen Verwaltungsverfahren beteiligten Akteure wie Entschädigungsbeamte, Richter, Rechtsanwälte, Polizisten und Ärzte stehen in ihren Interessenlagen, Denkmustern und Handlungsspielräumen nur schemenhaft vor Augen. Eine praxeologisch inspirierte Kulturgeschichte der Entschädigungsverwaltung kann das ändern. Gerade über die Entschädigungsbediensteten sowie über die von diesen konsultierten Kriminalpolizisten kursiert die Vorstellung, es habe sich regelmäßig um alte NS-Anhänger, wenn nicht Komplizen des Völkermordes an den Sinti und Roma gehandelt, die deren Ansprüche mit sadistischer Freude abgeschmettert hätten. Es wären systematische Betrachtungen staatlicher Personalpolitik und gruppenbiographische Untersuchungen nötig, um solche Spekulationen zu bestätigen oder zu widerlegen. Unabhängig davon waren die Begegnungen zwischen deutschen Staatsdienern als Repräsentanten der Tätergesellschaft und Sinti und Roma von einem asymmetrischen Machtverhältnis geprägt und fanden in einer spannungsgeladenen Atmosphäre statt.[94] Die Analyse der zwischenmenschlichen Interaktion zwischen mehrheitsgesellschaftlichen Akteuren und den antragstellenden Sinti und Roma ist deshalb gerade vor dem Hintergrund wechselseitiger Erfahrungen, Erwartungshaltungen und Projektionen lohnend und insbesondere vielversprechend, wenn die Frage nach dem schlechten Ruf der Wiedergutmachung im Raume steht.

Hilfreich für die Vertiefung und Diversifizierung des Wissens wären schließlich auch Regionalstudien, die den Blick für übergreifende Muster und länderspezifische Besonderheiten bei der administrativen Umsetzung der Wiedergutmachungsgesetze schärfen könnten. Gleiches gilt für Vergleiche mit anderen Opfergruppen wie Juden sowie politisch oder als „asozial“ eingestuften Verfolgten. Dies könnte zur Klärung der Frage beitragen, wie stark spezifische antiziganistische Vorurteile den bürokratischen und reglementierten Entschädigungsprozess tatsächlich beeinflusst haben.

93 Vgl. Julia Volmer-Naumann, Bürokratische Bewältigung. Entschädigung für nationalsozialistisch Verfolgte im Regierungsbezirk Münster, Essen 2012; Dies., „Betrifft: Wiedergutmachung“. Entschädigung als Verwaltungsakt am Beispiel Nordrhein-Westfalen, in: Christiane Fritsche / Johannes Paulmann (Hg.), „Arisierung“ und „Wiedergutmachung“ in deutschen Städten, Köln u. a. 2014, S. 335–362; Dies., Vor und hinter dem Schreibtisch. Wiedergutmachungsbürokratie in Münster, in: Frei u. a. (Hg.), Die Praxis der Wiedergutmachung, S. 554–572; Christina Strick, Effizienz und Empathie. Wiedergutmachung im Regierungsbezirk Düsseldorf, in: Frei u. a. (Hg.), Die Praxis der Wiedergutmachung, S. 572–599; Dies., Jenseits der Routine? Die Bezirksregierung Düsseldorf 1945 bis 1955, Düsseldorf 2007, S. 102–164; Boris Spernol / Matthias Langrock, Amtliche Wirklichkeit. Die Praxis der Entschädigung aus behördlicher Binnenperspektive, in: Frei u. a. (Hg.), Die Praxis der Wiedergutmachung, S. 600–634.

94 Als „Interaktionsgefüge“ konzeptionalisierte bisher lediglich Winstel, Verhandelte Gerechtigkeit, S. 166–209 Wiedergutmachung. Die Besonderheiten der Sinti und Roma bei diesen Begegnungen sind bisher völlig unerforscht.

Ohne Unterstützung gegen massiven Widerstand? Orte des Gedenkens an den Völkermord an deutschen Sinti und Roma in Bayern

Leonard Stöcklein

Einleitung

Im Jahr 1982 erreichte die Bürgerrechtsbewegung deutscher Sinti und Roma erstmals eine staatliche Anerkennung des nationalsozialistischen Völkermordes aus Gründen der „Rasse“ durch Bundeskanzler Helmut Schmidt. Bis dahin war das Bild vorherrschend, Sinti und Roma seien aufgrund ihrer angeblich „asozialen und kriminellen Lebensweise“ nicht zu Unrecht von den Nationalsozialisten verfolgt und ermordet worden.[1] Das Positionspapier des Bundeskanzlers auf Bundesebene war jedoch nicht der meisterhafte Schlusspunkt eines vorangegangenen Prozesses des Umdenkens, sondern vielmehr Wendepunkt hin zu nochmals zeitlich verzögerten historischen Forschungen und konflikthaften gesellschaftlichen Auseinandersetzungen mit der Geschichte des Völkermordes im regionalen und lokalen Raum. In der bundesdeutschen Geschichtskultur lassen sich diese erinnerungskulturellen Umwälzungen unter anderem an einem Netz von 124 Gedenkorten konkretisieren, welches sich zwischen 1980 und 2021 sukzessive gespannt hat. In Bayern sind mit zwei Ausnahmen erst über zehn Jahre nach der Anerkennung durch Schmidt seit Mitte der 1990er Jahre zwölf größere Gedenkorte und etwa acht Stolpersteinprojekte initiiert worden.[2] Die Orte sind Markierungen historischer Aufklärung über die Verbrechen des Völkermordes, sie fungieren als Gradmesser gesellschaftspolitischer Reputation deutscher Sinti und Roma und sind Zeichen eines Bekenntnisses staatlicher Würdenträgerinnen und Würdenträger zur historischen Verantwortung für die im Namen des deutschen Staates verübten Verbrechen.

Darüber hinaus haben diese Orte für die Überlebenden und Nachfahren einen hohen persönlichen und emotionalen Stellenwert. Franz Rosenbach, Sinto und

1 Sebastian Lotto-Kusche bezeichnet in seiner Dissertation jenes in Gesellschaft und Politik vorherrschende historische Bild gegenüber Sinti und Roma von 1949 bis 1982 als „kriminalpräventiven Denkstil“. Vgl. Sebastian Lotto-Kusche, Der Völkermord an den Sinti und Roma und die Bundesrepublik. Der lange Weg zur Anerkennung 1949–1990, Berlin 2022, S. 10–23.

2 Diese Zahlen fußen auf Berechnungen des Autors dieses Beitrags. Er untersucht in seinem Dissertationsprojekt systematisch die Genese der Gedenkorte deutscher Sinti und Roma in der Bundesrepublik seit den 1980er Jahren.

Überlebender mehrerer Konzentrationslager, sagte bei der Einweihung einer Gedenktafel am Hauptbahnhof der oberfränkischen Stadt Bayreuth im Jahr 1999:

„Meine sehr geehrten Damen und Herren, für uns, die wenigen Überlebenden des Holocaust, hat es eine wirkliche Befreiung niemals gegeben. Es gibt Erlebnisse und Erinnerungen an jene Zeit, die man nie wieder los wird – die immer wiederkehren in unseren nächtlichen Träumen. Für mich, der ich heute in Bayreuth lebe, ist es daher ein ganz besonderes Ereignis, wenn wir heute an diesem Ort eine Gedenktafel für die von den Nationalsozialisten deportierten und ermordeten Bayreuther Sinti enthüllen können."[3]

Enthüllung des Mahnmals am Bayreuther Hauptbahnhof am 16.12.1999:

Abb.1: Enthüllung des Mahnmals am Bayreuther Hauptbahnhof am 16.12.1999; links mit Blumenkranz Erich Schneeberger, Vorsitzender des Landesverbandes Deutscher Sinti und Roma Bayern e. V., mittig mit weißer Krawatte Franz Rosenbach neben dem Bayreuther Oberbürgermeister Dieter Mronz (SPD), am rechten Bildrand Romani Rose, Vorsitzender des Zentralrats Deutscher Sinti und Roma. Foto: Sammlung Landesverband Deutscher Sinti und Roma Bayern e. V.

3 Sammlung Landesverband Deutscher Sinti und Roma Bayern e. V. (= Sammlung LV): Manuskript Redebeitrag Rosenbach, Bayreuth 16.12.1999.

Fragestellung und Methodik

Im Abschlussbericht der von der Bundesregierung beauftragten wissenschaftsinterdisziplinären „Unabhängigen Kommission Antiziganismus" heißt es im Jahr 2021 in Bezug auf Gedenkorte deutscher Sinti und Roma:

„Typisch [...] ist, dass die Etablierung von Gedenkorten stets von Sinti:ze und Rom:nja selbst, meist gegen massiven Widerstand der Dominanzgesellschaft, erkämpft werden mussten. [...] Die Initiativen für die Gedenkorte kamen fast ausschließlich von Sinti:ze und Rom:nja selbst, ein breiteres bürgerschaftliches Engagement ist nur vereinzelt zu Stande gekommen."[4]

Haben deutsche Sinti und Roma wirklich „ohne Unterstützung" und „gegen massiven Widerstand" die Gedenkorte errichtet? Diese Fragen lassen sich zunächst in folgender fach- und öffentlichkeitsdiskursiver Narration des bundesdeutschen Umgangs mit dem Nationalsozialismus kontextualisieren: Seit 1979 habe die bundesrepublikanische Gesellschaft durch zahlreiche zivilgesellschaftliche Forschungsprojekte die bis dahin schambehaftete Kultur der Bundesrepublik zu einer Kultur der Anerkennung von Schuld und Verantwortung subversiv verändert.[5] Dieses subversive Moment habe die Erinnerungskultur jedoch spätestens seit Ende der 1990er, Anfang der 2000er Jahre verloren. Der Verlust habe zu einer bis heute anhaltenden Phase der Bewahrung der Vergangenheit geführt.[6] Die Erinnerungskultur sei dadurch erstarrt und staatlich orchestriert.[7] Zudem diene eine überbordende Zentrierung auf die NS-Opfer bei gleichzeitiger Ablenkung von einer selbstkritischen Auseinandersetzung mit deutscher Täterschaft einer

4 Bericht der Unabhängigen Kommission Antiziganismus. Perspektivwechsel – Nachholende Gerechtigkeit – Partizipation, Deutscher Bundestag 19. Wahlperiode Drucksache 19/30310, 21.05.2021, Kap. 1.1, S. 36 und Kap. 8.1.8, S. 325 f.

5 Aleida Assmann, Erinnerung als Erregung. Wendepunkte der deutschen Erinnerungsgeschichte, in: Wolf Lepenies (Hg.), Jahrbuch des Wissenschaftskollegs zu Berlin 1998/99, Berlin 2000, S. 200–220, hier S. 210 f.; Habbo Knoch, Spurensuche. NS-Gedenkstätten als Orte der Zeitgeschichte, in: Frank Bösch / Constantin Goschler (Hg.), Public History. Öffentliche Darstellungen des Nationalsozialismus jenseits der Geschichtswissenschaft, Frankfurt am Main 2009, S. 191–218.

6 Volkhard Knigge, Gedenkorte mit doppelter Vergangenheit, in: Martin Sabrow (Hg.), Der Streit um die Erinnerung (Helmstedter Kolloquien 10), Leipzig 2008, S. 59–76, hier S. 65 f; Aleida Assmann, Das neue Unbehagen an der Erinnerungskultur. Eine Intervention, München 2020, S. 57.

7 Harald Welzer, Für eine Modernisierung der Erinnerungs- und Gedenkkultur, in: GedenkstättenRundbrief 8 (2011), Nr. 162, S. 3; Martin Sabrow, Zeitenwenden in der Zeitgeschichte, Göttingen 2023, S. 67–70.

moralischen Selbstberuhigung der deutschen Gesellschaft.[8] Dieses Verständnis der Genese bundesdeutscher Erinnerungskultur geht häufig einher mit der Erzählung, Deutschland sei erfolgreicher Weltmeister einer seit den 1990er Jahren in Zement gegossenen Erinnerung an den Nationalsozialismus.[9] Die Erzählung, Deutschland sei „Weltmeister" der Erinnerung, ist im nationalen wie internationalen Fachdiskurs und mittlerweile auch in der allgemeinen Öffentlichkeit geläufig, wobei der Vergleichsrahmen unklar ist. Unabhängig davon gab es Probleme und Hindernisse, die der Attribuierung „Weltmeister" in Bezug auf die Erinnerung an die NS-Verbrechen gegenüber deutschen Sinti und Roma widersprechen.

In diesem Beitrag soll die definitorische Unzulänglichkeit der Vokabeln Erstarrung, Bewahrung, und Opferzentrierung für Gedenkorte deutscher Sinti und Roma in Bayern aufgezeigt werden. Gleichzeitig bedarf es einer differenzierteren Betrachtungsweise als der der Thesen der Unabhängigen Kommission Antiziganismus.

Die *memory agents* von Gedenkorten deutscher Sinti und Roma trafen zwar in Bayern nicht selten auf ein Klima der Abwehr und zeitlichen Verschleppung. Anders als im Abschlussbericht behauptet wird, waren deutsche Sinti und Roma und ihre Interessensverbände in Bayern aber unabdingbar auf Unterstützung von Historikern, einzelnen Politikern, städtischen Beamten und engagierten Personen der Zivilgesellschaft zur Überwindung von Widerständen bei der Errichtung der Gedenkorte angewiesen.

In diesem Aufsatz folgt auf eine Einordnung des Beitrags lokaler historischer Forschungsarbeiten in die Entstehungsgeschichten der Gedenkorte und eine topografische Bestandsaufnahme ein Unterkapitel zur Inschriftenform, Materialität und zu unterschiedlichen Funktionsweisen der Gedenkorte. Sodann werden entlang eines Analyserasters von fünf Konfliktebenen beziehungsweise Abwehr-/Verschleppungsstrategien einzelne Gedenkorte zur Beantwortung der Kernfrage, ob jene tatsächlich ohne Unterstützung gegen massiven Widerstand gesetzt worden seien, abgeklopft und anschließend ein Fazit gezogen.

---

8 Ulrike Jureit, Olympioniken der Betroffenheit. Normierungstendenzen einer opferidentifizierten Erinnerungskultur, in: Katrin Hammerstein / Ulrich Mählert u. a. (Hg.), Aufarbeitung der Diktatur – Diktat der Aufarbeitung?, Göttingen 2009, S. 108–122; Cornelia Siebeck, Dies- und Jenseits des Erinnerungskonsenses. Kritik der postnationalsozialistischen Selbstvergewisserung, in: Aus Politik und Zeitgeschichte 42/43 (2017), S. 23–28; ebenso Max Czollek, Versöhnungstheater, Berlin 2023, URL: https://www.bpb.de/themen/zeit-kulturgeschichte/juedischesleben/332617/versoehnungstheater-anmerkungen-zur-deutschen-erinnerungskultur/ (zuletzt aufgerufen: 22.08.2024).

9 Siehe z.B. URL: www.deutschlandfunkkultur.de/vergangenheitsbewaeltigung-wir-sind-erinnerungsweltmeister-100.html (zuletzt aufgerufen: 22.08.2024).

Durch eine multiperspektivische Auswertung von Quellen wie Anträgen, Sitzungsprotokollen und Korrespondenzen aus der Sammlung des Landesverbandes Deutscher Sinti und Roma Bayern e. V. (im Folgenden: LV) und dem Bayerischen Hauptstaatsarchiv sowie anhand von öffentlicher Berichterstattung, Internetauftritten und Forschungspublikationen werden die Konstitutionsprozesse hinter diesen Orten mit einem besonderen Blick auf die verschiedenen Akteursgruppen freigelegt. Im Sinne des von der Unabhängigen Kommission Antiziganismus geforderten Perspektivwechsels wurden vom Autor narrative Interviews mit Erich Schneeberger, Vorsitzender des LV, Marcella Reinhardt, Vorsitzende des LV – Regionalverband Schwaben – und Tornado Rosenberg, Sinto und Bürgerrechtler, geführt und ausgewertet.

Historische Forschung und Topografie

Es fehlt für die Geschichte der NS-Verfolgung deutscher Sinti und Roma in Bayern bis heute an einer fachwissenschaftlichen Gesamtdarstellung.[10] Manche bayerische Regionen wie die Oberpfalz oder Niederbayern stellen – ausgenommen weniger Hinweise – blinde Flecken dar.

Im Einzelnen kann die lokale und regionale Verfolgungsgeschichte der Minderheit während des Nationalsozialismus an dieser Stelle nicht ansatzweise skizziert werden. Von Interesse ist jedoch die doppelte Bedeutung geschichtswissenschaftlicher Arbeiten mit einem lokalen und regionalen Schwerpunkt der Verfolgung deutscher Sinti und Roma in Bayern. Die Studien gingen über ihren Eigenwert zur Schaffung neuen historischen Wissens hinaus, indem sie Türöffner für die Initiierung von Gedenkorten z. B. in München, Fürth, Flossenbürg, Hersbruck und Nördlingen waren.[11]

Ausgenommen der während des Hungerstreiks in der Gedenkstätte Dachau 1980 angebrachten Gedenktafel und eines von Angehörigen privat initiierten Gedenk-

---

10 Felix Bellaire, Verfolgung der Sinti und Roma im Nationalsozialismus, publiziert am 17.01.2024, in: Historisches Lexikon Bayerns, URL: https://www.historisches-lexikon-bayerns.de/Lexikon/Verfolgung_der_Sinti_und_Roma_im_Nationalsozialismus (zuletzt aufgerufen: 22.08.2024).

11 Ludwig Eiber, Ich wusste, es wird schlimm. Die Verfolgung der Sinti und Roma in München 1933–1945, hg. von der Landeshauptstadt München 1993 (= Eiber, Ich wusste, es wird schlimm); Ulli Schlee, Die Verfolgung der Sinti und Roma in Mittelfranken unter dem Nationalsozialismus, Erlangen 2011; Norbert Aas, Sinti und Roma im KZ Flossenbürg und seinen Außenlagern Wolkenburg und Zwodau, Bayreuth 2001; Paul Kornmayer, Verfolgt, deportiert, ermordet. Die Geschichte der Sinti in Hersbruck 1939–1945, Hersbruck 2018; Angela Bachmair, „Wir sind stolz, Zigeuner zu sein“. Vom Leben und Leiden einer Sinti-Familie, Augsburg 2014.

zeichens an einem ehemaligen Wohnhaus in Hersbruck[12] sind alle Gedenkorte seit Mitte der 1990er Jahre errichtet worden. Wesentlicher Motor hierfür waren die Tätigkeiten des LV seit Ende der 1990er Jahre. Ausgehend von mündlichen Berichten Überlebender[13] stellte der Landesverband selbst Forschungen in Archiven an und wurde hierbei mancherorts von städtischen Archivaren unterstützt, um die Verfolgung vor den politischen Entscheidungsträgerinnen und Entscheidungsträgern zu belegen, so in Bayreuth, Würzburg und Schweinfurt.[14] In Bayreuth verzögerte sich die Errichtung des Gedenkortes, da der Referent des Oberbürgermeisters Mronz (SPD) eine vom LV eingereichte Liste von elf in Bayreuth wohnhaften Personen, die in Bayreuth 1939 aufgrund des Erlasses Heinrich Himmlers vom 8. Dezember 1938 zur „rassischen Absonderung des Zigeunertums vom deutschen Volkstum" kriminalpolizeilich erfasst und an ihrem Wohnsitz festgeschrieben worden waren, nicht als ausreichenden Tatbestand der NS-Verfolgung erachtete.[15] Der Ältestenausschuss des Stadtrates forderte für die Errichtung eines Gedenkortes den Nachweis konkreter Namen der von Deportationen in Konzentrationslager betroffenen Menschen und verschleppte damit die Errichtung des Gedenkortes.[16] Durch weitere Eigenrecherche gelang es dem LV, die Deportation von zwei Angehörigen der Familie Rose nachzuweisen, wodurch schließlich auch der Ältestenausschuss und der Referent des Oberbürgermeisters ihre Zweifel ablegten.[17]

An manchen Orten war der LV bei der Errichtung der Gedenkorte kaum involviert. In München leistete vor allem der Zentralrat Deutscher Sinti und Roma dem Überlebenden Hugo Höllenreiner und dem Historiker Ludwig Eiber Schützenhilfe, in Ingolstadt kooperierte die Sintezza Ilona Roché mit dem Dokumentationszentrum Deutscher Sinti und Roma Heidelberg[18] und in Fürth initiierte ein breites Spektrum zivilgesellschaftlicher Gruppen wie das Fürther Bündnis gegen Rechtsextremismus in Kooperation mit dem LV den Gedenkort.[19]

---

12 Leonard Stöcklein, Petrifizierte Bewahrung der Vergangenheit? Die Stadt Hersbruck und ihr nationalsozialistisches Erbe, in: Nadja Bennewitz / Gesa Büchert / Mona Kilau (Hg.), Positionen, Projekte, Perspektiven. Zwischen Geschichtsdidaktik und fränkischer Kulturgeschichte, Göttingen 2023, S. 153–165 (= Stöcklein, Petrifizierte Bewahrung), hier S. 157.

13 Sammlung LV: Brief LV an Kulturwerkstatt Schweinfurt, 30.4.2004.

14 Sammlung LV: E-Mail LV an Leiter Kulturamt Schweinfurt, 17.6.2010; Schreiben an Leiter Kulturamt Würzburg, 2.2.1999; Gesprächsprotokoll Oberbürgermeister, Referent, LV, Bayreuth, 8.8.1997.

15 Sammlung LV: Liste der Personen aus Staatsarchiv; Brief LV an Referent des Oberbürgermeisters, 11.3.1998.

16 Sammlung LV: Gesprächsprotokoll LV und Referent des Oberbürgermeisters, 5.6.1998.

17 Interview Schneeberger, 22.2.2022.

18 Dokumentations- und Kulturzentrum Deutscher Sinti und Roma Heidelberg (Hg.), Newess 2019, S. 95.

19 Sammlung LV: Diverse Korrespondenzen LV, Oberbürgermeister, Fürther Bündnis.

In Augsburg initiierte die Sintezza Marcella Reinhardt eine Gedenktafel auf dem Nordfriedhof, auf dem viele Überlebende des Völkermordes begraben liegen. Von Beginn an hat die Friedhofsverwaltung ihr Vorhaben unterstützt.[20]

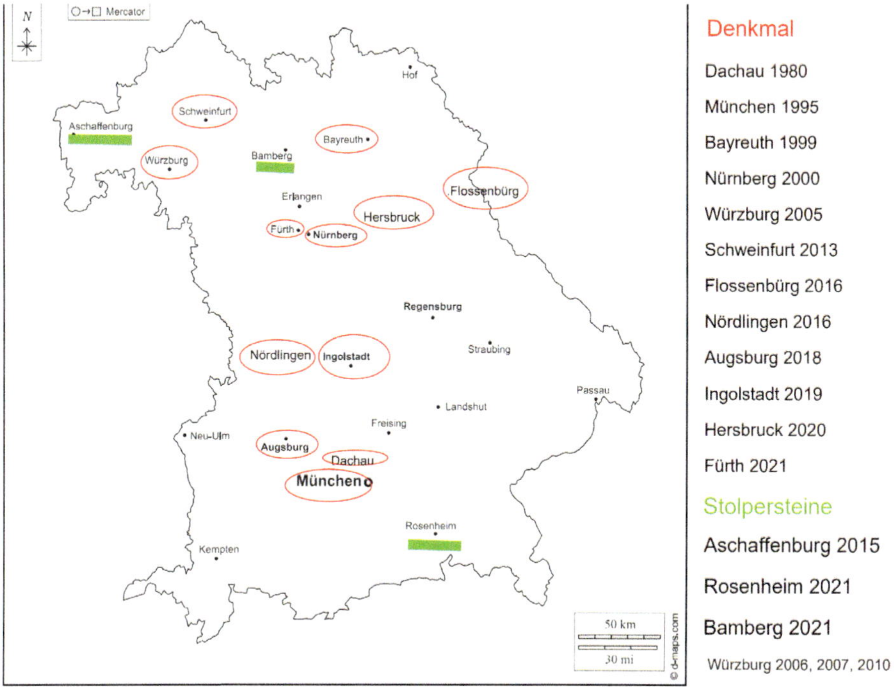

Abb. 2: Vom Autor erstellte Karte der Gedenkorte deutscher Sinti und Roma in Bayern

Materialität, Inschriften, Funktionalität

Unter dem Begriff „Gedenkort" werden alle größeren Denkmäler beziehungsweise Mahnmale, Gedenktafeln und Stolpersteine verstanden. Letztere werden aufgrund spezifischer Eigendynamiken der Errichtung in der Feinanalyse außen vor gelassen. In Rosenheim, Aschaffenburg, Würzburg und Bamberg sind Stolpersteine auf zivilgesellschaftliche Initiative in Zusammenarbeit mit Überlebenden und Angehörigen eingelassen worden. So initiierten in Bamberg die Vereinigung der Verfolgten des Naziregimes – Bund der Antifaschistinnen und Antifaschisten (VVN-BdA) und Angehörige der Familie Seeger Stolpersteine.

20 Interview Marcella Reinhardt, 19.5.2022.

Paul Seeger, Überlebender mehrerer Konzentrationslager, war bereits 1947 Mitglied der VVN-BdA geworden.[21]

Allgemein typisch für NS-Mahnmale weisen auch Gedenkorte deutscher Sinti und Roma mehrheitlich eine einfache und abstrakte Formensprache auf.[22] Dies veranschaulicht z. B. der schlichte, eherne Kubus zum Gedenken an die im Jahr 1935 verabschiedeten Nürnberger Rassegesetze am historischen Ort gegenüberliegend des ehemaligen Hauptgebäudes des Industrie- und Kulturvereins, in welchem die Nürnberger Rassegesetze am 15. September 1935 während der Reichsparteitage vom Reichstag einstimmig verabschiedet worden waren.

Die Inschriften setzen zumeist auf eine einfache Losung wie „Zum Gedenken an die im Nationalsozialismus ermordeten Sinti und Roma“. Konkrete Namen der Opfer werden mit Ausnahme der Stolpersteine und der Mahnmale in Hersbruck und Ingolstadt nicht genannt.

Anhand der Inschriften und Reden bei der Enthüllung oder den darauffolgenden Gedenkveranstaltungen sind drei Kategorien der Funktionalität der Orte zu erkennen.

Neben der grundlegenden Funktion des Trauerns und Gedenkens von Überlebenden und Nachfahren können die Orte dem Rezipienten auch als Anstoß zur weiterführenden Beschäftigung mit den NS-Verbrechen dienen. Ergänzende Informationstafeln, die durch Hintergrundinformationen konkretes historisches Wissen am Gedenkort vermitteln, sind nur in den seltensten Fällen beigefügt worden.

Es wird regelmäßig in München am Jahrestag der in das Vernichtungslager Auschwitz im März 1943 deportierten Menschen, in Würzburg der Ermordung tausender Sinti und Roma in Auschwitz-Birkenau am 2. August 1944 und in Nürnberg der Verabschiedung der Nürnberger Rassegesetze am 15. September 1935 gedacht.[23] Hier wird die Geschichte des Völkermordes von den jeweiligen Akteuren

21 VVN-BdA (Hg.), antifa. Magazin der VVN-BdA für antifaschistische Politik und Kultur, „Gedenken an eine Sinto-Familie“, 03/04 2022.

22 James E. Young, Nach-Bilder des Holocaust in zeitgenössischer Kunst und Architektur, Hamburg 2002, S. 137–141.

23 Flyer zur Gedenkveranstaltung der Münchner Arbeitsgruppe „Gedenken an die aus München deportierten Sinti und Roma“, 13.3.2022; Gedenken zum 2. August in Würzburg, 2023, URL: https://www.infranken.de/lk/wuerzburg/wuerzburg-stadt-gedenkt-der-sinti-und-roma-opfer-noch-heute-massive-diskriminierung-art--5739894 (zuletzt aufgerufen: 23.8.2024); Kranzniederlegung in Nürnberg für NS-Opfer 2022, URL: https://www.br.de/nachrichten/bayern/kranzniederlegung-in-nuernberg-fuer-ns-opfer,thuhsdb (zuletzt aufgerufen: 23.8.2024).

geschichtspolitisch als *magistra vitae* für Gegenwart und Zukunft verstanden. So werden Formen des gesellschaftlichen Antiziganismus, Rassismus und Rechtsextremismus, in den letzten Jahren vermehrt das Erstarken rechtspopulistischer Parteien und Bewegungen in Deutschland thematisiert oder an die Verteidigung der Demokratie als gesamtgesellschaftliche Kraftanstrengung appelliert.[24] Während offizielle Vertreterinnen und Vertreter der Städte und Kommunen häufig von einer historischen Verantwortung des deutschen Staates sprechen, nehmen Angehörige aus der Minderheit rassismuskritische Positionen ein. So forderte z. B. die Überlebende Rita Prigmore bei einer Gedenkveranstaltung am Würzburger Mahnmal den Aufbau einer Gesellschaft ohne Diskriminierungen.[25]

Multiple Formen der Abwehr und zeitlichen Verschleppung des Gedenkens

Die Frage, wie viele der Orte einen konfliktbehafteten Konstitutionsprozess aufweisen und wie viele reibungslos errichtet worden sind, steht nun im Zentrum der Analyse: In Flossenbürg, Augsburg, Ingolstadt und Fürth gab es keine Konflikte. An den anderen acht der zwölf Orte waren Widerstände zu überwinden. Hier lassen sich folgende fünf Konfliktebenen und Abwehrstrategien identifizieren, die die Errichtung unterminierten: Offene Ablehnung, Standort, Finanzierung, Nivellierung I, Nivellierung II.

Unter offener Ablehnung werden all diejenigen Abwehrmechanismen verstanden, die das Gedenken an den Völkermord deutscher Sinti und Roma prinzipiell ablehnten.

Bei Konflikten um den Standort forderten die Initiatorinnen und Initiatoren entweder einen frequentierten Ort in der Innenstadt oder die Markierung des historischen Tatortes zum Zweck der Auseinandersetzung von Täterschaft und institutioneller historischer Verantwortung. Politische Entscheidungsträgerinnen und Entscheidungsträger lehnten dies zuweilen ab.

In einigen Fällen ist von städtischen oder kommunalen Bürgermeistern und Räten zwar prinzipiell zugestimmt worden, aber ohne, dass diese für die Finanzierung aufkommen wollten. In dem Fall mussten die Initiatorinnen und Initiatoren große Kraftanstrengungen aufbringen, um potenzielle Spender für sich zu gewinnen.

24 Interview Schneeberger, 22.2.2022; [ohne Autor], „Spätes Gedenken an ermordete Sinti und Roma“, in: Süddeutsche Zeitung, 22.12.1995.

25 Wolfgang Jung, „Gedenken an ermordete Sinti und Roma“, in: Main-Post, 4.8.2017.

Unter „Nivellierung I" wird die für die Zeit unter dem Kanzler Helmut Kohl von Mitte der 1980er bis Ende der 1990er Jahre typische Formel des Gedenkens an „Opfer von Krieg und Gewaltherrschaft" verstanden, mit der politische Entscheidungsträger Gedenkorte deutscher Sinti und Roma auch später noch in den 2000er Jahren ablehnten.[26] Unter diese Formel wurden auch deutsche Opfer alliierter Bombenangriffe sowie gefallene Soldaten der Wehrmacht subsummiert.[27]

Unter „Nivellierung II" wird die Abwehrstrategie verstanden, dass auf bereits errichtete oder noch zu errichtende Gedenkzeichen für andere NS-Opfergruppen verwiesen wird, in die das Gedenken an Sinti und Roma neben anderen einzugliedern sei.[28]

Dachau und Hersbruck

Am 4. April 1980 traten zwölf deutsche Sinti, darunter Überlebende von Auschwitz, Dachau und anderen Konzentrationslagern in den Hungerstreik. Sie forderten unter anderem Entschädigungszahlungen, die Errichtung eines Dokumentationszentrums des Völkermordes in Dachau und insbesondere den Nachweis des bayerischen Innenministeriums der Vernichtung aller Akten, die von der Polizei im Nationalsozialismus angelegt und bis 1965 von der sogenannten bayerischen Landfahrerzentrale des Landeskriminalamtes über Angehörige der Minderheit weitergeführt worden waren.[29]

Im Zuge des Hungerstreiks in der Gedenkstätte Dachau brachten die damaligen Liedermacher Rudko Kawczynski und Tornado Rosenberg mit dem Künstlernamen „Duo Z" und der Überlebende Ranco Brantner an einer Mauer eine Gedenktafel mit der Inschrift „Zum Gedenken der Zigeuner[,] die hier während der N.S. Zeit ermordet wurden. Wer mich aber verleugnet vor den Menschen[,] der wird verleugnet werden vor den Engeln Gottes (Matth. 10.26.33.) Gestiftet ‚Duo Z'.[30] Bei der Inschrift fällt die religiöse Motivik ins Auge, die nicht untypisch für Ge-

26 Nach Forschungen des Autors wurden bundesweit zehn Gedenkorte mit dieser Argumentation abgelehnt.

27 Katrin Hammerstein, Gemeinsame Vergangenheit – getrennte Erinnerung? Der Nationalsozialismus in Gedächtnisdiskursen und Identitätskonstruktionen von Bundesrepublik Deutschland, DDR und Österreich, Göttingen 2017, S. 149.

28 Nach Forschungen des Autors wurden bundesweit neun Gedenkorte mit dieser Argumentation abgelehnt.

29 Daniela Gress, Protest und Erinnerung. Der Hungerstreik in Dachau 1980 und die Entstehung der Bürgerrechtsbewegung deutscher Sinti und Roma, in: Karola Fings / Sybille Steinbacher (Hg.): Sinti und Roma. Der nationalsozialistische Völkermord in historischer und gesellschaftspolitischer Perspektive (Dachauer Symposien zu Zeitgeschichte 19), Göttingen 2021, S. 190–219 (= Gress, Protest und Erinnerung), hier S. 196 f.

30 Interview Tornado Rosenberg, 17.08./23.08.2021.

denkorte deutscher Sinti und Roma im gesamten Bundesgebiet ist.[31] Fotografien des Hungerstreiks zeigen, dass die drei Initiatoren in erster Reihe beim Einzug in die Gedenkstätte die Tafel wie eine Monstranz vor sich hertrugen.[32] Die Tafel konnte zunächst nirgends in der Gedenkstätte angebracht werden, da sich die Verantwortlichen in demselben Zuge weigerten, den Aktivisten Räumlichkeiten für den Streik zur Verfügung zu stellen. Erst nach etwa fünf Tagen, als die Kirchen vermittelten und der Hungerstreik eine mediale Öffentlichkeit erfuhr, war der Widerstand gebrochen und die Tafel wurde an einer Mauer der Gedenkstätte befestigt. Im Zuge der Auseinandersetzungen um die Forderungen der Bürgerrechtler entfernte die Gedenkstätte Dachau die Tafel kurz nach Beendigung des Hungerstreiks von seinem ursprünglichen Aufstellungsort.[33] Bis heute ist diese in einem von der Gesamtanlage abgetrennten Gedenkraum als eine unter vielen an einer Wand angebracht. Diese Platzierung wird der historischen Tragweite des Hungerstreiks, mit der diese Gedenktafel unweigerlich verbunden ist, nicht gerecht.

Das Mahnmal in Hersbruck war in seiner Entstehung von Konflikten des Standortes und von Nivellierung betroffen. Während der LV über mehrere Monate eine Errichtung auf dem Marktplatz der Stadt forderte, da dessen Ansicht nach die NS-Opfer als Bürger der Stadt aus der Mitte der Gesellschaft gerissen worden seien, forderte der Bürgermeister Ilg (Freier Rathausblock) einen abstrahierten Ort der Menschenrechte in einem Stadtpark am Ortsrand, welcher für weitere Opfergruppen potenziell erweiterbar sei.[34]

Nördlingen, Nürnberg und Schweinfurt

In Nördlingen ermöglichten vorrangig Unternehmens- und Privatspenden, für die der LV aktiv Werbung machte, die Realisierung des Mahnmals. Der Stadtrat lehnte eine finanzielle Beteiligung an der Deckungslücke ab. Der Bezirkstagspräsident von Schwaben schloss diese Lücke sodann nach einer Verzögerung von einem Jahr durch einen größeren Einzelbetrag.[35]

In Nürnberg stimmte der Oberbürgermeister Scholz (CSU) nach einer ersten Eingabe des LV dem Anliegen zwar prinzipiell rasch zu,[36] jedoch entwickelte sich im weiteren Verlauf eine Debatte mit dem Baureferenten, ob nicht ein Gedenk-

31 Z. B. weist eine in den 1980er Jahren errichtete Gedenktafel an einer Polizeiwache in der Hamburger Nöldekestraße ebenso eine solche Motivik auf.

32 Winfried Nerdinger (Hg.), Die Verfolgung der Sinti und Roma in München und Bayern 1933–1945, München 2016, S. 275.

33 Interview Tornado Rosenberg, 17.08./23.08.2021.

34 Stöcklein, Petrifizierte Bewahrung, S. 159–161.

35 Sammlung LV: Brief Bezirkstagspräsident Schwaben an LV, 14.10.2015.

36 Sammlung LV: Gesprächsprotokoll OB, Baureferent, Kulturreferent, LV, 07.10.1997.

stein für mehrere Opfergruppen wie Kriegsgefangene, Zwangsarbeiterinnen und Zwangsarbeiter, politische Oppositionelle und darunter auch Sinti und Roma am Nürnberger Platz der Opfer des Faschismus errichtet werden solle. Der LV argumentierte, dass Sinti und Roma wie Juden systematisch aus Gründen der „Rasse“ verfolgt worden seien und setzte sich deshalb für ein Mahnmal am historischen Ort der Verabschiedung der „Nürnberger Rassegesetze von 1935“ ein.[37] Schließlich votierte der Kulturausschuss der Stadt Nürnberg parteiübergreifend einstimmig im Oktober 1999 für einen Gedenkort in Erinnerung an Sinti und Roma, die Opfer der „Nürnberger Rassengesetze“ wurden. Einen Antrag der Grünen auf die Errichtung weiterer Gedenksteine, beispielsweise im Gedenken an die Ermordung von Rosa Luxemburg am gleichnamigen Rosa-Luxemburg-Platz in Nürnberg, lehnte die CSU jedoch ab. Stadträtin Lehner (CSU) sorgte sich, dass Nürnberg „zu einer Stadt zu vieler Gedenktafeln und -steine mutiere.“[38]

In Schweinfurt waren es im Jahr 2003 Nachfahren der dort wohnhaften Familien Reinhardt und Winter, die an den LV mit der Bitte um politische Unterstützung der Umsetzung eines Mahnmals herantraten.[39] Auf das Initiativschreiben des LV reagierte die Oberbürgermeisterin Grieser (CSU) erst verzögert mit einer Einladung zu einem offiziellen Gespräch etwa ein halbes Jahr später.[40] In diesem Gespräch zeigte sich die Oberbürgermeisterin trotz der Vorlage von Nachweisen mehrerer nach Auschwitz-Birkenau deportierter Menschen verhalten, sie wollte die Entscheidung dem Ältestenausschuss des Stadtrates übertragen und keine eigene Initiative ergreifen und Verantwortung übernehmen.[41]

Zwar stimmte der Ältestenausschuss des Stadtrates einem Gedenkort zu, lehnte jedoch gleichzeitig eine Beteiligung an der Finanzierung gänzlich ab.[42] Dadurch war die Realisierung des Gedenkortes für einige Jahre ins Stocken geraten, bis 2010 Remelé (CSU) das Amt des Oberbürgermeisters in Schweinfurt übernahm und den Eingaben des LV mit Ernsthaftigkeit nachkam. Letzten Endes wurde im Jahr 2014 in Anwesenheit von Klara Reinhardt, die der Deportation nach Auschwitz im Frühjahr 1943 nur knapp entgehen konnte, der Gedenkort errichtet.[43]

---

37 Sammlung LV: Gesprächsprotokoll OB, Baureferent, Israel. Kultusgemeinde, LV, 08.01.1998.
38 [Ohne Autor], „Keine Gedenktafel für Rosa Luxemburg“, in: Nürnberger Nachrichten, 09./10.10.1999.
39 Sammlung LV: Brief an Rosenberg, 05.11.2004.
40 Sammlung LV: Brief Grieser an LV, 15.01.2004.
41 Interview Schneeberger 22.02.2022; Sammlung LV: Brief LV an Grieser, 05.04.2004.
42 Sammlung LV: Brief Oberbürgermeisterin an LV, 22.12.2004.
43 Katharina Winterhalter, „Mahnmal nach 71 Jahren“, in: Schweinfurter Tagblatt, 17.12.2013.

Würzburg

1976 demonstrierten in Würzburg unter anderem einige Sinti, darunter zwei Völkermordüberlebende, gegen eine Versammlung der „Hilfsgemeinschaft auf Gegenseitigkeit der ehemaligen Angehörigen der Waffen-SS" (HIAG), die von der Polizei geschützt wurde. Nach Zusammenstößen mit den ehemaligen SS-Männern wurden manche Sinti vor Gericht gestellt und bekamen empfindliche Strafen. Die Tatsache, dass unter diesen Sinti Überlebende des Völkermordes waren, spielte für das Gericht bei der Urteilsfindung keine Rolle.[44]

1998 ergriff der LV in Würzburg die Initiative für die Schaffung eines Gedenkortes für 20 namentlich bekannte in Würzburg geborene Sinti, die nach Auschwitz deportiert worden waren. Trotz dieser gesicherten Kenntnisse schlug bei ersten Gesprächen der Oberbürgermeister Weber (Freie Wähler) immer wieder vor, das zukünftige Mahnmal der Sinti in die Nähe des bereits bestehenden Denkmals für die alliierten Bombenopfer im Zweiten Weltkrieg zu setzen und in das Gedenken am Volkstrauertag einzubeziehen.[45]

Um eine öffentliche Sichtbarkeit für die NS-Verbrechen an Sinti und Roma entgegen dem alljährlich fest etablierten Gedenken an die Würzburger Bombenopfer zu schaffen, organisierte der LV um den 16. März herum Zeitzeugengespräche mit dem Überlebenden Franz Rosenbach an Würzburger Schulen.[46]

Auf Druck des LV und maßgeblich durch einen Wechsel des Oberbürgermeisteramtes zu Beckmann (CSU) ist nach der ersten Initiative an zentraler Stelle in der Nähe des Würzburger Doms ein Denkmal zum Gedenken an die Würzburger Sinti errichtet worden. Für eine Finanzierung wollte die Stadt jedoch nicht aufkommen, erst Spenden Dritter ermöglichten eine Realisierung.[47]

München

1899 richtete Bayern zur nachrichtendienstlichen Erfassung von Sinti und Roma die erste „Zigeunerzentrale" bei der Kriminalpolizeidirektion München ein,[48] am 8. März 1943 verhafteten Münchner Kriminalpolizisten und Schutzpolizisten 141

44 Horst Riesenberg, Vergangenheitsbewältigung in Würzburg, in: Tilman Zülch (Hg.), In Auschwitz vergast, bis heute verfolgt. Zur Situation der Roma (Zigeuner) in Deutschland und Europa, Reinbek bei Hamburg 1979, S. 172–179.

45 Sammlung LV: Gesprächsprotokoll Oberbürgermeister, LV, 17.3.1999.

46 Interview Schneeberger, 22.2.2022; [ohne Autor], „Opfer des vergessenen Völkermordes", in: Volksblatt Würzburg, 16.3.2001.

47 Interview Schneeberger, 22.2.2022.

48 Vgl. Henry Friedlander, Der Weg zum NS-Genozid. Von der Euthanasie zur Endlösung, Berlin 1997, S. 396.

Sinti und Roma und hielten diese im Polizeigefängnis in der Münchner Ettstraße fest. Anschließend begleiteten drei Polizeibeamte die Menschen in das Vernichtungslager Auschwitz-Birkenau, wo die meisten ermordet wurden.[49]
Im Bayerischen Landeskriminalamt verwendete die „Landfahrerzentrale" der Polizei das Aktenmaterial der „Rassenhygienischen Forschungsstelle", die von 1938 bis 1944 reichsweit über 24.000 „Rassegutachten" über deutsche Sinti und Roma angelegt hatte, weiterhin gegen die Überlebenden und ihre Nachfahren bis mindestens 1965.[50]

Wegen dieser besonderen historischen Kontinuitäten der von Bayern ausgehenden Verfolgungspraxis gegenüber deutschen Sinti und Roma vor, während und nach der Zeit des Nationalsozialismus ist die Entstehungsgeschichte des Gedenkortes in München besonders relevant.

Der freischaffende Historiker Ludwig Eiber begann mit der Erforschung der Verfolgung der Sinti und Roma in München, indem er 1990 im Münchner Stadtteil Hasenbergl Kontakt zu Familien aufnahm. Er erhielt Vertrauen und interviewte Überlebende sowie Nachfahren zur Verfolgungsgeschichte. Davon ausgehend recherchierte er in Archiven zahlreiche Akten zu der Deportation. Seine Ergebnisse veröffentlichte er in einer der ersten regionalen Studien zum Völkermord an deutschen Sinti und Roma überhaupt.[51]

Durch seine Arbeit kam er in Kontakt mit dem Überlebenden Hugo Höllenreiner, der sich an die erste Begegnung mit Ludwig Eiber erinnerte: „Wir haben immer große Angst. Die war ja bis 1993 bei mir. Ich habe immer Knödel im Hals gehabt. Bis dann der Ludwig Eiber zu mir kam, hat sich vorgestellt als Autor in München, und er hätte gerne mal meine Geschichte gehabt."[52]

Gemeinsam entwickelten sie die Idee der Schaffung eines Gedenkortes. Eiber dachte zunächst an die Setzung eines Gedenkortes im Münchner Stadtteil Hasenbergl in einem partizipativen Projekt mit jugendlichen Sinti und Roma, was jedoch laut Eiber scheiterte:

49 Joachim Schröder, Die Münchner Polizei und der Nationalsozialismus, Essen 2013, S. 108 f.

50 Eveline Diener, Das Bayerische Landeskriminalamt und seine „Zigeunerpolizei". Kontinuitäten und Diskontinuitäten der bayerischen „Zigeunerermittlung" im 20. Jahrhundert, Frankfurt am Main 2021.

51 Eiber, Ich wusste, es wird schlimm.

52 Anja Tuckermann, „Denk nicht, wir bleiben hier!" Die Lebensgeschichte des Sinto Hugo Höllenreiner, München 2022, S. 280.

„Da die jungen Sinti und Roma durch die mündliche Tradierung in den Familien über die Verbrechen besser Bescheid wussten als die deutschen Wissenschaftler. Sie hatten kein Interesse an einem mühseligen Aktenstudium."[53]

Dann stellten sie einen Antrag beim Kulturreferat der Stadt für die Setzung einer Gedenktafel am ehemaligen Wohnhaus der Familie in der Deisenhofer Straße, was die Hauseigentümer jedoch ablehnten.[54]

Höllenreiner und Eiber forderten aufgrund der Verantwortlichkeit der Münchner Kriminalpolizei für die Deportationen die Errichtung des Gedenkortes gegenüber demselben Gebäude in der Ettstraße, wo die Kriminalpolizei auch 1993 noch arbeitete.[55] Beide wandten sich gemeinsam an den Münchner Oberbürgermeister Ude (SPD). In ihm fanden sie direkt einen politischen Unterstützer.[56] Ude sandte im Dezember 1993 einen Brief an Innenminister Beckstein (CSU), der die Anfrage an das Polizeipräsidium München weiterleitete. Aus „Sicherheitsgründen" sprach sich der Leiter des Präsidialbüros gegen eine Aufstellung eines Gedenkortes in der Nähe des Präsidiums aus. Es heißt in einem Schreiben des Kriminaloberrates:

„An der ablehnenden Haltung des Polizeipräsidium München ändert sich daher nichts. Insbesondere ist zu befürchten, dass eine Gedenktafel Anknüpfungspunkt demonstrativer Aktionen sein kann. In solchen Fällen könnte die Sicherheit des Dienstgebäudes gefährdet und der Dienstbetrieb gestört werden."[57]

Beckstein folgte der Ansicht der Polizei und antwortete Ude, dass er sich diesen Bedenken nicht ganz verschließen könne.[58] Eiber und Höllenreiner suchten nun nach weiterer politischer Unterstützung, die sie bei Romani Rose, Vorsitzender des Zentralrats Deutscher Sinti und Roma, fanden. Dieser formulierte zunächst einen Brief an Oberbürgermeister Ude hinsichtlich der Abwehrhaltung der Polizei und des Innenministers:

53 Interview mit Ludwig Eiber, 23.04.2022.
54 Kulturreferat der Stadt München (Hg.), Orte des Erinnerns und Gedenkens: Nationalsozialismus in München (ThemenGeschichtsPfad 3), München 2010, S. 21.
55 Bayerisches Hauptstaatsarchiv München, MInn-IC5, Abgabe 46/2019, Lfd. Nr. 1061: Brief Ude an Beckstein, 14.4.1994.
56 Bayerisches Hauptstaatsarchiv München, MInn-IC5, Abgabe 46/2019, Lfd. Nr. 1061: Brief Ude an Höllenreiner, 24.8.1993.
57 Bayerisches Hauptstaatsarchiv München, MInn-IC5, Abgabe 46/2019, Lfd. Nr. 1061: Brief Kriminaloberrat an Minister Beckstein, 27.5.1994.
58 Bayerisches Hauptstaatsarchiv München, MInn-IC5, Abgabe 46/2019, Lfd. Nr. 106:1 Brief Beckstein an Ude, 27.6.1994.

„An das Schicksal dieser Menschen am authentischen Ort ihres Leidens zu erinnern, bedeutet keinesfalls, einen in der Tat unzulässigen Bezug zwischen dem Terrorregime des NS-Staates und der Polizei in unserem freiheitlich demokratischen Rechtsstaat herzustellen. Das Gegenteil ist der Fall: Es ist gerade ein Ausdruck des demokratischen Selbstverständnisses unserer Polizei, wenn in der Nähe des Präsidiums der Opfer des Völkermordes gedacht wird und damit auch an den Missbrauch der polizeilichen Gewalt in dem Unrechtsstaat des ‚Dritten Reiches' erinnert wird."[59]

Ude ließ den Brief als Vermittler an Beckstein weiterleiten, woraufhin Beckstein im Januar 1995 zur Antwort gab:

„Polizeibeamte müssen sich bei ihrem schwierigen Dienst ohnehin immer häufiger mit Ausdrücken wie ‚Nazis', ‚SA' oder ‚SS' beschimpfen lassen. Bei oberflächlicher oder unkritischer Betrachtung durch Passanten oder Besucher könnten Assoziationen in diesem Sinne ausgelöst oder verstärkt werden. [...] Das Polizeipräsidium hat mich darüber hinaus davon unterrichtet, dass die Stadt München vor wenigen Wochen angekündigt hat, die Errichtung von Gedenktafeln- und -stätten deutlich zu reduzieren."[60]

Der Ansicht Becksteins nach assoziiere man eine Gleichsetzung der heute im Dienst befindlichen Polizei mit den nationalsozialistischen Tätern. Eine selbstkritische Auseinandersetzung mit der Täterschaft der Münchner Kriminalpolizei, die die Schaffung eines Gedenkortes am historischen Ort hätte ermöglichen können, war von Seiten des Innenministers unerwünscht. Zudem wolle die Stadt München ohnehin die Errichtung von Gedenksteinen reduzieren. Dies ist insofern bemerkenswert, da es in München zu jenem Zeitpunkt nur wenige Orte des Gedenkens an die Verbrechen des Nationalsozialismus gab.[61]

In diesem Zusammenhang ist zu kontextualisieren, dass etwa ein Jahr vor jenen Debatten Beckstein rigoros gegen Sinti und Roma in der Gedenkstätte Dachau vorging. Dort forderten bis zu 400 Menschen einen sofortigen Abschiebestopp für südosteuropäische Roma. Dabei besetzten 50 Überlebende des Völkermordes während des evangelischen Kirchentages die Gedenkstätte. Nach mehr als 50 Tagen wurden die Roma gezwungen, das Gelände zu verlassen, nachdem die Polizei den verbliebenen Demonstranten eine Räumung androhte. Beckstein bot

---

59 Bayerisches Hauptstaatsarchiv München, MInn-IC5, Abgabe 46/2019, Lfd. Nr. 1061: Brief Rose an Ude, 19.10.1994.

60 Bayerisches Hauptstaatsarchiv München, MInn-IC5, Abgabe 46/2019, Lfd. Nr. 1061: Brief Beckstein an Ude, 26.1.1995.

61 Winfried Nerdinger, Ort und Erinnerung, in: Winfried Nerdinger (Hg.), Ort und Erinnerung. Nationalsozialismus in München, Salzburg / München 2008, S. 7–9, hier S. 7.

Hundestaffeln vor der Gedenkstätte auf, um die Roma zur Abreise zu bewegen.[62] Er bezeichnete die Menschen als „Illegale“, die in Dachau angeblich „mit Füßen über die Gräber gegangen seien.“[63] Zwanzig Jahre später rühmte sich Beckstein in einer Talkrunde als „harter Hund“, der die „Sinti“ durch eine Hundestaffel, vor denen diese besonders Angst gehabt hätten, aus dem Lager geschafft habe.[64]

Der Standort an der Polizeiwache musste von den Initiatoren zugunsten einer Realisierung des Gedenkortes verworfen werden. Nach weiteren Diskussionen sowie Eingaben und politischem Druck des Zentralrats Deutscher Sinti und Roma wurde schließlich im Jahr 1995 ein Gedenkstein eingelassen, jedoch ziemlich unscheinbar und peripher am äußeren Rand des Platzes für die Opfer des Nationalsozialismus.

Abb.3: Gedenkort am Rand des Platzes der Opfer des Nationalsozialismus in München, private Fotografie

---

62 Gress, Protest und Erinnerung, S. 209.

63 Kathrin Herold, Proteste von Roma und Sinti an den KZ-Gedenkstätten Bergen-Belsen, Dachau und Neuengamme. Der nationalsozialistische Antiziganismus in der Erinnerungspolitik, in: Oliver von Wrochem (Hg.), Das KZ Neuengamme und seine Außenlager (Reihe Neuengammer Kolloquien 1), Berlin 2010, S. 164–180, hier S. 165.

64 Dominik Härtl's Hinterzimmer-Gespräch: Ein „harter Hund“ packt aus, URL: https://www.merkur.de/lokales/dachau/harter-hund-packt-mm-3179249.html (zuletzt aufgerufen: 23.08.2024).

Fazit

Alle initiierten Orte sind letztlich errichtet worden, keiner ist gescheitert. Lediglich ein Drittel der Orte in Bayern weist jedoch eine reibungslose Entstehungsgeschichte auf, zwei Drittel der Orte hatten Widerstände zu überwinden. Die Ablehnung der anderen zwei Drittel der Gedenkorte gründete auf den in diesem Beitrag vorgestellten unterschiedlichen Abwehrstrategien. Diese Ergebnisse führen zu der Erkenntnis, dass die Vokabeln von Bewahrung und Erstarrung bei der Kartierung der Gedenkorte der Sinti und Roma in Bayern unzulänglich sind. Ihre konfliktreichen und über mehrere Jahre andauernden Entstehungsgeschichten widerlegen dies.

Es ist festzuhalten, dass alle Gedenkorte über die letzten vierzig Jahre hinweg sogenannte „Bottom-up"-Initiativen und damit keiner staatlichen Orchestrierung unterworfen waren. Bei der Mehrheit waren es die Überlebenden, deren Nachfahren und ihre Interessensverbände, die den Stein ins Rollen brachten. In der Phase der Konstituierung waren geschmiedete gedenkpolitische Allianzen zwischen Sinti und Roma, Akteursgruppen der Zivilgesellschaft und politisch mächtigen Einzelpersonen das wesentliche Moment einer letztlich erfolgreichen Errichtung der Gedenkorte. Besonders kontrovers war die Frage einer staatlichen oder kommunalen Beteiligung an der Finanzierung der Gedenkorte.

Auffällig ist, dass ein Gefälle zwischen Stadt und Land keine Auswirkungen auf eine reibungslose Errichtung der Orte hatte. Ebenso wenig lässt sich sagen, dass die Größe und materielle Beschaffenheit eine Rolle gespielt hätten. Uneindeutig bleibt auch eine Kausalität einer Verschleppung des Gedenkens und der Parteizugehörigkeit der jeweiligen politischen Funktionsträger. Einerseits hat die Analyse gezeigt, dass politische Machtträger, die der CSU, den Freien Wählern oder dem Freien Rathausblock angehörten – oder Mitglieder des Ältestenausschusses waren, Gedenkorte ausbremsten. Andererseits waren es auch Parteiangehörige der CSU, die in Würzburg, Schweinfurt und Nürnberg die Realisierung der Orte ermöglichten, in Bayreuth gab es einen konfliktreichen Entstehungsprozess unter einem Oberbürgermeister der SPD.

Zusammengenommen ist die Machtposition und -ausübung der politischen Funktionsträger, insbesondere des Bürgermeisteramtes, und das damit verbundene Machtgefälle gegenüber den Initiatoren das entscheidende Moment bei der Frage der Errichtung der Orte gewesen.

Die im Fachdiskurs und in der Öffentlichkeit geübte Kritik an der deutschen Erinnerungskultur, diese zentriere sich überbordend auf das Leid der NS-Opfer, hält mit Blick auf das Gedenken an den Völkermord deutscher Sinti und Roma insgesamt nicht Stand. Erst diese Zentrierung war der Hebel für das Erreichen der geschichtskulturellen Anerkennung deutscher Sinti und Roma in Bayern. Gegenwärtig laufende geschichtskulturelle Projekte wie im oberfränkischen Rattelsdorf und Münchberg zeigen, dass die Setzungen der Gedenkorte in der Zeit von 1980 bis 2021 nicht den Abschluss einer Aufarbeitung des Völkermordes deutscher Sinti und Roma in Bayern markierten, sondern vielmehr auf die Zukunft gerichtete Wegweiser für die Schaffung weiterer Orte sind.

Sinti und Roma im bayerischen Geschichtsunterricht

Monika Müller

Sichtbarkeit, Begegnung und Wissen – diese drei Schlagwörter prägen ein für die Thematisierung von Sinti und Roma im Geschichtsunterricht zentrales Dokument. Mit der am 8. Dezember 2022 verabschiedeten „Gemeinsamen Erklärung der Kultusministerkonferenz mit dem Zentralrat Deutscher Sinti und Roma und dem Bündnis für Solidarität mit den Sinti und Roma Europas zur Vermittlung der Geschichte und Gegenwart von Sinti und Roma in der Schule“[1] sind wichtige Forderungen verbunden. An erster Stelle wollen die Unterzeichner der Erklärung mehr Sichtbarkeit für die vielfältige Lebenswirklichkeit und die unterschiedlichen Stimmen der Sinti und Roma erreichen. Die Förderung von persönlichen Begegnungen und Möglichkeiten des Austauschs trägt ebenso wie die Vermittlung von Wissen über die Geschichte und Gegenwart der Sinti und Roma dazu bei, klischeebeladene, verzerrende Stereotype und Vorurteile als das zu erkennen, was sie sind. Schülerinnen, Schüler sowie Lehrkräfte sollen zudem in die Lage versetzt werden, Antiziganismus entgegentreten zu können.

Auch die folgende Standortbestimmung zu Sinti und Roma im bayerischen Geschichtsunterricht kommt nicht umhin, sich auf die eingangs erwähnten Topoi zu beziehen; nach einer kurzen Tour d'Horizon durch den bayerischen Lehrplan nach 1945 geht sie auf aktuelle Materialien und Unterstützungsangebote ein, um mit fachdidaktischen Anregungen zu schließen. Das Thema Sinti und Roma im bayerischen Geschichtsunterricht ist dabei aufs Engste mit Fragen der Sichtbarkeit, der Möglichkeit von Begegnungen und Perspektiven des Wissens verbunden.

Sinti und Roma im bayerischen Lehrplan nach 1945

Sichtbar – und damit vertreten – war die Geschichte von Sinti und Roma im bayerischen Lehrplan über viele Jahrzehnte hinweg nicht, das verdeutlicht ein kurzer Gang durch die Geschichte bayerischer Lehrpläne nach 1945. Der Überblick beschränkt sich dabei auf die Lehrpläne der Höheren Schulen bzw. der Gymnasien, deren Ausrichtung exemplarisch zeitgenössische bildungspolitische Weichenstellungen – darunter fallen auch die Vereinbarungen der Kultusministerkonferenz der Länder – verkörpert. Von besonderer Bedeutung für die folgenden Ausführungen sind dabei die Lehrpläne der Oberstufe, die fachliche Vertiefungsmöglich-

1 Die Erklärung ist unter https://www.kmk.org/fileadmin/veroeffentlichungen_beschluesse/2022/2022_12_08-Gemeinsame_Erklaerung-Sinti-Roma.pdf [Stand: 7. Oktober 2024] abrufbar. Die im Folgenden paraphrasierten Forderungen finden sich auf S. 6 f.

keiten mit einem alters- und schulartspezifisch höheren Grad an Reflexion verbinden. Freilich gilt aber auch, dass der Blick auf die Lehrpläne nicht automatisch Erkenntnisse über den tatsächlich gehaltenen Unterricht vermittelt. Als normative Grundlage des Unterrichts zeigen curriculare Vorgaben jedoch, auf welcher Basis Geschichtsstunden gehalten und Lehrwerke zugelassen wurden.

Nach dem Ende des Zweiten Weltkriegs bildeten sich zunächst auf der Ebene der Länder unter Aufsicht der jeweiligen Besatzungsmacht staatliche Strukturen aus. Die Richtlinien für den Geschichtsunterricht an den höheren Lehranstalten in Bayern, die im August 1947 veröffentlicht wurden, atmeten denn auch den Geist der US-amerikanischen Reeducation: Das an den Schulen vermittelte Geschichtsbild sollte angesichts seiner Instrumentalisierung und Verfälschung im Nationalsozialismus entnazifiziert, entmilitarisiert und demokratisiert werden.[2] Bis zum Anfang der 1950er-Jahre hinein blieb es allerdings bezüglich des Geschichtsunterrichts bei allgemeinen Prinzipien und Maßgaben, einen Lehrplan mit genaueren Vorgaben gab es zunächst nicht – aus der Sicht des Bayerischen Kultusministeriums sollten Schulbücher „als Lehrplanersatz"[3] fungieren. 1952 lag ein Stoffplan für die höheren Schulen vor; gedacht als Provisorium, das nach einer zweijährigen Erprobungsphase dem eigentlichen Lehrplan weichen sollte, bestimmte er die Inhalte des Geschichtsunterrichts, bis 1959 der Lehrplan für die Höheren Schulen in Kraft gesetzt wurde.[4] Der Stoffplan, der zwei Durchgänge durch die Geschichte vorsah, akzentuierte Themen der neuesten Zeit gegenüber der Geschichte des Mittelalters und der Antike, außerdem reflektierte er die zwischenzeitlich verabschiedeten Richtlinien der Kultusministerkonferenz zum Geschichtsunterricht. In der Liste der Lerninhalte tauchen auch Aspekte der jüngsten deutschen Vergangenheit auf: Unter der Rubrik „Die Ablösung der europäischen Hegemonie durch neue Weltmächte" waren die Lehrkräfte der 5. Klasse (Jahrgangsstufe 9) dazu angehalten, die folgenden Aspekte der jüngsten deutschen Vergangenheit im Unterricht zu behandeln: „6. Das sogenannte Dritte Reich unter Adolf Hitler und dem Nationalsozialismus",

2 Richtlinien für den Geschichtsunterricht an den höheren Lehranstalten, in: Amtsblatt des Staatsministeriums für Unterricht und Kultus Nr. 12 vom 2. September 1947, S.101 f. Aus: Comenius-Projekt. Onlinesammlung bayerischer Lehrpläne. URL: http://www.comenius.gwi.uni-muenchen.de/index.php/Bayern:_Richtlinien_Geschichte_Höhere_Lehranstalten_1947 [Stand: 7. Oktober 2024]. – Zum Hintergrund der Richtlinien vgl. zudem Ulrich Baumgärtner, Transformationen des Unterrichtsfaches Geschichte. Staatliche Geschichtspolitik und Geschichtsunterricht in Bayern im 20. Jahrhundert (Schriften zur Geschichtsdidaktik 21), Idstein 2007, S. 322–340 (= Baumgärtner, Transformationen des Unterrichtsfaches Geschichte).

3 Baumgärtner, Transformationen des Unterrichtsfaches Geschichte, S. 340.

4 Vgl. ebd., S. 408 f.

„7. Der 2. Weltkrieg und sein Verlauf" sowie „8. Die bedingungslose Kapitulation".[5] Für Schulen mit Englisch als erster Fremdsprache sahen die Stoffpläne eine etwas detailliertere Behandlung des Zweiten Weltkriegs in der 6. Klasse (Jahrgangsstufe 10) vor: Nicht nur „Das Reich unter der Herrschaft der NSDAP", sondern auch „Ursachen, Anlaß und Verlauf des Krieges – bedingungslose Kapitulation der Angreifermächte" wurden genannt.[6] In der dreijährigen Oberstufe, in der nicht mehr zwischen einzelnen Schulzweigen differenziert wurde, erfolgte ein vertiefter Blick auf die Zeit der NS-Diktatur: Nach der Beschäftigung mit den „plebiszitären Diktaturen und de[m] Revisionismus: Faschismus und Nationalsozialismus" stand „Das nationalsozialistische Reich" mit den Aspekten „Herrschaft der Propaganda und der Polizeigewalt – Überraschungserfolge in der Außenpolitik" im Mittelpunkt. Als eigenständigen Punkt griffen die Stoffpläne den Zweiten Weltkrieg mit seinen Folgen auf: „Kriegspläne und Kriegsverlauf" sowie „Zusammenbruch und Kapitulation der Angreiferstaaten – Teheran – Jalta – Potsdam" fielen als Stichwörter, die die Lehrkräfte im Unterricht zu konkretisieren hatten.[7]

Mit dem „Stoffplan für Geschichte an den Höheren Schulen" erschien im Februar 1959 ein Lehrplan, der einzelne Themen und Zeitabschnitte ausführlicher als sein Vorläufer charakterisierte, dabei aber die Struktur zweier chronologischer Durchgänge durch die Geschichte beibehielt. Die Beschäftigung mit der Zeit des Nationalsozialismus erfolgte dabei explizit auch mit Blick auf eine Stärkung der politischen Bildung. So lautete die Begründung zur Stoffauswahl hinsichtlich der jüngsten Vergangenheit explizit: „Auftrag des Geschichtsunterrichts der Oberklasse ist es, nicht nur die Kontinuität als eines der Grundelemente der Geschichte sichtbar zu machen, sondern auch einen wesentlichen Beitrag zur politischen Bildung der Jugend zu leisten."[8] 14 Jahre nach der Befreiung der Konzentrationslager und dem Ende des Zweiten Weltkriegs erwähnte der Lehrplan erstmals im Zusammenhang mit der NS-Diktatur, die er als „Hitlers Diktatur" apostrophierte, die „Judenverfolgung".[9] Sie stand in einer Reihe mit weiteren Ereignissen und Entwicklungen: Erwähnt wurden darüber hinaus „Machtergreifung, Reichstags-

5 Stoffpläne für die höheren Lehranstalten in Bayern, abrufbar unter http://curricula-depot.gei.de/handle/11163/4530, S. 50. Zitiert wurde hier aus den Stoffplänen für Schulen mit Latein als erster Fremdsprache [Stand: 13. September 2024].

6 Ebd., S. 55 f.

7 Alle Zitate aus ebd., S. 63. Vgl. allgemein hier und im Folgenden zur Einordnung der Stoffpläne auch Baumgärtner, Transformationen des Unterrichtsfachs Geschichte, S. 422–427.

8 Stoffplan für Geschichte an den Höheren Schulen, in: Amtsblatt des Bayerischen Staatsministeriums für Unterricht und Kultus Nr. 3 vom 17. Februar 1959, S. 13–27, Zitat auf S. 27. Aus: Comenius-Projekt. Onlinesammlung bayerischer Lehrpläne. URL: http://www.comenius.gwi.uni-muenchen.de/index.php/Bayern:_Lehrplan_Geschichte_Höhere_Schulen_1959a [Stand: 7. Oktober 2024].

9 Dieses und die Zitate der beiden folgenden Sätze in: Stoffplan für Geschichte an den Höheren Schulen 1959, S. 19.

brand, Gleichschaltung, die NSDAP als Staat im Staat, Polizeistaat (Gestapo)" sowie „Kirchenkampf, Aufrüstung, Vertragsbrüche, staatlich gelenkte Wirtschaft, politische und geistige Uniformierung und Unfreiheit." Eine Verbindung zwischen der NS-Diktatur und dem Zweiten Weltkrieg stellte der Lehrplan insofern nicht her, als er dem Krieg ein eigenes Kapitel widmete, in dem zwar „Widerstandsbewegungen in Deutschland (20. Juli 1944) und in den besetzten Ländern", nicht jedoch die systematische Ermordung u. a. der jüdischen Bevölkerung und der Sinti und Roma erwähnt wurden.

Mit den 1970er- und 1980er-Jahren verband sich ein neuer Abschnitt in der Lehrplanentwicklung. Zwischen 1975 und 1984 wurden in Bayern im Zuge der Bildungsreform Lehrpläne zunächst für die Kollegstufe des Gymnasiums, dann für die weiteren Jahrgangsstufen veröffentlicht – und teilweise wieder überarbeitet.[10] Wenngleich die Bildungsreform, so Ulrich Baumgärtner, in Bayern „unter dezidiert konservativen Vorzeichen"[11] erfolgte, die sich beispielsweise in der Beibehaltung des dreigliedrigen Schulsystems äußerten, griff sie doch Tendenzen der Modernisierung, Bündelung und Verwissenschaftlichung auf. Die Lehrerausbildung wurde an den Universitäten zentral organisiert, Landesinstitute wie das 1966 gegründete Institut für Gymnasialpädagogik als Vorläufer des heutigen Staatsinstituts für Schulqualität und Bildungsforschung fungierten als Bindeglied zwischen der kultusministeriellen Verwaltung, (bildungs-)wissenschaftlichen Akteuren und Lehrkräften.[12] Entsprechend unterschieden die am Staatsinstitut für Schulpädagogik ausgearbeiteten curricularen Lehrpläne nach Lernzielen, Lerninhalten, Unterrichtsverfahren und Lernzielkontrollen – sie operationalisierten Zielvorgaben und erhoben damit auch den Anspruch, das Unterrichtsgeschehen bis hin zur Überprüfung der Lernziele zu prägen.[13]

Das Fach Geschichte, das in den 1970er- und 1980er-Jahren ab Jahrgangsstufe 7 verpflichtend dem gymnasialen Fächerkanon angehörte, orientierte sich weiter stark an den Erfordernissen politischer Bildung, die die Einführung des Fachs Sozialkunde in den 1970er-Jahren nochmals unterstrich. Erweitert um sozial- und wirtschaftsgeschichtliche Zugänge, akzentuierten die curricularen Lehrpläne Themen der Neuesten Geschichte, des langen 19. und des 20. Jahrhunderts.[14] Der Auseinandersetzung mit der NS-Diktatur kam dabei eine große Bedeutung

---

10 Vgl. Baumgärtner, Transformationen des Unterrichtsfachs Geschichte, S. 544–546.

11 Ebd., S. 440.

12 Vgl. ebd., S. 439–444. Zu den Aufgaben des ISB vgl. auch Monika Fenn, Schulwesen (nach 1945), in: Historisches Lexikon Bayerns. Abrufbar unter https://www.historisches-lexikon-bayerns.de/Lexikon/Schulwesen_(nach_1945)#Lehrplanentwicklung [Stand: 7. Oktober 2024].

13 Vgl. Baumgärtner, Transformationen des Unterrichtsfachs Geschichte, S. 471–474.

14 Vgl. ebd., S. 475 f. – Ulrich Baumgärtner geht darin auch auf die akademischen Diskussionen im Zuge der ‚historischen Sinnkrise' Anfang der 1970er-Jahre ein.

zu. Gemessen am Lehrplan für die Höheren Schulen 1959 sind die verschiedenen Lernziele differenziert gestaltet, die der 1977 veröffentlichte Lehrplan für den Grundkurs Geschichte in der Kollegstufe nennt: Auf den „Einblick in die Gedankenwelt des Nationalsozialismus", der sich dessen ideologischen Grundlagen widmet, folgt als weiteres Lernziel die „Kenntnis der Errichtung des nationalsozialistischen Herrschaftssystems", die u. a. „Rassenpolitik" als eigenen Inhalt vorsieht. Insgesamt dominieren jedoch außenpolitische Aspekte, die losgelöst von innenpolitischen Entwicklungen, wohl aber fokussiert auf die Person Hitlers betrachtet werden: Im Anschluss an die „Kenntnis der Ziele von Hitlers Außenpolitik" sollten die Schülerinnen und Schüler einen „Überblick über den Verlauf des Zweiten Weltkrieges" erhalten. Verweise auf die nationalsozialistischen Menschheitsverbrechen, darunter auch die systematische Ermordung der Jüdinnen und Juden Europas, fehlen. Die Beschäftigung mit der NS-Diktatur endet mit dem Fokus auf die „Probleme der deutschen Widerstandsbewegung", dem auf der Ebene der Lerninhalte eine einigermaßen umfangreiche, zeitgenössische wissenschaftliche Differenzierungen widerspiegelnde Auflistung zentraler Widerstandskreise entspricht.[15]

Der Lehrplan für den Leistungskurs Geschichte, ebenfalls 1977 veröffentlicht, unterschied sich bereits in der Ausgestaltung der Kurshalbjahre deutlich von seinem Pendant: Während die Beschäftigung mit dem Nationalsozialismus im Leistungskurs das Ende des ersten Kurshalbjahrs markierte, griff der Grundkurs das Thema im dritten Halbjahr auf und führte es im letzten Halbjahr vor der Abiturprüfung chronologisch mit dem Blick auf die Situation im geteilten Deutschland fort. Auch die Lernziele des Leistungskurses markieren einen Unterschied zum Grundkurs: Explizit betonten sie die Analyse des nationalsozialistischen Herrschaftssystems im Hinblick auf die „Kenntnis wichtiger Merkmale totalitärer Herrschaft" und knüpfen damit an zeitgenössische politikwissenschaftliche Diskurse an.[16] Die „Verfolgung von Minderheiten" firmierte dabei als ein Charakteristikum totalitärer Herrschaft in der Kategorie „Machtausübung und ihre Rechtfertigung".

Bereits 1984 wurde jedoch ein neuer, curricularer Lehrplan für den Leistungskurs Geschichte veröffentlicht, den mit Blick auf das Aufgreifen des Nationalsozialis-

15 Sämtliche Zitate aus: Curricularer Lehrplan für Geschichte in der Kollegstufe, in: Amtsblatt des Bayerischen Staatsministeriums für Unterricht und Kultus Sondernr. 18 vom 24. Mai 1977, S. 647–678, hier S. 656. Aus: Comenius-Projekt. Onlinesammlung bayerischer Lehrpläne. URL: http://www.comenius.gwi.uni-muenchen.de/index.php/Bayern:_Lehrplan_Geschichte_Gymnasium_1977 [Stand: 7. Oktober 2024]. Zum Aufgreifen der Ergebnisse aus der Widerstandsforschung vgl. auch Baumgärtner, Transformationen des Unterrichtsfachs Geschichte, S. 466.

16 Vgl. ebd., S. 451. – Sämtliche Zitate aus: Curricularer Lehrplan für Geschichte in der Kollegstufe, in: Amtsblatt des Bayerischen Staatsministeriums für Unterricht und Kultus Sondernr. 18 vom 24. Mai 1977, S. 647–678, hier S. 666 f.

mus nur wenig mit seinem Vorläufer verband. Tatsächlich liegt nicht weniger als eine erinnerungspolitische Zäsur zwischen den beiden Lehrplänen: Dadurch, dass die 1978 erschienene US-amerikanische Serie „Holocaust" das Schicksal der fiktiven Berliner Familie Weiss im Nationalsozialismus erzählte, wurde die westdeutsche Bevölkerung mit der Perspektive von Jüdinnen und Juden konfrontiert; eine breite Debatte über die Frage nach Schuld und Verantwortung am „Holocaust" ebenso wie über die Grenzen des filmisch und fiktional Darstellbaren entspann sich. Der Hungerstreik von zwölf Sinti in der KZ-Gedenkstätte Dachau an Ostern 1980 rückte, wenngleich medial anders gelagert, ebenfalls die Perspektive von Menschen in den Mittelpunkt, die als Sinti und Roma im Nationalsozialismus systematisch verfolgt wurden und auch in der Bundesrepublik Deutschland zahlreiche, teils fortgesetzte Diskriminierungen und Stigmatisierungen erfuhren.[17] Seit den 1970er-Jahren konstituierten sich die Sinti und Roma als Bürgerrechtsbewegung, die zunehmend erfolgreich Politik und Gesellschaft auf die Situation der Minderheit aufmerksam machte. Der Hungerstreik von Dachau verdeutlichte die Dringlichkeit ihrer Forderung, das den Sinti und Roma im Nationalsozialismus zugefügte Leid von der Bundesregierung als Völkermord anzuerkennen.[18] Der 1984 veröffentlichte Lehrplan für den Leistungskurs Geschichte spiegelte diese gesellschaftlichen wie erinnerungspolitischen Tendenzen wider, ohne sie freilich explizit zu nennen.

Im ersten Kurshalbjahr des Leistungskurses, das die „Entwicklungen nationalstaatlicher und freiheitlich-demokratischer Ordnungsvorstellungen in Deutschland bis Ende des Zweiten Weltkrieges" fokussierte, widmete sich der letzte Abschnitt der „Verkehrung und [dem] Mißbrauch nationalstaatlicher und demokratischer Wertvorstellungen im Nationalsozialismus".[19] Ähnlich wie im Vorgänger-Lehrplan aus dem Jahr 1977 folgte auf die Thematisierung der Ideologie des Nationalsozialismus als Lernziel die Auseinandersetzung mit „Maßnahmen und Instrumente[n] zur Verwirklichung nationalsozialistischer Machtansprüche", die jedoch unter

17 Zur Bürgerrechtsbewegung der Sinti und Roma vgl. Karola Fings, Sinti und Roma. Geschichte einer Minderheit (C. H. Beck Wissen 2707), München 2024 (= Fings, Sinti und Roma), S. 102–107. Zur Situation von Sinti und Roma nach 1945 vgl. Karola Fings, Schuldabwehr durch Schuldumkehr. Die Stigmatisierung der Sinti und Roma nach 1945, in: Oliver von Mengersen (Koord.), Sinti und Roma. Eine deutsche Minderheit zwischen Diskriminierung und Emanzipation, Bonn / München 2015 (= Mengersen (Koord.), Sinti und Roma), S. 145–164.

18 Vgl. die Erinnerung an den Hungerstreik auf der Seite des Zentralrats der Sinti und Roma unter https://zentralrat.sintiundroma.de/40-jahrestag-des-hungerstreiks-von-12-deutschen-sinti-in-dachau/ [Stand: 7. Oktober 2024].

19 Sämtliche Zitate aus: Lehrplan für Geschichte in der Kursphase der Oberstufe. Leistungskurs, in: Amtsblatt des Bayerischen Staatsministeriums für Unterricht und Kultus Sondernr. 6 vom 28. Juni 1984, S. 113–131, hier S. 116 und 119. Aus: Comenius-Projekt. Onlinesammlung bayerischer Lehrpläne. URL: http://www.comenius.gwi.uni-muenchen.de/index.php/Bayern_Lehrplan_Geschichte_Gymnasium_1984 [Stand 7. Oktober 2024].

Einbezug von Augenzeugenberichten auch die „Praxis der Machtausübung" akzentuierten. Neu und nicht zuletzt vor dem Hintergrund der weiteren Entwicklung wegweisend war ein weiteres Lernziel, das auf die „Einsicht in den menschen- und völkerverachtenden Charakter des Nationalsozialismus" abzielte und „Betroffenheit über die Folgen von Rassenwahn und Machtmißbrauch" bei den Schülerinnen und Schülern erwecken wollte. Gerade angesichts der Leerstelle, die vorangegangene Lehrpläne bei den nationalsozialistischen Massenverbrechen ließen, wirkt die Auflistung der inhaltlichen Entsprechungen in diesem Lehrplan so bedeutsam: „Verfolgung und Vernichtung der europäischen Juden", „Ausrottung von Minderheiten", „Euthanasie", „Entwürdigung des Individuums durch Gleichschaltung und Funktionalisierung", „Umsiedlung und Vertreibung", „Weltkrieg und Völkermord" werden als „Konsequenzen aus der ideologisch begründeten Mißachtung der Menschenrechte" gedeutet.[20] Als Unterrichtsverfahren empfiehlt der Lehrplan das problemorientierte Unterrichtsgespräch; auch der „Einsatz von Film-, Bild- und Tondokumenten" sollte neben der „Lektüre von Texten mit besonderer Aussagekraft (u. a. literarische Texte)" dazu beitragen, die mit dem Lernziel verbundene Urteilsfähigkeit und Werthaltung zu erreichen. Erstmals taucht zudem in einem bayerischen Lehrplan der Besuch einer KZ-Gedenkstätte als geeignetes Mittel auf, um sich am historischen Ort mit der Entrechtung, Verfolgung und Ermordung von Menschen im NS-Regime auseinanderzusetzen.[21] Daran anschließend firmierte im Lehrplan das Lernziel „Einsicht in die vielfältigen Formen und Probleme des Widerstands gegen das NS-Regime", das dazu diente, Handlungsmöglichkeiten gegen auf Machtmissbrauch und Verachtung der Menschenrechte gründende Regime auszuloten. Das letzte Lernziel des Kurshalbjahrs formulierte die „Bereitschaft zur Auseinandersetzung mit den Folgen der nationalsozialistischen Herrschaft" und verband damit unter der apodiktisch formulierten Überschrift „Deutschland 1945: Opfer und Erbe" u. a. „‚Kollektivschuld' und Wiedergutmachung" sowie die „Frage nach Verantwortung und politischer Moral". Zweifellos wandelte sich mit dem Geschichtslehrplan für den Leistungskurs aus dem Jahr 1984 die Thematisierung des Nationalsozialismus und damit ebenso des Holocaust auf der normativen Ebene entscheidend: Explizit forderte der Lehrplan die Bildung historischer Sach- und Werturteile zur NS-Diktatur ein, bei denen der Stellenwert der Menschenrechte von zentraler Bedeutung war.

---

20 Lehrplan für Geschichte in der Kursphase der Oberstufe. Leistungskurs, in: Amtsblatt des Bayerischen Staatsministeriums für Unterricht und Kultus, Sondernr. 6 vom 28. Juni 1984, S. 119 f.

21 Vgl. Lehrplan für Geschichte in der Kursphase der Oberstufe. Leistungskurs, in: Amtsblatt des Bayerischen Staatsministeriums für Unterricht und Kultus, Sondernr. 6 vom 28. Juni 1984, S. 119 f. – Baumgärtner, Transformationen des Unterrichtsfachs Geschichte, S. 454, weist darauf hin, dass das Bayerischen Kultusministerium 1964 „regelmäßige Besuche von Schulklassen in KZ-Gedenkstätten" anregte. Es setzte damit nicht nur KMK-Beschlüsse um, sondern reagierte außerdem auf die politischen und gesellschaftlichen Debatten nach der Schändung der Kölner Synagoge an Heiligabend 1959.

Gleichsam als Lackmustest für die Relevanz unverbrüchlicher menschlicher Rechte galt im Lehrplan der Umgang mit Jüdinnen und Juden, aber auch mit anderen Minderheiten – damit öffnete sich der Blick für die Situation von Sinti und Roma im NS-Regime.

Die Impulse, die vom Lehrplan für den Leistungskurs Geschichte 1984 ausgingen, blieben bei den beiden nachfolgenden Lehrplänen sichtbar: Der im Jahr 1992 veröffentlichte Lehrplan, der für die Jahrgangsstufe 9 vorsah, „nach Möglichkeit [eine] Studienfahrt zu einer KZ-Gedenkstätte, einem regionalen Konzentrations- oder Außenlager" zu unternehmen, stellte die „Verfolgung und Entrechtung der Juden 1933–1938" in den Mittelpunkt, ohne sich freilich darauf zu beschränken. Ein eigener Inhaltspunkt widmete sich der „Vernichtungspolitik im Reich und in den besetzten Gebieten, [dem] Massenmord an Juden, [der] Ausrottung anderer Minderheiten, [der] Vernichtung ‚lebensunwerte[n] Leben[s]'".[22] Verbindungen zwischen Holocaust bzw. Shoa und dem Zweiten Weltkrieg zeigen sich darin ebenso wie der Blick auf Jüdinnen und Juden, aber auch andere Bevölkerungsgruppen, die Opfer nationalsozialistischer Gewaltverbrechen wurden. Für die Jahrgangsstufe 13 des zweistündigen Grundkurses akzentuierte der Lehrplan die „Menschenvernichtung aus rassistisch-ideologischen Gründen" und betonte dabei die „Systematik des Vorgehens" beim „Massenmord an Juden" und der „Ausrottung anderer Minderheiten."[23] Diese Ausrichtung war auch im sechs- bzw. fünfstündigen Leistungskurs maßgebend, der „Verkehrung und Mißbrauch nationalstaatlicher und demokratischer Wertvorstellungen im nationalsozialistischen Deutschland" in Jahrgangsstufe 12 behandelte.[24]

Der mit der Einführung des achtjährigen bayerischen Gymnasiums 2004 in Kraft gesetzte Lehrplan beinhaltete erstmals die Maßgabe, in Jahrgangsstufe 9 eine Exkursion in eine KZ-Gedenkstätte durchzuführen – und führt damit eine Tendenz fort, die sich seit den curricularen Lehrplänen der 1980er-Jahre entwickelt hat.[25] Er sieht im Fach Geschichte, das keine Differenzierung in Grund- und Leistungskurs mehr aufweist, in Jahrgangsstufe 12 die Auseinandersetzung mit dem Holocaust vor. Unter der von Daniel Goldhagens 1996 publizierten, viel diskutierten

22 Sämtliche Zitate aus: Lehrplan für das bayerische Gymnasium. Fachlehrplan für Geschichte, in: Amtsblatt des Bayerischen Staatsministeriums für Unterricht, Kultus, Wissenschaft und Kunst, Sondernummer 6 vom 7. Februar 1992, S. 392.

23 Sämtliche Zitate aus: Ebd., S. 407.

24 Vgl. ebd., S. 413.

25 Vgl. Lehrplan für das achtstufige Gymnasium – 9. Jahrgangsstufe, in: http://www.isb-gym8-lehrplan.de/contentserv/3.1.neu/g8.de/data/media/26418/Lehrplaene/Jgst_9.pdf?PHPSESSID=46e29cdb9b805ab70b1c72a109b46535. Aus: Comenius-Projekt. Onlinesammlung bayerischer Lehrpläne. URL: http://www.comenius.gwi.uni-muenchen.de/index.php/Bayern:_Lehrplan_Alle_Fächer_Gymnasium_2004e, S. 57 [Stand: 7. Oktober 2024].

These inspirierten Leitfrage „Hitlers willige Volksgenossen? Die Deutschen und der Holocaust“[26] konzentriert sich der Lehrplan „auf das Zentralproblem des Holocaust“ und setzt es in Beziehung zum Konstrukt der NS-„Volksgemeinschaft“. Integraler Bestandteil des Lernbereichs ist demnach die „Demütigung und Entrechtung, Verfolgung und Ermordung der jüdischen Bevölkerung“, allerdings wird auch die Thematisierung des „Umgang[s] mit anderen Opfergruppen“, die nicht weiter spezifiziert werden, verpflichtend eingefordert. Einen großen Stellenwert nimmt zudem die „Frage nach [der] Wahrnehmung der Judenverfolgung und [der] Beteiligung an ihr seitens der nichtjüdischen Bevölkerung (z. B. bei ‚Arisierung‘)“ ein; im Sinne exemplarischen Lernens lassen sich daran die Mechanismen erkennen und Motive differenzieren, die bei der Diskussion von Schuld und Verantwortung im Zusammenhang mit Holocaust und Shoa bedeutsam sind.

Mit dem kompetenzorientierten LehrplanPLUS, der mit dem Schuljahr 2024/25 für die Jahrgangsstufen 12 und 13 des nunmehr neunjährigen bayerischen Gymnasiums in Kraft gesetzt wurde, lässt sich das Fach Geschichte, das weiterhin zum Kanon der Pflichtfächer zählt, sowohl auf grundlegendem Anforderungsniveau zweistündig als auch auf erhöhtem Anforderungsniveau vierstündig als Leistungsfach belegen. Die Lehrpläne beider Anforderungsniveaus rücken in Lernbereich 12 2.1 „Das Scheitern der Weimarer Republik – NS-Diktatur und Völkermord“ die Auseinandersetzung mit dem Ausbau der NS-Diktatur und ihren Folgen ins Zentrum. Ausdrücklich betont die in der ersten Kompetenzerwartung formulierte Orientierungskompetenz, die wie ein roter Faden durch den Lernbereich fungiert: „Die Schülerinnen und Schüler nutzen ihre Erkenntnisse, um den zentralen Stellenwert der Menschenrechte wertzuschätzen.“[27] Neben der Auseinandersetzung mit Holocaust bzw. Shoa wird dabei erstmals in einem bayerischen Gymnasiallehrplan auch der „Völkermord an den Sinti und Roma“ explizit sowohl im Fach auf grundlegendem Anforderungsniveau als auch im Leistungsfach Geschichte im Lehrplan verankert.[28]

---

26 Sämtliche Zitate aus: Lehrplan für das achtstufige Gymnasium – 11./12. Jahrgangsstufe, in: http://www.isb-gym8-lehrplan.de/contentserv/3.1.neu/g8.de/data/media/26418/Lehrplaene/Jgst_11_12.pdf?PHPSESSID=46e29cdb9b805ab70b1c72a109b46535. Aus: Comenius-Projekt. Onlinesammlung bayerischer Lehrpläne. URL: http://www.comenius.gwi.uni-muenchen.de/index.php/Bayern:_Lehrplan_Alle_Fächer_Gymnasium_2004g [Stand: 7. Oktober 2024].

27 Sämtliche Zitate aus: LehrplanPLUS Geschichte für das neunjährige bayerische Gymnasium, abrufbar unter https://www.lehrplanplus.bayern.de/fachlehrplan/gymnasium/12/geschichte/grundlegend bzw. https://www.lehrplanplus.bayern.de/fachlehrplan/gymnasium/12/geschichte/erhoeht [Stand: 7. Oktober 2024].

28 Ergänzend sei darauf hingewiesen, dass die „Entrechtung, Verfolgung und Ermordung der europäischen Juden sowie weiterer Bevölkerungsgruppen (u. a. Sinti und Roma)“ im LehrplanPLUS für die bayerischen Realschulen in Jahrgangsstufe 9 fest verankert ist, vgl.: https://www.lehrplanplus.bayern.de/fachlehrplan/realschule/9/geschichte [Stand: 7. Oktober 2024].

Dass Lehrpläne in gewisser Weise Spiegel ihrer Zeit sind, haben die bisherigen Ausführungen zu zeigen versucht. Sie verkörpern den Anspruch, eine aus ihrer jeweiligen Gegenwart geprägte Perspektive auf die Vergangenheit für die Zukunft fruchtbar zu machen. Als zentrales bildungspolitisches Steuerungsinstrument sind sie Ergebnis staatlichen Verwaltungshandelns und wirken in die Unterrichtspraxis hinein, weil auf ihrer Grundlage schulische Abschlussprüfungen konzipiert und Lehrwerke zugelassen werden. Daher kommt der Aufnahme des Völkermords an Sinti, Sintizze, Roma und Romnja in den LehrplanPLUS der Profil- und Leistungsstufe in Bayern große Bedeutung zu: Sie erhöht die Verbindlichkeit des Wissens um einen zentralen Teil der Geschichte von Sinti und Roma – und macht deren Perspektiven im Unterricht sichtbar.

Materialien und Unterstützungsangebote

Zugleich bedarf es flankierender Angebote, um Lehrkräfte dabei zu unterstützen, den Völkermord an Sinti und Roma im Unterricht kompetent, sensibel und reflektiert thematisieren zu können. Insbesondere digital – und damit niedrigschwellig – verfügbares Quellenmaterial, dessen Entstehungshintergrund transparent erläutert wird, ist dabei von großem Wert. Mit dem Historischen Forum Bayern steht dafür ein Portal zur Verfügung, das sich an alle bayerischen Geschichtslehrkräfte richtet. Auf dessen Unterseite „Geschichte der Sinti und Roma“[29] finden sich neben dem Verweis auf den Zentralrat der Sinti und Roma zahlreiche einschlägige, digital abrufbare Unterstützungsangebote ebenso wie die Gemeinsame Erklärung der KMK und des Zentralrats der Sinti und Roma aus dem Jahr 2022. Besonders zwei Einträge verdeutlichen das Spektrum der auf dem Historischen Forum versammelten Materialien: Zum einen beinhaltet die Enzyklopädie des Völkermords an den Sinti und Roma in Europa,[30] die von Karola Fings von der Forschungsstelle Antiziganismus am Historischen Seminar der Universität Heidelberg betreut wird, eine wissenschaftlich aufbereitete, laufend erweiterte Sammlung unterschiedlichster Quellen zum Völkermord an den Sinti und Roma, darunter z. B. Fotografien und Briefe. Sie lässt sich insbesondere in der gymnasialen Oberstufe bei der Recherche von Informationen, aber auch bei der Auswahl und Analyse von Quellenmaterial hervorragend im Unterricht einsetzen. Ein Glossar sowie hilfreiches Kartenmaterial sind Teil der Enzyklopädie und nicht zuletzt für schulische Zwecke ausgesprochen wertvoll. Die in der Enzyklopädie versammelten Materialien eröffnen Einblicke nicht nur in das konkrete

29 Vgl. die Unterseite „Geschichte der Sinti und Roma“ auf dem Historischen Forum Bayern, abrufbar unter https://www.historisches-forum.bayern.de/historisch-politische-themen/geschichte-der-sinti-und-roma/ [Stand: 7. Oktober 2024].

30 Vgl. die Enzyklopädie des Völkermords an den Sinti und Roma in Europa, abrufbar unter https://encyclopaedia-gsr.eu/ [7. Oktober 2024].

Verfolgungsgeschehen, zeigen die Brutalität und Grausamkeit der Morde, den Schmerz der Inhaftierten, dokumentieren Abschiede und Trauer, sondern lassen – auf einer zweiten Ebene gleichsam – in ihrer Vielzahl ein Bild des Lebens von Sinti und Roma vor der nationalsozialistischen Gewalt erkennen. Familien- und Sprachzusammenhänge werden so sichtbar, unterschiedliche Lebensumstände und Berufe erkennbar.

Zum anderen verdeutlichen die „Bildungsmaterialien zum Völkermord an Rom:nja in der ehemaligen Sowjetunion", die auf dem Historischen Forum Bayern zum Download bereitstehen,[31] dass der Geschichtsunterricht auch vom Ergebnis konkreter Forschungsprojekte mit regionaler Schwerpunktsetzung profitiert. Die von Leonard Stöcklein, Andrej Lysou, Frank Brendle sowie Mikhail Tyaglyy erstellten Bildungsmaterialien widmen sich der Geschichte der Roma in Belarus, der Ukraine, dem Baltikum und Rumänien vor 1941 und dem Völkermord an ihnen in der Zeit der deutschen Besatzung von 1941 bis 1944. Mit Hilfe ausgewählter Quellen und Zeitzeugenberichte sowie Arbeitsanregungen für Schülerinnen und Schüler gelingt es, die komplexen Dimensionen des Völkermords in den ausgewählten Ländern verständlich und eindrücklich darzustellen.

Neben einschlägigen Informationen und Materialien stellen Fortbildungsangebote ein weiteres zentrales Element der Unterstützung von Lehrkräften dar. Mit der Akademie für Lehrerfortbildung und Personalführung (ALP) in Dillingen existiert in Bayern eine zentrale Institution, die für Lehrkräfte aller Schularten Präsenzlehrgänge ebenso wie eSessions konzipiert und durchführt. Für die Einführung des LehrplanPLUS in der gymnasialen Oberstufe ist dabei besonders die Fortbildungsreihe „Geschichte im Blick. Wissenschaftliche Perspektiven auf ausgewählte Themen des LehrplanPLUS in den Jahrgangsstufen 12 und 13" bedeutsam. Sie richtet sich an alle Geschichtslehrkräfte am Gymnasium und fokussiert die thematisch neuen Aspekte des Lehrplans – daher wird sich eine eSession in der ersten Schuljahreshälfte 2024/2025 mit dem Völkermord an den Sinti und Roma auseinandersetzen.

Neben den Angeboten der historischen Bildung gibt es mit dem Portal für Politische Bildung Bayern auch eine Seite, die u. a. Wege zur Förderung der demokratischen Schulkultur aufzeigt. In diesem Zusammenhang beschäftigt sich das Portal auch mit Antiziganismusprävention und verweist auf einer eigenen Unterseite

31 Bildungsmaterialien zum Völkermord an Rom:nja in der ehemaligen Sowjetunion, hg. vom Bildungswerk für Erinnerungsarbeit und Frieden e. V., Berlin 2023, abrufbar unter https://www.historisches-forum.bayern.de/fileadmin/user_upload/historisches_forum/Web_Material_Ehemalige_Sowjetu_de.pdf [Stand: 7. Oktober 2024].

auf einschlägige aktuelle Materialien.[32]

Anknüpfungspunkte und Perspektiven

Gerade weil mit dem Völkermord die zentrale Zäsur in der Geschichte der Sinti und Roma auf der Ebene des Lehrplans verankert ist und zahlreiche Unterstützungsangebote für Lehrkräfte gesammelt zur Verfügung stehen, eröffnen sich aus fachdidaktischer Sicht weitere Perspektiven auf die Geschichte der Sinti und Roma. Die folgenden fünf Anregungen knüpfen jeweils an das Plakat an, mit dem die Tagung „Sinti und Roma in Geschichte und Erinnerung" beworben wurde.

Abb. 1 Tagungsplakat, gestaltet v. Hannah Feldmeier

1) Die Geschichte der Sinti, Sintizze, Roma und Romnja beschränkt sich nicht auf den Völkermord. Im Zuge des schulischen Geschichtsunterrichts bieten sich viele Möglichkeiten, **Perspektiven von Sinti und Roma im Sinne einer „integrierten Geschichte"** aufzugreifen – seien es Soldatenschicksale in der Frühen Neuzeit,[33] Familienporträts und Lebenserinnerungen von Sinti und Roma im Deutschen Kaiserreich und in der Weimarer Republik oder Feldpostbriefe aus dem Ersten

32 Mitdenken! Mitreden! Mitgestalten! Portal für Politische Bildung an bayerischen Schulen, abrufbar unter https://www.politischebildung.schule.bayern.de/praeventionsarbeit/antiziganismuspraevention/ [Stand: 7. Oktober 2024].

33 Vgl. Ulrich F. Opfermann, „Zu Teutschland lang gezogen und geporen". Zur frühneuzeitlichen Geschichte der Sinti in Mitteleuropa, in: Mengersen (Koord.), Sinti und Roma, S. 25–47; Thomas Fricke, Zigeuner im Zeitalter des Absolutismus. Bilanz einer einseitigen Überlieferung. Eine sozialgeschichtliche Untersuchung anhand südwestdeutscher Quellen (Reihe Geschichtswissenschaft 40), Pfaffenweiler 1996, inbes. S. 17–41; Ulrich Opfermann, Sinti im frühneuzeitlichen Militär- und Policeydienst. Quellen und Überlieferungsbildung, in: Frühneuzeit-Info 30 (2019), S. 56–78.

Weltkrieg.[34] Der Einbezug von Quellen – und damit nicht selten Wahrnehmungen – unterschiedlicher Bevölkerungsgruppen und sozialer Schichten trägt dazu bei, vergangene Gesellschaften in ihrer Komplexität erfahrbar zu machen. Schülerinnen und Schüler betrachten dabei die unterschiedlichen Gruppen wie Sinti und Roma nicht eigens, sondern begegnen Individuen in gesellschaftlichen Zusammenhängen. Die gruppenspezifischen Erfahrungen, die das Plakat mit dem über das Foto gelegten Speichenrad andeutet, können in einem zweiten Schritt der Beschäftigung vertiefend thematisiert werden – die eigene Erstwahrnehmung und das Setting des Lernumfelds dominieren sie nicht. An der Fotografie von Antonie Steinbach, die dem Tagungsplakat zugrunde lag, ließe sich dieser Ansatz der „integrierten Geschichte" ebenfalls umsetzen: Zu sehen ist die Porträtaufnahme einer jungen Frau, womöglich aus den 1920er-Jahren – ein fotografisches Dokument weiblicher Selbstdarstellung, das in Beziehung zur Situation von Frauen im Deutschen Kaiserreich und der Weimarer Republik gesetzt werden kann. Es gewinnt dadurch eine neue Reflexionsdimension, die neben der Tatsache besteht, dass das Porträt eine Frau zeigt, die 1945 im Konzentrationslager Bergen-Belsen zusammen mit ihren beiden Söhnen ermordet wurde.[35]

2) Das Beispiel von Antonie Steinbach (1899–1945) unterstreicht die **Bedeutung biografischen Lernens**: Anhand der Auseinandersetzung mit verschiedenen Lebenswegen von Romnja, Roma, Sintizze und Sinti lernen Jugendliche, den Begriff „Sinti und Roma" auch als inhaltlichen Plural zu begreifen, der für die Vielfalt – historischer wie gegenwärtiger – Lebensrealitäten und Identitäten steht und sich Stereotypisierungen entzieht.

3) Auf dem Veranstaltungsplakat tritt Antonie Steinbach als Frau ihrer Zeit in Erscheinung, nicht in erster Linie als ein Opfer menschenverachtender Gewalt. Beispielhaft symbolisiert diese Akzentuierung eine Forderung, die auch in der Gemeinsamen Erklärung der KMK und des Zentralrats der Sinti und Roma aufscheint: Schülerinnen und Schüler sollen **Sinti und Roma als Akteure wahrnehmen**, als Menschen, die im Lauf der Geschichte über ein situationsabhängig unterschiedliches Ausmaß an Handlungsmöglichkeiten verfügten, sogenannte „agency" besaßen. Die Auswahl an Quellen im Unterricht darf sich nicht auf den

---

34 Vgl. etwa die Ausführungen in Fings, Sinti und Roma, S. 34–62; Marion Bonillo, Sinti und Roma im Deutschen Kaiserreich 1871 bis 1918. Eine Minderheit im Fokus der verschärften „Zigeunerpolitik", in: Mengersen (Koord.), Sinti und Roma, S. 49–70; Ludwig Eiber, „Ich wußte, es wird schlimm." Die Verfolgung der Sinti und Roma in München 1933–1945, hg. von der Landeshauptstadt München 1993: Dort finden sich auch Bilder aus den Fotoalben von Münchner Familien, S. 32–39.

35 Zur Geschichte von Antonie Steinbach, deren neunjährige Tochter den Holocaust überlebte, vgl. auch den Eintrag von Thomas Rahe zu Bergen-Belsen in der Enzyklopädie des NS-Völkermordes an den Sinti und Roma in Europa vom 5. März 2024, abrufbar unter https://encyclopaedia-gsr.eu/lemma/bergen-belsen-de-1-0/ [Stand: 7. Oktober 2024].

obrigkeitlichen Blick auf die Minderheit – etwa diskriminierende Verfügungen, Fotografien zur Dokumentation rassistischer Praktiken – beschränken, sondern muss die Perspektive von Sinti und Roma aufnehmen, Selbstdarstellungen und Selbstzeugnisse demnach angemessen einbinden.

4) Ein **reflektierter, sensibler Umgang mit historischen Quellen**, die rassistische und antiziganistische Bezüge aufweisen, ist nicht nur im Zusammenhang mit dem Völkermord an Sinti und Roma unabdingbar, sondern Basis jeder unterrichtlichen Auseinandersetzung. Um den Blick für Mechanismen von Diskriminierung und Ausgrenzung in der Geschichte der Sinti und Roma zu schärfen, müssen die unterschiedlichen Formen von Antiziganismus (z. B. abwertende Sprache, visuelle Zerrbilder) explizit analysiert und als solche benannt werden.

5) Unterricht, der die Geschichte von Sinti und Roma thematisiert, muss in besonderem Maße **offen für die Perspektiven der Schülerinnen und Schüler** sein. Bereits die Frage danach, in welchem Verhältnis unsere Gegenwart zur Vergangenheit steht, wie „wir" an den Völkermord an Sinti und Roma erinnern, macht deutlich, dass Unterricht sich nicht auf einen bloßen Verweis auf Praktiken staatlichen Erinnerns beschränken darf. Die Vielfalt der Verbindungen, die Jugendliche mit ihrem Leben und Fragen ihrer Zeit aufzeigen, überwindet die Kluft zwischen Gegenwart und Vergangenheit – und macht zugleich Geschichte als aus der Gegenwart perspektivierte Vergangenheit erfahrbar. Auch das Veranstaltungsplakat zeigt unverkennbar eine gegenwärtige Perspektive, indem bunte Fäden – im Rot, Grün und Blau der Roma-Flagge gehalten – einzelne Linien des Porträts von Antonie Steinbach konturieren, die Blumen in ihrer Hand und die Borten ihres Kleides farbig schmücken. Damit scheint die Beziehung zwischen Gegenwart und Vergangenheit auf, die sich im Erinnern und in den damit verbundenen Fragen ausdrückt, aber sich nicht darauf beschränkt: Erinnern bedeutet Handeln – und meint damit eine Haltung, die aus der reflektierten, werteorientierten Auseinandersetzung mit der Vergangenheit Konsequenzen im Erfahrungsraum der Gegenwart nach sich zieht.[36]

36 Die Formulierung „Erinnern heißt handeln" wird von vielen gesellschaftlichen wie politischen Akteuren benutzt, u. a. von der Stiftung Erinnerung Verantwortung Zukunft, die als Urheberin des Zitats die Holocaust-Überlebende Esther Bejarano nennt, vgl. https://www.stiftung-evz.de/assets/2_Wer_wir_sind/Struktur/evz_flyer_dt.pdf [Stand: 7. Oktober 2024]; auch die Debatte im Deutschen Bundestag vom 9. November 2022, die sich der Antisemitismusprävention verschrieb, trug diesen Titel, vgl. https://dip.bundestag.de/vorgang/antisemitismus-bek%C3%A4mpfen-erinnern-hei%C3%9Ft-handeln/293247 [Stand: 7. Oktober 2024].

Quellen- und Literaturverzeichnis

(Auto-)Biographische Quellen

Lily van Angeren-Franz, „Polizeilich zwangsentführt". Das Leben der Sintizza Lily van Angeren-Franz von ihr selbst erzählt. Aufgezeichnet von Henny Clemens und Dick Berts, hg. von Hans-Dieter Schmid, Hildesheim 2004.

Hermann Arnold, Die Zigeuner. Herkunft und Leben der Stämme im deutschen Sprachgebiet, Freiburg im Breisgau 1965.

Gedenkbuch. Die Sinti und Roma im Konzentrationslager Auschwitz-Birkenau, hg. vom Staatlichen Museum Auschwitz-Birkenau in Zusammenarbeit mit dem Dokumentations- und Kulturzentrum Deutscher Sinti und Roma, Heidelberg, Bd. 2, München u. a. 1993.

Karin Guth, Z 3105. Der Sinto Walter Winter überlebt den Holocaust, Hamburg 2009.

Ewald Hanstein, Meine hundert Leben. Erinnerungen eines deutschen Sinto, Bremen 2005.

Krimhilde Malinowski, Das Schweigen wird gebrochen: Erinnerungen einer Sintezza an den Nationalsozialismus, Bayreuth 2003.

Anna Mettbach, „Wer wird die nächste sein?" Die Leidensgeschichte einer Sintezza, die Auschwitz überlebte, Frankfurt am Main 1999.

Florian Reinhard, Ich wollte nach Hause, nach Ostpreußen! Das Überleben eines deutschen Sinto, hg. von Jana Mechelhoff-Herezi und Uwe Neumärker, Berlin 2012.

Franz Rosenbach, „Der Tod war mein ständiger Begleiter", München 2005.

Otto Rosenberg, Das Brennglas. Aufgezeichnet von Ulrich Enzensberger, Frankfurt am Main 1998.

Zilli Schmidt, „Gott hat mit mir etwas vorgehabt!" Erinnerungen einer deutschen Sinteza, hg. von Jana Mechelhoff-Herezi und Uwe Neumärker, Berlin 2020.

Walter Stanoski, WinterZeit. Erinnerungen eines deutschen Sinto, der Auschwitz überlebt hat, hg. von Thomas W. Neumann und Michael Zimmermann, Hamburg 1999.

Ceija Stojka, Wir leben im Verborgenen. Erinnerungen einer Rom-Zigeunerin, Wien 1988.

Karl Stojka, Auf der ganzen Welt zu Hause, Wien 1994.

Mongo Stojka, Papierne Kinder, Wien 2000.

Daniel Strauß (Hg.), ... weggekommen. Berichte und Zeugnisse von Sinti, die die NS-Verfolgung überlebt haben, Berlin / Wien 2000.

Adam Strauß (Hg.), Flucht – Internierung – Deportation – Vernichtung. Hessische Sinti und Roma berichten über ihre Verfolgung während des Nationalsozialismus, Seeheim 2005.

Anja Tuckermann, Muscha, Berlin 1994.

Anja Tuckermann, „Denk nicht, wir bleiben hier!“ Die Lebensgeschichte des Sinto Hugo Höllenreiner, München / Wien 2005.

Anja Tuckermann, Mano. Der Junge, der nicht wusste, wo er war, München 2008.

Zoni Weisz, Der vergessene Holocaust. Mein Leben als Sinto, Unternehmer und Überlebender, München 2018.

Silvia Wolf, Überleben – Das war für uns nicht vorgesehen! Lebensgeschichten rheinland-pfälzischer Sinti-Familien, Landau 2012.

Forschungsliteratur

Norbert Aas, Sinti und Roma im KZ Flossenbürg und seinen Außenlagern Wolkenburg und Zwodau, Bayreuth 2001.

Ilsen About / James Brown / Gayle Lonergan (Hg.), Identification and Registration Practices in Transnational Perspective. People, Papers and Practices, Basingstoke 2013.

Perry Anderson, Von der Antike zum Feudalismus. Spuren der Übergangsgesellschaft, Frankfurt am Main 1981.

Antidiskriminierungsstelle des Bundes (Hg.), Zwischen Gleichgültigkeit und Ablehnung. Bevölkerungseinstellungen gegenüber Sinti und Roma. Expertise für die Antidiskriminierungsstelle des Bundes, Zentrum für Antisemitismusforschung, Institut für Vorurteils- und Konfliktforschung e.V., Berlin 2014.

Johannes Arndt, Die historisch-politischen Zeitschriften innerhalb der zirkulären Struktur des Mediensystems der politischen Publizistik, in: Johannes Arndt / Esther-Beate Körber (Hg.), Das Mediensystem im Alten Reich der Frühen Neuzeit (1600–1750), Göttingen 2010, S. 139–172.

Aleida Assmann, Das neue Unbehagen an der Erinnerungskultur. Eine Intervention, München 2020.

Aleida Assmann, Erinnerung als Erregung. Wendepunkte der deutschen Erinnerungsgeschichte, in: Wolf Lepenies (Hg.), Jahrbuch des Wissenschaftskollegs zu Berlin 1998/99, Berlin 2000, S. 200–220.

Wolfgang Ayaß (Hg.), „Gemeinschaftsfremde". Quellen zur Verfolgung von „Asozialen" 1933–1945, Koblenz 1998.

Huub van Baar, The European Roma. Minority Representation, Memory and the Limits of Transnational Governmentality, Amsterdam 2011.

Christian Bachhiesl, Zur Konstruktion der kriminellen Persönlichkeit. Die Kriminalbiologie an der Karl-Franzens-Universität Graz (Rechtsgeschichtliche Studien 12), Hamburg 2005.

Angela Bachmair, „Wir sind stolz, Zigeuner zu sein". Vom Leben und Leiden einer Sinti-Familie, Augsburg 2014.

Daniela Baranová, Pred bránami pekla, Banská Bystrica 1996.

Deborah Barrett / Charles Kurzmann, Globalising Social Movement Theory: The Case of Eugenics, in: Theory and Society 33 (2004), S. 487–527.

Gerhard Baumgartner, Die Opfer der großen Deportation ins „Zigeunerlager Litzmannstadt" im November 1941, in: Rudolf Kropf / Gert Polster (Hg.), Roma und Sinti von 1938 bis zur Gegenwart. Tagungsband der 36. Schlaininger Gespräche, 21. bis 25. September 2014 (Wissenschaftliche Arbeiten aus dem Burgenland 158), Eisenstadt 2016, S. 103–126.

Gerhard Baumgartner, Einfach weg. Zum „Verschwinden" der rund 120 Romasiedlungen des Burgenlandes und den Schwierigkeiten der Rekonstruktion ihrer Wohn- und Besitzverhältnisse, in: Österreichische Zeitschrift für Geschichtswissenschaften 10/2 (1999), S. 238–259.

Gerhard Baumgartner, Wann endlich wird dies himmelschreiende Unrecht an uns gut gemacht werden? Frühe Zeugnisse österreichischer Roma und Romnia zu ihrer Verfolgung während des Nationalsozialismus, in: Jahrbuch des Dokumentationsarchivs des österreichischen Widerstandes 1 (2015), S. 43–80.

Gerhard Baumgartner / Éva Kovács, Roma und Sinti im Blickfeld der Aufklärung und der bürgerlichen Gesellschaft, in: Gerhard Baumgartner / Tayfun Belgin (Hg.), Roma & Sinti. „Zigeunerdarstellungen der Moderne". Katalog zur Ausstellung, 17. Juni bis 2. September 2007, Kunsthalle Krems, Krems 2007, S. 15–23.

Ulrich Baumgärtner, Transformationen des Unterrichtsfaches Geschichte. Staatliche Geschichtspolitik und Geschichtsunterricht in Bayern im 20. Jahrhundert (Schriften zur Geschichtsdidaktik 21), Idstein 2007.

August Bebel, Der deutsche Bauernkrieg mit Berücksichtigung der hauptsächlichsten sozialen Bewegungen des Mittelalters, Braunschweig 1876.

Felix Bellaire, Verfolgung der Sinti und Roma im Nationalsozialismus, publiziert am 17.01.2024 , in: Historisches Lexikon Bayerns, URL: https://www.historisches-lexikon-bayerns.de/Lexikon/Verfolgung_der_Sinti_und_Roma_im_Nationalsozialismus

Wolfgang Benz, Sinti und Roma: Die unerwünschte Minderheit. Über das Vorurteil Antiziganismus, Berlin 2014.

Christiane Birr, Wer spricht dem Bauern Recht? Organe der Rechtspflege in fränkischen Dörfern der Frühen Neuzeit, in: Zeitschrift für bayerische Landesgeschichte 64 (2001), S. 724–744.

Frank M. Bischoff, Bewertung, Erschließung und Benutzung von Wiedergutmachungsakten, in: Der Archivar, Beiband 7 (2001), S. 237–251.

Frank M. Bischoff / Hans-Jürgen Höötmann, Wiedergutmachung – Erschließung von Entschädigungsakten im Staatsarchiv Münster, in: Der Archivar 51/3 (1998), S. 425–440.

Gisela Bock, Zwangssterilisation im Nationalsozialismus. Studien zur Rassenpolitik und Frauenpolitik (Schriften des Zentralinstituts für Sozialwissenschaftliche Forschung der Freien Universität Berlin 48), Opladen 1986.

Klaus-Michael Bogdal, Europa erfindet die Zigeuner. Eine Geschichte von Faszination und Verachtung, Berlin 2011.

Marion Bonillo, Sinti und Roma im Deutschen Kaiserreich 1871 bis 1918. Eine Minderheit im Fokus der verschärften „Zigeunerpolitik“, in: Oliver von Mengersen (Koord.), Sinti und Roma. Eine deutsche Minderheit zwischen Diskriminierung und Emanzipation, Bonn / München 2015, S. 49–70.

Jörg Boström / Uschi Dresing (Hg.), Das Buch der Sinti. „... nicht länger stillschweigend das Unrecht hinnehmen!“, Berlin 1981.

Karin Bott-Bodenhausen (Hg.), Sinti in der Grafschaft Lippe. Studien zur Geschichte der „Zigeuner“ im 18. Jahrhundert, München 1988.

Ulrich Bubenheimer, Thomas Müntzer. Herkunft und Bildung, Leiden 1989.

Marc Buggeln / Sebastian Lotto-Kusche, Aufarbeitung des an Sinti und Roma begangenen Unrechts in der Bundesrepublik Deutschland. Grundlagenkonzept für eine Wahrheitskommission, Wiesbaden 2024.

Bundesministerium der Finanzen / Walter Schwarz (Hg.), Die Wiedergutmachung nationalsozialistischen Unrechts durch die Bundesrepublik Deutschland, 7 Bände, München 1974–2000.

Bundesministerium des Innern, für Bau und Heimat (Hg.), Perspektivwechsel. Nachholende Gerechtigkeit. Partizipation. Bericht der Unabhängigen Kommission Antiziganismus, Frankfurt am Main 2021.

Hermann Caspary, Staat, Finanzen, Wirtschaft und Heerwesen im Hochstift Bamberg (1672–1693) (Berichte des Historischen Vereins Bamberg, Beiheft 7), Bamberg 1976.

Cuncan Cooper / Michael Schubert, Anhaltende Ausgrenzung. Diskriminierung und rassistische Verfolgung von ‚Zigeunern' in Osnabrück von den 1920er bis in die 1950er Jahre, Osnabrück 2014.

Max Czollek, Versöhnungstheater, Berlin 2023, URL: https://www.bpb.de/themen/zeit-kulturgeschichte/juedischesleben/332617/versoehnungstheater-anmerkungenzur-deutschen-erinnerungskultur/

Eveline Diener, Das Bayerische Landeskriminalamt und seine „Zigeunerpolizei". Kontinuitäten und Diskontinuitäten der bayerischen „Zigeunerermittlung" im 20. Jahrhundert, Frankfurt am Main 2021.

Ernst Dietlein, Chronik der Stadt Hof, Bd. 2: Allgemeine Stadtgeschichte von 1603–1763, Hof 1939.

Henri Dubled, Les incursions des Tsiganes en Alsace du XVe au XVIIIe siècle, in: Etudes Tsiganes 7/3–4 (1961), S. 1–11.

Ludwig Eiber, „Ich wusste, es wird schlimm." Die Verfolgung der Sinti und Roma in München 1933–1945, hg. von der Landeshauptstadt München, München 1993.

Udo Engbring-Romang, Bad Hersfeld. Auschwitz. Zur Verfolgung der Sinti im Kreis Hersfeld-Rotenburg, Frankfurt am Main 2002.

Udo Engbring-Romang, Die Verfolgung der Sinti und Roma in Hessen zwischen 1870 und 1950, Frankfurt am Main 2001.

Udo Engbring-Romang, Fulda. Auschwitz. Die Verfolgung der Sinti in Fulda und Umgebung, Frankfurt am Main 2006.

Udo Engbring-Romang, Hanau. Auschwitz. Zur Verfolgung der Sinti in Hanau und Umgebung, Frankfurt am Main 2002.

Udo Engbring-Romang, „Mit einer Rückkehr ist nicht mehr zu rechnen...". Die Verfolgung der Sinti und Roma in Mannheim, Ostfildern 2017.

Udo Engbring-Romang, Wiesbaden. Auschwitz. Zur Verfolgung der Sinti in Wiesbaden, Frankfurt am Main 1997.

Michael Faber, Schausteller. Volkskundliche Untersuchung einer reisenden Berufsgruppe im Köln-Bonner Raum, Bonn 1982.

Monika Fenn, Schulwesen (nach 1945), in: Historisches Lexikon Bayerns. URL: https://www.historisches-lexikon-bayerns.de/Lexikon/Schulwesen_(nach_1945)

Martin Feyen, „Wie die Juden?" Verfolgte „Zigeuner" zwischen Bürokratie und Symbolpolitik, in: Norbert Frei / José Brunner / Constantin Goschler (Hg.), Die Praxis der Wiedergutmachung. Geschichte, Erfahrung und Wirkung in Deutschland und Israel, Göttingen 2009, S. 323–355.

Karola Fings, Schuldabwehr durch Schuldumkehr. Die Stigmatisierung der Sinti und Roma nach 1945, in: Oliver von Mengersen (Koord.), Sinti und Roma. Eine deutsche Minderheit zwischen Diskriminierung und Emanzipation, Bonn / München 2015, S. 145–164.

Karola Fings, Sinti und Roma. Geschichte einer Minderheit (C. H. Beck Wissen 2707), München 2024.

Karola Fings, Neuere Literatur zur NS-Verfolgung von Sinti und Roma und zur Produktion von ‚Zigeuner'-Stereotypen, in: Neue Politische Literatur 60 (2015), S. 27–52.

Karola Fings / Cordula Lissner / Frank Sparing, „... einziges Land, in dem Judenfrage und Zigeunerfrage gelöst." Die Verfolgung der Roma im faschistisch besetzten Jugoslawien 1941–1945, Köln 1992.

Karola Fings / Frank Sparing, Vertuscht, verleugnet, versteckt. Akten zur NS-Verfolgung von Sinti und Roma, in: Christoph Dieckmann (Hg.), Besatzung und Bündnis. Deutsche Herrschaftsstrategien in Ost- und Südosteuropa, Berlin u. a. 1995, S. 181–201.

Helga Fischer-Hübner / Hermann Fischer-Hübner (Hg.), Die Kehrseite der „Wiedergutmachung". Das Leiden von NS-Verfolgten in den Entschädigungsverfahren, Gerlingen 1990.

Philomena Franz, Zwischen Liebe und Haß. Ein Zigeunerleben, Freiburg u. a. 1985.

Norbert Frei / José Brunner / Constantin Goschler, Komplizierte Lernprozesse. Zur Geschichte und Aktualität der Wiedergutmachung, in: Dies. (Hg.), Die Praxis der Wiedergutmachung. Geschichte, Erfahrung und Wirkung in Deutschland und Israel, Göttingen 2009, S. 9–47.

Florian Freund, Oberösterreich und die Zigeuner, Linz 2010.

Thomas Fricke, Zigeuner im Zeitalter des Absolutismus. Bilanz einer einseitigen Überlieferung. Eine sozialgeschichtliche Untersuchung anhand südwestdeutscher Quellen (Reihe Geschichtswissenschaft 40), Pfaffenweiler 1996.

Henry Friedlander, Der Weg zum NS-Genozid. Von der Euthanasie zur Endlösung, Berlin 2000.

Daniela Gress, „Lasst uns unser Recht fordern". Die Anfänge der Bürgerrechtsbewegung der Sinti und Roma in der Bundesrepublik Deutschland, Masterarbeit an der Ruprechts-Karls-Universität Heidelberg 2013.

Daniela Gress, Nachgeholte Anerkennung. Sinti und Roma als Akteure in der bundesdeutschen Erinnerungskultur, in: Philipp Neumann-Thein / Daniel Schuch / Markus Wegewitz (Hg.), Organisiertes Gedächtnis. Kollektive Aktivitäten von Überlebenden der nationalsozialistischen Verbrechen, Göttingen 2022, S. 425–458.

Daniela Gress, Protest und Erinnerung. Der Hungerstreik in Dachau 1980 und die Entstehung der Bürgerrechtsbewegung deutscher Sinti und Roma, in: Karola Fings / Sybille Steinbacher (Hg.), Sinti und Roma: Der nationalsozialistische Völkermord in historischer und gesellschaftspolitischer Perspektive (Dachauer Symposien zur Zeitgeschichte 19), Göttingen 2021, S. 190–219.

Daniela Gress, Geburtshelfer einer Bewegung? Die mediale Kampagne der Gesellschaft für bedrohte Völker für Bürgerrechte deutscher Sinti und Roma, in: Birgit Hofmann (Hg.), Menschenrecht als Nachricht. Medien, Öffentlichkeit und Moral seit dem 19. Jahrhundert, Frankfurt am Main 2020, S. 267–306.

Fritz Greußing, Das offizielle Verbrechen der zweiten Verfolgung, Tilman Zülch (Hg.), In Auschwitz vergast, bis heute verfolgt. Zur Situation der Roma (Zigeuner) in Deutschland und Europa, Reinbek bei Hamburg 1979, S. 192–198.

R[eimer] Gronemeyer, Christian Creutz, geweßener Zigeuner zu Burgsolms. Ein Besserungsversuch von der Hand aufgeklärter Kleinfürsten, in: Gießener Hefte für Tsiganologie 3/4 (1984), S. 63–74.

R[eimer] Gronemeyer, Zigeuner im Spiegel früher Chroniken und Abhandlungen. Quellen vom 15. bis zum 18. Jahrhundert, Gießen 1987.

Reimer Gronemeyer, Zur Geschichte der Zigeuner, in: ders. / Georgia A. Rakelmann, Die Zigeuner. Reisende in Europa, Köln 1988, S. 23–41.

Elisabeth Guttenberger, Das Zigeunerlager, in: H. G. Adler / Hermann Langbein / Ella Lingens-Reiner (Hg.), Auschwitz: Zeugnisse und Berichte, Frankfurt am Main 1962, S. 159–162.

Anita Geigges / Bernhard W. Wette, Zigeuner heute. Verfolgung und Diskriminierung in der BRD, Bornheim-Merten 1979.

Karl Geyer, Die öffentliche Armenpflege im kaiserlichen Hochstift Bamberg mit besonderer Berücksichtigung der Stadt Bamberg, Bamberg 1909.

Paul-E. Glath, Les Bohémiens au Baerenthal, in: Bulletin de la Société niederbronnoise d'histoire et d'archéologie (1957), S. 40–63.

Constantin Goschler, Schuld und Schulden. Die Politik der Wiedergutmachung für NS-Verfolgte seit 1945, Göttingen 2005.

Constantin Goschler, Wiedergutmachung. Westdeutschland und die Verfolgten des Nationalsozialismus, München 1992.

Claire Greenstein, Patterned Payments: Explaining Victim Group Variation in West German Reparations Policy, in: International Journal of Transitional Justice 14 (2020), S. 381–400.

Erhard Christian von Hagen, Summarische Gerichts-Verhandlungen über die im Jahre 1724 zu Berneck erfolgte Hinrichtung von 17 aufgegriffenen Zigeunern, in: Archiv für Geschichte und Alterthumskunde von Oberfranken 3/3 (1847), S. 93–108.

Katrin Hammerstein, Gemeinsame Vergangenheit – getrennte Erinnerung? Der Nationalsozialismus in Gedächtnisdiskursen und Identitätskonstruktionen von Bundesrepublik Deutschland, DDR und Österreich, Göttingen 2017.

Laura Hankeln, Antiziganismus im baden-württembergischen Staatsapparat 1945–1970, Heidelberg 2024.

Peter Claus Hartmann, Rolle, Funktion und Bedeutung der Reichskreise im Heiligen Römischen Reich deutscher Nation; in: Wolfgang Wüst (Hg.), Reichskreis und Territorium: Die Herrschaft über der Herrschaft? Supranationale Tendenzen in Politik, Kultur, Wirtschaft und Gesellschaft. Ein Vergleich süddeutscher Landkreise. Tagung der Schwäbischen Forschungsgemeinschaft und der Forschungsstelle Augsburg der Kommission für bayerische

Landesgeschichte in Kooperation mit dem Institut für Europäische Kulturgeschichte (Universität Augsburg) und dem Stadtarchiv Augsburg in Irsee vom 5. bis 7. März 1998 (Augsburger Beiträge zur Landesgeschichte Bayerisch-Schwabens 7), Stuttgart 2000, S. 2–38.

Marvin Harris, The Rise of Anthropological Theory. A History of Theories of Culture, New York 1968.

Eva von Hase-Mihalik / Doris Kreizkamp, Du kriegst auch einen schönen Wohnwagen. Zwangslager für Sinti und Roma während des Nationalsozialismus in Frankfurt am Main, Frankfurt am Main 1990.

Helmut Hennig, Zigeuner im Fichtelgebirge. Sage und Wirklichkeit, Marktleuthen 2007.

Ulrich Herbert, Geschichte Deutschlands im 20. Jahrhundert, München 2014.

Kathrin Herold, Proteste von Roma und Sinti an den KZ-Gedenkstätten Bergen-Belsen, Dachau und Neuengamme. Der nationalsozialistische Antiziganismus in der Erinnerungspolitik, in: Oliver von Wrochem (Hg.), Das KZ Neuengamme und seine Außenlager (Reihe Neuengammer Kolloquien 1), Berlin 2010, S. 164–180.

Hans Hesse / Jens Schreiber, Vom Schlachthof nach Auschwitz. Die NS-Verfolgung der Sinti und Roma aus Bremen, Bremerhaven und Nordwestdeutschland, Marburg 1999.

Hans Hesse: ... wir sehen uns in Bremerhaven wieder... die Deportation der Sinti und Roma am 16./20. Mai 1940 aus Nordwestdeutschland. Gedenkbuch zur nationalsozialistischen Verfolgung der Sinti und Roma aus Nordwestdeutschland, Teil 1, Bremerhaven 2021.

Vanessa Hilss, Sinti und Roma. „Nicht aus Gründen der Rasse verfolgt"? Zur Entschädigungspraxis am Landesamt für Wiedergutmachung Karlsruhe, Karlsruhe / Bretten 2017.

Caspar Hirschi, Piraten der Gelehrtenrepublik. Die Norm des sachlichen Streits und ihre polemische Funktion, in: Kai Bremer / Carlos Spoerhase (Hg.), Gelehrte Polemik. Typen und Techniken wissenschaftlicher Konfliktführung in der „respublica litteraria" des 17. und 18. Jahrhunderts, Frankfurt am Main 2015, S. 101–138.

Hans Günter Hockerts / Christiane Kuller (Hg.), Nach der Verfolgung. Wiedergutmachung nationalsozialistischen Unrechts in Deutschland? Göttingen 2003.

Hans Günter Hockerts / Claudia Moisel / Tobias Winstel (Hg.), Grenzen der Wiedergutmachung. Die Entschädigung für NS-Verfolgte in West- und Osteuropa 1945–2000, Göttingen 2006.

André Holenstein, Bittgesuche, Gesetze und Verwaltung. Zur Praxis „guter Policey“ in Gemeinde und Staat des Ancien Régime am Beispiel der Markgrafschaft Baden(-Durlach), in: Peter Blickle (Hg.), Gemeinde und Staat im Alten Europa (Historische Zeitschrift, Beiheft 25), München 1998, S. 325–357.

Jana Horváthová a kol., ...to jsou těžké vzpomínky. Vzpomínky Romů a Sintů na život před válkou a v protektorátu, Brno 2021.

Jens Jäger, Verfolgung durch Verwaltung. Internationales Verbrechen und internationale Polizeikooperation 1880–1933, Konstanz 2006.

Bettina Joergens / Jan Lucassen (Hg.), Saisonale Arbeitsmigration in der Geschichte. Die lippischen Ziegler und ihre Herkunftsgesellschaft (Veröffentlichungen des Landesarchivs Nordrhein-Westfalen 68), Essen 2017.

Josef Jörger, Die Familie Zero, in: Archiv für Rassen- und Gesellschafts-Biologie einschließlich Rassen- und Gesellschafts-Hygiene 2/4 (1905), S. 494–559.

Manfred Jungkunz, Rattelsdorf. Kleinod im Itzgrund. Von der ersten Nennung 633 bis zur Gegenwart. Von den ersten Ansiedlungen zur Großgemeinde, Rattelsdorf 2014.

Ulrike Jureit, Olympioniken der Betroffenheit. Normierungstendenzen einer opferidentifizierten Erinnerungskultur, in: Katrin Hammerstein / Ulrich Mählert u. a. (Hg.), Aufarbeitung der Diktatur – Diktat der Aufarbeitung?, Göttingen 2009, S. 108–122.

Claus Kappl, Die Not der kleinen Leute. Der Alltag der Armen im 18. Jahrhundert im Spiegel der Bamberger Malefizamtsakten (Historischer Verein Bamberg, Beiheft 17), Bamberg 1984.

Christian Kelch, Dr. Hermann Arnold und seine Zigeuner. Zur Geschichte der Grundlagenforschung gegen Sinti und Roma in Deutschland unter Berücksichtigung der Genese des Antiziganismusbegriffs, Diss. Nürnberg-Erlangen 2020.

Milton Kestenberg, Die fortgesetzte Verfolgung durch „Wiedergutmachung“, in: Hans Stoffels (Hg.), Terrorlandschaften der Seele. Beiträge zur Theorie und Therapie von Extremtraumatisierung, Regensburg 1994, S. 174–179.

Károly Kincses / Mariana Vida / Zsuzsa Farkas, Uralkodók festője, fényképésze: Szathmári Pap Károly. Magyar Fotográfiai Múzeum, Kecskemét 2002.

Julia von dem Knesebeck, The Roma Struggle for Compensation in Post-War Germany, Hatfield 2011.

Vanya Kochanowski, Some Notes on the Gypsies of Latvia, in: Journal of the Gypsy Lore Society XXV (1946), Heft 1–2, S. 34–38 und Heft 3–4, S. 112–116.

Michail Krausnick, Die Zigeuner sind da. Roma und Sinti zwischen gestern und heute, Würzburg 1981.

Volkhard Knigge, Gedenkorte mit doppelter Vergangenheit, in: Martin Sabrow (Hg.), Der Streit um die Erinnerung (Helmstedter Kolloquien 10), Leipzig 2008, S. 59–76.

Habbo Knoch, Spurensuche. NS-Gedenkstätten als Orte der Zeitgeschichte, in: Frank Bösch / Constantin Goschler (Hg.), Public History. Öffentliche Darstellungen des Nationalsozialismus jenseits der Geschichtswissenschaft, Frankfurt am Main 2009, S. 191–218.

Ursula Körber, Die Wiedergutmachung und die „Zigeuner“, in: Wolfgang Ayaß u. a. (Hg.), Feinderklärung und Prävention. Kriminalbiologie, Zigeunerforschung und Asozialenpolitik, Berlin 1988, S. 165–175.

Paul Kornmayer, Verfolgt, deportiert, ermordet. Die Geschichte der Sinti in Hersbruck 1939–1945, Hersbruck 2018.

Mátyá János Kovács, Accomplices Without Perpetrators: What Do Economists Have to Do with Transitional Justice in Hungary?, in: Totalitarian Movements and Political Religions 9/2-3 (2008), S. 311–334.

Mátyá János Kovács (Hg.), The Social Costs of the Economic Transformation in Central Europe (International Review of Comparative Public Policy 7), Greenwich 1996.

Kulturverein österreichischer Roma (Hg.), Vom Rand in die Mitte. 20 Jahre Kulturverein österreichischer Roma, Wien 2011.

János Ladányi / Iván Szelényi, Cigányok és szegények Magyarországon, Romániában és Bulgariában (Zigeuner und Arme in Ungarn, Rumänien und Bulgarien), in: Szoziológiai Szemle 12/4 (2002), S. 72–95.

János Ladányi / Iván Szelényi, Die „gesellschaftliche Konstruktion“ der Roma-Ethnizität in Bulgarien, Ungarn und Rumänien in der Periode des Übergangs zur Marktwirtschaft, übersetzt von Gerhard Baumgartner, in: Zeitgeschichte 30/2 (2003), S. 64–75.

Hermann Langbein, Holocaust, in: Anita Geigges / Bernhard W. Wette, Zigeuner heute. Verfolgung und Diskriminierung in der BRD. Bornheim-Merten 1979, S. 296–306.

Hanswolf Limmer, Aus dem Tagebuch des Buchbindermeisters und Capitäns der Stadtcompagnie Caspar Schenck, geb. 12. Dez. 1724, gest. 8. Dez. 1796 zu Kulmbach, in: Nachrichten des Vereins Freunde der Plassenburg 5 (1933), S. 42–43.

Johann Looshorn, Geschichte des Bisthums Bamberg, Bd. 7, 1, Bamberg 1907.

Sebastian Lotto-Kusche, Der Völkermord an den Sinti und Roma und die Bundesrepublik. Der lange Weg zur Anerkennung 1949–1990, Berlin 2022.

Leo Lucassen, Zigeuner. Die Geschichte eines polizeilichen Ordnungsbegriffes in Deutschland 1700–1745, Köln u. a. 1996.

Pavol Makyna, Riešenie tzv. Rómskej otázky na Slovensku v rokoch 1939–1945 a masová vražda Rómov v Dubnici nad Váhom, in: Pamäť národa, Bratislava: Ústav pamäti národa 12/1 (2016), S. 15–16.

B. Arne Mann, Rómsky dejepis, Bratislava 2000.

Vágh Mária, A romológiai kutatások története, in: Cigányok, honnét jöttek – merre tartanak?, hg. v. Szegő László, Budapest 1983, S. 25–35.

Gilad Margalit, Die Nachkriegsdeutschen und „ihre Zigeuner". Die Behandlung der Sinti und Roma im Schatten von Auschwitz, Berlin 2001.

Gilad Margalit, Die deutsche Zigeunerpolitik nach 1945, in: Vierteljahrshefte für Zeitgeschichte 45 (1997), S. 557–588.

Maria Meuser, Vagabunden und Arbeitsscheue. Der Zigeunerbegriff der Polizei als soziale Kategorie (1996), in: Wulf D. Hund (Hg.), Fremd, faul und frei. Dimensionen des Zigeunerstereotyps, Duisburg 2014, S. 105–123.

Gabi Meyer, Offizielles Erinnern und die Situation der Sinti und Roma in Deutschland. Der nationalsozialistische Völkermord in der parlamentarischen Debatte des deutschen Bundestages, Wiesbaden 2013.

Kristina Meyer / Boris Spernol, Wiedergutmachung in Düsseldorf. Eine statistische Bilanz, in: Norbert Frei / José Brunner / Constantin Goschler (Hg.), Die Praxis der Wiedergutmachung. Geschichte, Erfahrung und Wirkung in Deutschland und Israel, Göttingen 2009, S. 690–727.

Ministry of Culture Sweden, The Dark Unknown History. White Paper on Abuses and Rights Violations against Roma in the 20th Century, Stockholm 2015.

Lech Mróz, Dzieje Cyganów-Romów w Rzeczypospolitej XV-XVIII w (Die Geschichte der Zigeuner – Roma in der Republik im 15.–18. Jahrhundert), Warschau 2001.

Ctibor Nečas, Československý Romové v letech 1938–1945, Brno 1994.

Ctibor Nečas, Nucená táborová koncentrace Cikánů v Dubnici nad Váhom, in: Ingrid Vagačová / Martin Fotta (Hg.), Rómovia a druhá svetová vojna, Bratislava 2006, S. 72–75.

Ctibor Nečas, Pronásledovaní Cikánů v období slovenského státu In Rómovia a druhá svetová vojna, Bratislava 2006.

Winfried Nerdinger (Hg.), Die Verfolgung der Sinti und Roma in München und Bayern 1933–1945, München 2016.

Winfried Nerdinger, Ort und Erinnerung, in: Winfried Nerdinger (Hg.), Ort und Erinnerung. Nationalsozialismus in München, Salzburg / München 2008.

Ulrich F. Opfermann, Anmärkningar rörande sintier, militär och migration i den tidiga moderna historiens Mellan- och Nordeuropa, in: Drabbrikan 8 (2018), S. 10–18.

Ulrich Opfermann, Sinti im frühneuzeitlichen Militär- und Policeydienst. Quellen und Überlieferungsbildung, in: Frühneuzeit-Info 30 (2019), S. 56–78.

Ulrich Friedrich Opfermann, „Stets korrekt und human“. Der Umgang der westdeutschen Justiz mit dem NS-Völkermord an den Sinti und Roma, Heidelberg 2023.

Ulrich Friedrich Opfermann, „Seye kein Ziegeuner, sondern kayserlicher Cornet“. Sinti im 17. und 18. Jahrhundert. Eine Untersuchung anhand archivalischer Quellen (Dokumente – Texte – Materialien. Veröffentlicht vom Zentrum für Antisemitismusforschung der Technischen Universität Berlin 65), Berlin 2007.

Ulrich F. Opfermann, „Zu Teutschland lang gezogen und geporen“. Zur frühneuzeitlichen Geschichte der Sinti in Mitteleuropa, in: Oliver von Mengersen (Koord.), Sinti und Roma. Eine deutsche Minderheit zwischen Diskriminierung und Emanzipation, Bonn / München 2015, S. 25–47.

Opfermann, Zur Situation der „Zigeuner“ in den Territorialstaaten zwischen Main, Lahn und Sieg in der ersten Hälfte des 18. Jahrhunderts. Drei Fälle im Vergleich, in: „Diebstahl im Blick“? Zur Kriminalisierung der „Zigeuner“, hg. im Auftrag der Gesellschaft für Antiziganismusforschung von Udo Engbring-Romang und Wilhelm Solms (Beiträge zur Antiziganismusforschung 2), Seeheim 2005, S. 64–115.

Jan Parcer, Memorial book. The gypsies at Auschwitz-Birkenau, 2 Bände, München u. a. 1993.

Cornelius Pawlita, „Wiedergutmachung“ als Rechtsfrage. Die politische und juristische Auseinandersetzung um Entschädigung für die Opfer nationalsozialistischer Verfolgung (1945–1990), Frankfurt am Main u. a. 1993.

Patricia Pientka, Das Zwangslager für Sinti und Roma in Berlin-Marzahn. Alltag, Verfolgung und Deportation, Berlin 2013.

Nastasja Pilz / Jörn Petrick, From Reference to Access Inside the Online Collection Wiedergutmachung – New Approaches for Research and Archives, in: Verena Meier / Lara Raabe / Joey Rauschenberger / Philipp Zschommler (Hg.), New Research on the Recognition and Compensation of Nazi Injustice in Comparative Perspective, Heidelberg 2025 [in Vorbereitung].

Bruno Preisendörfer, Als unser Deutsch erfunden wurde. Reise in die Lutherzeit, Köln 2016.

Christian Pross, Wiedergutmachung. Der Kleinkrieg gegen die Opfer, 3. Auflage, Hamburg 2021.

Grattan Puxon, Verschleppte Wiedergutmachung, in: Tilman Zülch (Hg.), In Auschwitz vergast, bis heute verfolgt. Zur Situation der Roma (Zigeuner) in Deutschland und Europa, Reinbek bei Hamburg 1979, S. 149–161.

Joey Rauschenberger, Entnazifizierung ohne personelle Säuberung? Die Reintegration der Täter des Genozids an den Sinti und Roma in der amerikanischen Besatzungszone, in: Jens Krumeich / Sandra Schell (Hg.), Entnazifizierung und Reeducation. Kultur- und literaturgeschichtliche Perspektiven, Berlin 2025 [in Vorbereitung], S. 74–98.

Ernst Rebel, Druckgrafik – Geschichte, Fachbegriffe, Stuttgart 2003.

Katrin Reemtsma, Sinti und Roma. Geschichte, Kultur, Gegenwart, München 1996.

Christian Reimesch, Vergessene Opfer des Nationalsozialismus? Zur Entschädigung von Homosexuellen, Kriegsdienstverweigerern, Sinti und Roma und Kommunisten in der Bundesrepublik, Berlin 2003.

Raimond Reiter, Sinti und Roma im „Dritten Reich“ und die Geschichte der Sinti in Braunschweig, Marburg 2002.

Erich Renner, Zur Geschichte und Beheimatung der Pfälzer Zigeuner, in: Pfälzer Heimat 40/3 (1988), S. 113–123.

Anja Reuss, Kontinuitäten der Stigmatisierung. Sinti und Roma in der deutschen Nachkriegszeit, Berlin 2015.

Frank Reuter, Die Deutungsmacht der Täter. Zur Rezeption des NS-Völkermords an den Sinti und Roma in Norddeutschland, in: KZ-Gedenkstätte Neuengamme (Hg.), Die Verfolgung der Sinti und Roma im Nationalsozialismus, Bremen 2012, S. 127–143.

Frank Reuter, Gesichtslos. Kontinuitäten antiziganistischer Wahrnehmungsmuster, in: Andreas Brunner u. a. (Hg.), Die Stadt ohne: Juden Ausländer Muslime Flüchtlinge, München 2019, S. 183–187.

Franz Reuter, Die Stimmen der Opfer. Autobiografische Zeugnisse von Sinti und Roma und der lange Weg der Erinnerung, in: Matthias Bahr / Peter Poth (Hg.), Hugo Höllenreiner. Das Zeugnis eines überlebenden Sinto und seine Perspektiven für eine bildungssensible Erinnerungskultur, Stuttgart 2014, S. 179–188.

Frank Reuter, Der Bann des Fremden. Die fotografische Konstruktion des „Zigeuners", Göttingen 2014.

Hansjörg Riechert, Im Schatten von Auschwitz. Die nationalsozialistische Sterilisationspolitik gegenüber Sinti und Roma, Münster / New York 1995.

Horst Riesenberg, Vergangenheitsbewältigung in Würzburg, in: Tilman Zülch (Hg.), In Auschwitz vergast, bis heute verfolgt. Zur Situation der Roma (Zigeuner) in Deutschland und Europa, Reinbek bei Hamburg 1979, S. 172–179.

Romani Rose, Bürgerrechte für Sinti und Roma. Das Buch zum Rassismus in Deutschland, Heidelberg 1987.

Romani Rose (Hg.), „Den Rauch hatten wir täglich vor Augen". Der nationalsozialistische Völkermord an den Sinti und Roma, Heidelberg 1999.

Romani Rose (Hg.), Der nationalsozialistische Völkermord an den Sinti und Roma. Katalog zur ständigen Ausstellung im Staatlichen Museum Auschwitz, Heidelberg 2003.

Romani Rose, Wir wollen Bürgerrechte und keinen Rassismus, Heidelberg 1985

Martin Ruch, Zur Wissenschaftsgeschichte der deutschsprachigen Zigeunerforschung von den Anfängen bis 1900, Freiburg 1986.

Peter Ruderich, Das ehemalige St.-Martha-Seelhaus, auch Pilgrimhaus genannt. Eine fast vergessene Stiftung des 14. Jahrhunderts und ihre Geschichte bis zur Auflösung nach der Säkularisation, in: Bericht des Historischen Vereins Bamberg 153 (2017), S. 169–186.

Wilhelm Rütten, „Lustig ist das Zigeunerleben", in: Zeitschrift der Savigny-Stiftung für Rechtsgeschichte 114 (1997), S. 233–260.

Martin Sabrow, Zeitenwenden in der Zeitgeschichte, Göttingen 2023.

Edward Said, Orientalism, New York 1978.

Esther Sattig, Das Zigeunerlager Ravensburg-Ummenwinkel. Die Verfolgung der oberschwäbischen Sinti, Berlin 2016.

Heiko Scharffenberg, Sieg der Sparsamkeit. Die Wiedergutmachung nationalsozialistischen Unrechts in Schleswig-Holstein, Bielefeld 2004.

Dieter Schenk, Die braunen Wurzeln des BKA, Frankfurt am Main 2003.

Michael Schenk, Rassismus gegen Sinti und Roma. Zur Kontinuität der Zigeunerverfolgung innerhalb der deutschen Gesellschaft von der Weimarer Republik bis in die Gegenwart, Frankfurt am Main u. a. 1994.

Ulli Schlee, Die Verfolgung der Sinti und Roma in Mittelfranken unter dem Nationalsozialismus, Erlangen 2011.

Alois Schmid, Der Fränkische Reichskreis. Grundzüge seiner Geschichte – Struktur – Aspekte seiner Tätigkeit, in: Wolfgang Wüst (Hg.), Reichskreis und Territorium: Die Herrschaft über der Herrschaft? Supranationale Tendenzen in Politik, Kultur, Wirtschaft und Gesellschaft. Ein Vergleich süddeutscher Landkreise. Tagung der Schwäbischen Forschungsgemeinschaft und der Forschungsstelle Augsburg der Kommission für bayerische Landesgeschichte in Kooperation mit dem Institut für Europäische Kulturgeschichte (Universität Augsburg) und dem Stadtarchiv Augsburg in Irsee vom 5. bis 7. März 1998 (Augsburger Beiträge zur Landesgeschichte Bayerisch-Schwabens 7), Stuttgart 2000, S. 235–250.

Tobias Schmidt-Degenhardt, Vermessen und Vernichten. Der NS-„Zigeunerforscher“ Robert Ritter (Contubernium – Tübinger Beiträge zur Universitäts- und Wissenschaftsgeschichte 76), Stuttgart 2012.

Jost Schneider, Sozialgeschichte des Lesens. Zur historischen Entwicklung und sozialen Differenzierung der literarischen Kommunikation in Deutschland, Berlin / New York 2004.

Joachim Schröder, Die Münchner Polizei und der Nationalsozialismus, Essen 2013.

Ernst Schubert, Arme Leute, Bettler und Gauner im Franken des 18. Jahrhunderts (Veröffentlichungen der Gesellschaft für fränkische Geschichte IX, 26), 2. Aufl., Neustadt an der Aisch 1990.

Walter Schwarz, Die Wiedergutmachung nationalsozialistischen Unrechts durch die Bundesrepublik Deutschland. Ein Überblick, in: Ludolf Herbst / Constantin Goschler (Hg.), Wiedergutmachung in der Bundesrepublik Deutschland, München 1989, S. 33–54.

Hubert Seliger, Politische Anwälte? Die Verteidiger der Nürnberger Prozesse, Baden-Baden 2016.

Bernhard Sicken, Landesherrliche Einnahmen und Territorialstruktur. Die Fürstentümer Ansbach und Kulmbach zu Beginn der Neuzeit, in: Jahrbuch für Fränkische Landesforschung 42 (1984), S. 153–248.

Lenka Šindelářová, Einsatzgruppe H. Působení operační skupiny H na Slovensku 1944/1945 a poválečné trestné stíhaní jejích příslušníků, Banská Bystrica 2015.

Cornelia Siebeck, Dies- und Jenseits des Erinnerungskonsenses. Kritik der postnationalsozialistischen Selbstvergewisserung, in: Aus Politik und Zeitgeschichte 42/43 (2017), S. 23–28.

Albion Small, The Cameralists. The Pioneers of German Social Policy, Chicago 1909 (2001).

Wilhelm Solms, Zigeunerbilder. Ein dunkles Kapitel der deutschen Literaturgeschichte. Von der frühen Neuzeit bis zur Romantik, Würzburg 2008.

Frank Sparing, NS-Verfolgung von „Zigeunern" und „Wiedergutmachung" nach 1945, in: Aus Politik und Zeitgeschichte 22/23 (2011), S. 8–15.

Boris Spernol / Matthias Langrock, Amtliche Wirklichkeit. Die Praxis der Entschädigung aus behördlicher Binnenperspektive, in: Norbert Frei / José Brunner / Constantin Goschler (Hg.), Die Praxis der Wiedergutmachung. Geschichte, Erfahrung und Wirkung in Deutschland und Israel, Göttingen 2009, S. 600–634.

Arnold Spitta, Entschädigung für Zigeuner? Geschichte eines Vorurteils, in: Ludolf Herbst / Constantin Goschler (Hg.), Wiedergutmachung in der Bundesrepublik Deutschland, München 1989, S. 385–401.

Arnold Spitta, Wiedergutmachung oder wider die Gutmachung?, in: Tilman Zülch (Hg.), In Auschwitz vergast, bis heute verfolgt. Zur Situation der Roma (Zigeuner) in Deutschland und Europa, Reinbek bei Hamburg 1979, S. 161–167.

Rolf Sprandel, Die territorialen Ämter des Fürstentums Würzburg im Spätmittelalter, in: Jahrbuch für Fränkische Landesforschung 37 (1977), S. 45–64.

Katharina Stengel, Bezweifelte Glaubwürdigkeit. Sinti und Roma als Zeugen in NS-Prozessen, in: Zeitschrift für Geschichtswissenschaft 69/5 (2021), S. 444–463.

Katharina Stengel, Tradierte Feindbilder. Die Entschädigung der Sinti und Roma in den fünfziger und sechziger Jahren, Frankfurt am Main 2004.

Selma Steinmetz, Österreichs Zigeuner im NS-Staat, Wien / Frankfurt am Main / Zürich 1966.

Ernst Sticht, Das Gauner-, Räuber- und Zigeunerunwesen des 18. Jahrhunderts und seine Bekämpfung, in: Geschichte am Obermain 3 (1964/65), S. 128–136.

Leonard Stöcklein, Petrifizierte Bewahrung der Vergangenheit? Die Stadt Hersbruck und ihr nationalsozialistisches Erbe, in: Nadja Bennewitz / Gesa Büchert / Mona Kilau (Hg.), Positionen, Projekte, Perspektiven. Zwischen Geschichtsdidaktik und fränkischer Kulturgeschichte, Göttingen 2023, S. 153–165.

Daniel Strauß, „da muß man wahrhaft alle Humanität ausschalten ...“. Zur Nachkriegsgeschichte der Sinti und Roma in Deutschland, in: „Zwischen Romantisierung und Rassismus“. Sinti und Roma 600 Jahre in Deutschland. Handreichung zur Geschichte, Kultur und Gegenwart der deutschen Sinti und Roma, hg. v. der Landeszentrale für politische Bildung Baden-Württemberg, Stuttgart 1998, S. 26–36.

Christina Strick, Effizienz und Empathie. Wiedergutmachung im Regierungsbezirk Düsseldorf, in: Norbert Frei / José Brunner / Constantin Goschler (Hg.), Die Praxis der Wiedergutmachung. Geschichte, Erfahrung und Wirkung in Deutschland und Israel, Göttingen 2009, S. 572–599.

Christina Strick, Jenseits der Routine? Die Bezirksregierung Düsseldorf 1945 bis 1955, Düsseldorf 2007.

Norbert Tandl, Die Bekämpfung der vermeintlichen Zigeunerplage in Österreich (1948–1938), (unveröffentlichte Diplomarbeit), Graz 1999.

Laura Soréna Tittel, Von der „Zigeunerwarntafel“ zum Verbrecherbild. Eine historisierende Perspektive auf die Kriminalisierung von Sinti_ze und Rom_nja im deutschsprachigen Raum, in: Sigrid Ruby / Anja Krause (Hg.), Sicherheit und Differenz in historischer Perspektive/Security and Difference in Historical Perspective (Politiken der Sicherheit/Politics of Security 10), Baden-Baden 2022, S. 155–190.

Anna von Törne, Wiedergutmachung für Sinti und Roma – eine zweite Verfolgung, in: Waclaw Dlugoborski (Hg.), Sinti und Roma im KL Auschwitz-Birkenau, 1943–44. Vor dem Hintergrund ihrer Verfolgung unter der Naziherrschaft, Oświecim 1998, S. 378–395.

Keith Tribe, Governing Economy. The Reformation of German Economic Discourse 1750–1840, Cambridge 1988.

Anja Tuckermann, „Denk nicht, wir bleiben hier!“ Die Lebensgeschichte des Sinto Hugo Höllenreiner, München 2022.

François de Vaux de Foletier, La Déclaration de 1682 contre les Bohémiens. Son application en Languedoc, in: Etudes Tsiganes 3 (1957), S. 2–10.

François de Vaux de Foletier, Les Tsiganes dans l'ancienne France, Paris 1961.

François de Vaux de Foletier, La vie quotidienne d'un groupe Bohémien en Forez au début du XVIIIe siècle, in: Etudes Tsiganes 6/1 (1960), S. 22–26.

Karel Vodička, „Juden, Zigeunern und Hunden Zutritt verboten!“ Roma in der nationalsozialistischen Slowakei 1939–1945, in: Felicitas Fischer von Weikersthal u. a. (Hg.), Der nationalsozialistische Genozid an den Roma Osteuropas. Geschichte und künstlerische Verarbeitung, Köln u. a. 2008, S. 43–82.

Julia Volmer-Naumann, Bürokratische Bewältigung. Entschädigung für nationalsozialistisch Verfolgte im Regierungsbezirk Münster, Essen 2012.

Julia Volmer-Naumann, „Betrifft: Wiedergutmachung“. Entschädigung als Verwaltungsakt am Beispiel Nordrhein-Westfalen, in: Christiane Fritsche / Johannes Paulmann (Hg.), „Arisierung“ und „Wiedergutmachung“ in deutschen Städten, Köln u. a. 2014, S. 335–362.

Julia Volmer-Naumann, Vor und hinter dem Schreibtisch. Wiedergutmachungsbürokratie in Münster, in: Norbert Frei / José Brunner / Constantin Goschler (Hg.), Die Praxis der Wiedergutmachung. Geschichte, Erfahrung und Wirkung in Deutschland und Israel, Göttingen 2009, S. 554–572.

Rüdiger Vossen, Zigeuner. Roma, Sinti, Gitanos, Gypsies zwischen Verfolgung und Romantisierung. Katalog zur Ausstellung „Zigeuner zwischen Romantisierung und Verfolgung – Roma, Sinti, Manusch, Calé in Europa“, Frankfurt am Main u. a. 1983.

Marius Weigl, „Für die öffentliche Sicherheit.“ Zur Genese der antiziganistischen Norm in Österreich zwischen 1918 und 1938 (unveröffentlichte Diplomarbeit), Wien 2012.

Harald Welzer, Für eine Modernisierung der Erinnerungs- und Gedenkkultur, in: Gedenkstätten Rundbrief 8 (2011), Nr. 162, S. 3.

Peter Widmann, An den Rändern der Städte. Sinti und Jenische in der deutschen Kommunalpolitik, Berlin 2001.

Wim Willems, Außenbilder von Sinti und Roma in der frühen Zigeunerforschung, in: Jacqueline Giere (Hg.), Die gesellschaftliche Konstruktion des Zigeuners. Zur Genese eines Vorurteils, Frankfurt am Main / New York 1996, S. 87–108.

Richard Winkler, Bayreuth-Kulmbach, Markgraftum: Politische Geschichte, publiziert am 17.12.2014, in: Historisches Lexikon Bayerns, URL: https://www.historisches-lexikon-bayerns.de/Lexikon/Bayreuth-Kulmbach,_Markgraftum:_Politische_Geschichte

Tobias Winstel, Verhandelte Gerechtigkeit. Rückerstattung und Entschädigung für jüdische NS-Opfer in Bayern und Westdeutschland, München 2006.

Wolfgang Wippermann, Verweigerte Wiedergutmachung. Die Deutschen und der Völkermord an den Sinti und Roma, in: Standpunkte 14 (2012), S. 1–6.

Hans Woller, Jagdszenen aus Niederthann. Ein Lehrstück über Rassismus, München 2022.

Andrew Woolford / Stefan Wolejszo, Collecting on Moral Debts: Reparations for the Holocaust and Porajmos, in: Law & Society Review 40/4 (2006), S. 871–901.

James E. Young, Nach-Bilder des Holocaust in zeitgenössischer Kunst und Architektur, Hamburg 2002.

Gabriel Zeilinger, Süddeutscher Städtekrieg, 1449/50, publiziert am 8.6.2015, in: Historisches Lexikon Bayerns, URL: https://www.historisches-lexikon-bayerns.de/Lexikon/Süddeutscher_Städtekrieg,_1449/50.

Michael Zimmermann, Rassenutopie und Genozid. Die nationalsozialistische „Lösung der Zigeunerfrage“, Hamburg 1996.

Michael Zimmermann, Zigeunerbilder und Zigeunerpolitik in Deutschland. Eine Übersicht über neuere historische Studien, in: WerkstattGeschichte 25 (2000), S. 35–58.

Beteiligte

Dr. Gerhard Baumgartner, Dokumentationsarchiv des österreichischen Widerstandes (DÖW) (bis 2023)

Dr. Matej Beránek, Sereď Holocaust Museum / Slowakisches Nationalmuseum – Museum für Jüdische Kultur
https://orcid.org/0009-0008-5241-0438

Prof. Dr. Günter Dippold, Bezirksheimatpfleger für Oberfranken / Hon.-Prof. Otto-Friedrich-Universität Bamberg
https://orcid.org/0009-0006-9062-7748

Nicole Janka, Arbeitsstelle für Antiziganismus in Bad Alexandersbad

Thomas Höhne, Landesverband Deutscher Sinti und Roma Bayern e.V.
https://orcid.org/0009-0003-0592-8377

Dr. Marcus Mühlnikel, Institut für Fränkische Landesgeschichte der Universitäten Bamberg und Bayreuth
https://orcid.org/0009-0006-9070-6999

Dr. Monika Müller, Staatsinstitut für Schulqualität und Bildungsforschung München
https://orcid.org/0009-0002-9719-5803

Dr. Ulrich F. Opfermann, Mitglied des Rom e.V. und der Gesellschaft für Antiziganismusforschung
https://orcid.org/0009-0007-0137-2825

Prof. Dr. Martin Ott, Institut für Fränkische Landesgeschichte der Universitäten Bamberg und Bayreuth
https://orcid.org/0009-0006-7897-5125

Joey Rauschenberger M.A., Forschungsstelle Antiziganismus am Historischen Institut der Universität Heidelberg
https://orcid.org/0009-0008-1398-0948

Dr. Frank Reuter, Forschungsstelle Antiziganismus am Historischen Seminar der Universität Heidelberg
https://orcid.org/0009-0006-3624-4068

Eric Salomon M.A., Lehrstuhl für Allgemeine Geschichte der Frühen Neuzeit, Universität Greifswald
https://orcid.org/0009-0003-6067-6213

Ulrich Schlee M.A., Doktorand der Friedrich-Alexander-Universität
Erlangen-Nürnberg
https://orcid.org/0009-0005-9089-7257

Leonhard Stöcklein, Lehrstuhl für Didaktik der Geschichte
an der Friedrich-Alexander-Universität Erlangen-Nürnberg
https://orcid.org/0009-0009-2720-2570

Dr. Hans Woller, Institut für Zeitgeschichte München/Berlin (bis 2017)